KB096066

청소년을 위한
처음 경제학

경제학이 '처음'인 친구들에게

청소년을 위한 처음 경제학

권윤재 **지음** · **김진, 최용석** 감수

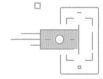청아출판사

경제학이 '처음'인 사람들에게
열다섯 살 소년의 목소리로

2014년, 중학교 2학년 여름방학 때 저는 한 선생님께 《맨큐의 경제학》 책을 선물 받았습니다. 막연하게 커서 경영학이나 경제학 교수가 되고 싶다고 말씀드린 것을 기억하시고는 한번 공부해 보라며 주신 책이었습니다. 저의 책꽂이에 꽂힌 책 중 그렇게 두꺼운 책은 처음이었어요. 열다섯 살 아이였던 제게 800쪽 가까이 되는 대학 교재는 신기하게만 느껴졌습니다.

호기심에 책을 읽어 나가기 시작했고, 역시 세계적인 경제학 입문서답게 많은 것을 알려 주었습니다. 물론 읽어 내려가는 과정이 결코 쉽지는 않았습니다. 가르쳐 주는 사람도 없이 혼자 내용을 이해하려다 보니 어떤 때는 침대에 누워 머리를 싸매고 이해가 될 때까지 몇 시간이고 생각에 생각을 거듭한 적도 있었지요.

같은 시기 저는 자그마한 블로그 하나를 운영하고 있었습니다. 스스로 공부한 내용을 요약해 두는 공간이었지요. 저는 새롭게 경제학 카테고리를 만들어서 《맨큐의 경제학》을 읽고 이해한 내용을 올리기 시작했어요. 예쁜 그림과 쉬운 글로 정리하려다 보니 공부한 것에 비해 포스팅 속도가 현저히 느렸지만, 그래도 이런 과정을 통해 내용을 더 확실하게 이해하고 숙지할 수 있었습니다.

블로그에 글을 게시하면서 가장 좋았던 점은 제가 정리한 글을 언제든 다시 읽으며 쉽게 이해할 수 있었다는 것입니다. 중학생 아이가 이해한 흐름대로 차근차근 설명해 둔 덕분이었어요. 이런 것이 장점이 되었는지 생각보다 많은 사람이 제 블로그에 접속하기 시작했습니다. 물론 엄청난 인기를 얻은 파워블로그가 된 적은 없지만 시험 기간만 되면 하루에 몇천 명이 제 블로그를 방문했습니다. 많은 분들이 친절한 설명 덕분에 이해가 잘된다고 해 주었고, 심지어 제게 궁금한 것을 질문하는 분들도 있었습니다. 그럴 때 저의 얕은 지식으로나마 답변을 드리면서 큰 뿌듯함을 느꼈습니다. 블로그에 고등학교 진학 소식을 알리며 활동을 중단했을 때 제가 중학생이라는 사실에 놀란 분들도 많았지요.

블로그 활동을 마무리한 지 3년 후, '블로그에서처럼 청소년에게 경제학을 쉽게 설명해 주는 책을 내면 어떨까?'라는 제안에 글을 쓰기 시작했습니다. 경제학의 기역 자도 모르던 2014년의 저와 같은 학생들이 처음 경제학을 공부하고자 할 때 도움을 줄 수 있는 책을 만들고 싶었습니다. 그런데 2019년의 저는 중학생 주제에 용감하게 경제학 블로그를 운영했던 2014년의 저와는 많이 달라져 있었어요. 집필 초반에는 경제학 비전공자가 경제학 책을 내는 것에 대한 두려움과 민망함이 저를 많이 괴롭혔습니다. 그래서 처음에는 기존 블로그에 있던 내용을 그대로 옮기는 것에 집중했습니다.

그러던 중 2019년 여름, 책 집필에 있어 전환점을 맞이했어요. 자신감을 가지고 저의 강점을 믿어 보기로 한 것입니다. 스물한 살 경제학 비전공자인 제가 경제학 책을 내는 데 가지는 강점은 바로 처음인 사람의 마음을 누구보다도 잘 안다는 것이었습니다. 도와주는 사람도, 물어볼 사람도 없이 덜렁 교과서 하나로 경제학 공부를 시작한 저였기에 경제학을 처음 접할 때 무엇이 이해가 안 되는지, 어디서 막히는지 잘 알고 있었습니다. 이런 고민들을 떠올리며 혼자 경제학 공부를 시작하려는 사람들이 여러 개념을 쉽고 재미있게 이해할 수 있도록 도와주는 책을 써야겠다고 결심했습니다.

반년 정도 작업한 것을 모두 원점으로 돌리고 다시 처음부터 집필하기 시작했습니다. 책은 경제 모형을 우리의 일상 속 상황과 연결 지어 생각할 수 있도록 구성했습니다. 그래서 일반적인 경제학 책과는 순서가 많이 다를지도 몰라요. 쉬운 것을 앞에, 어려운 것을 뒤에 배치하는 구성은 딱히 취하지 않았습니다. 순서는 약간 뒤죽박죽이지만 이야기와 함께 읽으면 더 잘 기억에 남을 것 같다고 생각했거든요.

쉽게 풀어 쓰려고 공들인 책이지만 이 책을 읽을 때마저도 이해가 안 되고 답답한 지점이 있을지도 모르겠어요. 그래도 괜찮습니다. 이해가 안 돼도 '그런가 보다' 하면서 읽고 또 읽고 하다 보면 어느 순간 그 내용이 머릿속에 들어와 있는 상황을 마주하게 될 거예요. 사다리 몇 칸 오른다고 당장 담 너머를 볼 수는 없지만, 몇 칸씩 꾸준히 오르다 보면 자기도 모르는 새 담벼락이 감추고 있던 새로운 세상이 눈에 뜨일지도 몰라요.

결국 저는 경제학과는 거의 무관한 전공을 택하게 되었지만 여전히 경제학이라는 학문에 동경심을 가지고 있습니다. 현실을 기반으로 창의적인 모델을 만드는 경제학 세계는 흥미롭고 신기합니다. 또한 경제학은 이처럼 실생활에 기반을 둔 특성 때문에 다른 학문보다도 보람차고 재미있게 공부할 수 있는 학문이라고 생각합니다. 스스로 이해하고 나의 일상에 적용해 보는 것만으로도 큰 즐거움을 주니까요.

경제는 어려울 거라는 막연한 두려움을 버리고 친한 형이나 오빠, 친구가 이야기해 준다고 생각하고 이 책을 읽다 보면 조금씩 경제학의 기본 개념들을 익힐 수 있을 거예요. 그러면서 열다섯 살의 제가 느꼈던 이 소소한 기쁨을 여러분도 느끼실 수 있었으면 좋겠습니다.

처음으로 책을 쓰면서 가족과 친구들의 많은 도움을 받았습니다. 세세한 고민도 들어주고 집필 과정의 처음부터 끝까지 응원해 주어 진심으로 고맙습니다. 그리고 제가 처음으로 경제학과 인연을 맺게 해 주신 안보형 선생님, 보잘것없는 내용이 책으로 출간될 수 있도록 기회를 주신 청아출판사, 부족한 책을 감수해 주신 김진 교수님, 최용석 교수님께 진심으로 감사드립니다.

2020년 8월
권윤재

《청소년을 위한 처음 경제학》을 전반적으로 평가할 때, 경제학 비전공자인 저자가 미시경제학의 기초적인 부분에 대한 상당한 통찰력을 가지고 집필하였음에 놀라지 않을 수 없었습니다. 특히 백과사전식으로 나열되어 자칫 지루할 수 있는 미시경제학의 주요 개념과 내용을 학교, 놀이터, 놀이공원, 동네라는 다양하고 친근한 장소에서 흔히 관찰되는 예제들로 재구성한 것이 매우 참신합니다. 이러한 측면에서 이 책은 아직 경제학을 접해 보지 않은 독자들에게 상당한 흥미를 유발하리라고 생각합니다.

또한 어느 정도 심도 있는 내용도 다루고 있기에 '처음'으로 경제학을 접한 독자들뿐만 아니라 경제학원론 수준의 미시경제학을 이미 학습한 독자들도 부담 없이 자신이 학습한 내용을 복습하고 정리해 볼 수 있는 책이기도 하다는 생각이 듭니다.

　이 책을 통해서 많은 이들이 경제학이라는 학문의 매력을 느끼고 관심을 가질 수 있기를 바라봅니다.

2020년 8월

최용석

요즘처럼 경제학이 대접받지 못하는 시기도 없다고 생각합니다. 한쪽으로는 철학과 정책학으로부터 분리되어 출발한 경제학이 물리학과 수학에 의존하여 논리화와 수리화를 주도했고, 그래서 한때 '사회과학의 여왕'이라는 영광도 차지했건만 지금은 다른 사회과학 분야나 경영학에 그 존재감을 뺏긴 듯한 상황입니다. 다른 쪽으로는 과학기술과 인문학 등의 근본적 학문이 우선시되면서 지식의 양적 추구에 뒤처져 한낱 정책의 정당화를 위한 통계나 계산으로 흐르는 형국입니다. 또 한편으로는 아무 말 대잔치처럼 다급한 경제 현실에 대한 횡설수설의 비경제학적 경제 관련 주장이 난무하고 있습니다.

뭔지 모르겠지만 지식이 쌓이고 섞이고 해체되고 축약되면서 진리는 사라지고 시대 영합적인 '앎'만이 요구되고 있습니다. 《청소년을 위한 처음 경제학》은 이러한 시대 상황에서 '알아가기'를 조심스럽게 시도한 청소년 세대의 산물이라고 생각됩니다. 베스트셀러라면 갖추어야 할 구성과 호기심 유발이 산뜻하며, 전체적인 상황을 계속해서 상기시키면서도 문장은 단문으로 연결되어 초연결사회에 바람직한 글결을 이루고 있습니다. 쉽고 간략하게 설명하는 조리 있고 유쾌한 서사가 읽기를 재미나게 합니다. 청소년 세대가 왜 경제를 알아야 하는지를 이 책을 읽고 난 후에 '아, 그래서구나' 하고 자문자답할 수 있도록 내용과 형식이 맞아떨어집니다.

물론 경제학자로서 아쉬움도 있습니다. 이것도 저것도 좀 더 넣었으면 하는 바람 말이지요. 그러나 제목이 '처음' 경제학입니다. 처음부터 모두를 볼 수 있게 그리고 알 수 있게 하는 것은 불가능할 것입니다. 청소년 세대를 겪은 저자가 주는 메시지는 아마도 '처음' 잘 보고 알고 그래서 잘 해 나가자는 것이겠지요. 그래서 더 필요하면 '그다음'으로 딱딱한 그러나 필수적인 경제학을 본격적으로 공부하는 것도 가능할 테니 말입니다.

2020년 8월
김진

차례

2장

놀이터에서 떠올린 경제학: 균형을 찾아서   145

서론

처음 만나는 경제학

경제학이란 무엇일까요?

'경제학'이라고 하면 무엇이 떠오르나요? 동전과 지폐, 돼지 저금통? 시시각각 바뀌는 주가? 아무래도 경제학은 돈에 관한 학문일 거라는 생각이 가장 먼저 들기 마련입니다.

그렇다면 우리가 사용하는 돈이란 정확히 무엇일까요? '돈'은 재화와 재화를 교환할 때의 매개 수단이자 재화의 가치를 나타내 주는 일종의 척도입니다. 우리가 사용하는 물리적인 화폐는 일종의 상징에 불과합니다.[1] 어느 날 우리나라가 붕괴한다면 우리가 가진 동전과 지폐는 금속 덩어리와 종이 쪼가리 그 이상 그 이하도 아닌 것이 될 거예요. 돈은 내가 소유하거나 남과 바꾸어 사용할 수 있는 자원의 가치를 나타내는 상징이므로, 경제학은 돈 그 자체뿐만 아니라 돈으로 거래할 수 있는 모든 '자원'을 다루는 학문입니다. (물론 돈은 단지 자원의 가치를 대표하는 역할만 하는 것은 아닙니다. 돈은 가치의 척도라고 하지만 그 자체도 가치가 변할 수 있다는 점에서 센티미터, 킬로그램 같은 다른 '척도'들과는 성격이 아주 다릅니다. 마치 경우에 따라 눈금 사이가 벌어졌다 좁혀졌다 하는 자와 같은 것이죠.)

자원resource은 인간이 살아가는 데 필요한 재화와 서비스를 만드는 데 이용되는 재료입니다. **재화**goods는 쌀, 연필, 옷, 텔레비전처럼 눈에 보이는 유형의 물건을, **서비스**services는 학원 강사의 수업이나 목수의 노동, 가수의 공연처럼 다른 사람에게 이득을 줄 수 있는 사람의 행동을 의미합니다. 앞으로 특별한 언급이 없다면, '재화'란 넓은 의미에서 재화와 서비스를 모두 포함한다고 생각하면 됩니다.

많은 학문이 일상의 궁금증에 대한 답을 찾고 인간이 직면하는 문제들을 해결하려고 노력하는 과정에서 탄생했습니다. 경제학도 마찬가지입니다. 경제학이 자원 혹은 자원이 재료가 되는 재화에 관한 학문이라면, 재화와 관련해서 우리가 경험하는 문제에는 어떤 것들이 있는지 생각해 보아야 합니다.

사실 어떤 재화들은 우리에게 별다른 문젯거리가 되지 않습니다. 대표적으로 공기나 햇빛, 바람과 같은 재화들이 그렇습니다. '내가 이렇게 숨을 많이 쉬어서 공기가 부족해지면 어떡하지?'라며 걱정하는 사람은 거의 없습니다. 공기는 계속해서 사용해도 충분할 것이라는 믿음 때문이죠. 경제학자들은 이처럼 인간의 욕구에 비해 그 양이 충분한 재화를 **자유재**free goods라고 부릅니다.

경제학에서 보다 중요하게 다루는 종류의 재화는 **경제재**economic goods입니다. 경제재는 자유재와 반대로 인간의 욕구에 비해 그 양이 부족한 재화를 말합니다. 쌀, 옷, 아파트, 자동차와 같은 경제재는 원하는 사람 모두에게 주기에는 양이 충분하지 않습니다. 이러한 경제재의 특성을 **희소성**scarcity이라고 합니다. 희소성이 있는 재화는 경제재, 희소성이 없는 재화는 자유재라고 보아도 무방합니다. 많은 사람이 희소한 재화에 욕심을 냅니다. 하지만 모두가 욕심을 채우고 살 수는 없기에 경제재는 필연적으로 사람들 간의 갈등을 일으킵니다. 경제학자들은 바로 이 문제에 주목합니다.

사실 희소성은 어디까지나 상대적인 개념입니다. 무더운 여름이 찾아오는 한국에서는 에어컨이 고급 가전제품 취급을 받지만 극도로 추운 북극에 사는 사람들에게 에어컨은 희소성이 없는 물건입니다. 숫자가 적다고 해서 희소성이 있는 것도 아닙니다. 예를 들어 독버섯은 굉장히 희귀하지만 먹을 수 없기 때문에, 즉 독버섯에 대한 사람들의 욕구가 없기 때문에 희소성이 있다고 보기 어렵습니다. 물을 사 먹게 될 줄은 몰랐다는 말이 있듯이 과거에는 자유재였던 것이 경제재가 되기도 합니다. 우리가 지금 당연히 자유재라고 생각하는 공기도 언제 경제재가 될지 모릅니다. 환경오염으로 우리가 들이쉴 수 있는 깨끗한 공기가 점점 부족해진다면 언젠가는 공기도 당연히 충분한 재화가 아니게 될 수 있는 것이죠.

다시 경제학이 어떤 학문인지에 대한 질문으로 돌아가 봅시다. 우리는 경제학이 '돈'에 관한 학문일 것이라는 막연한 생각에서 출발하여 경제학은 희소성이 있는 재화를 다루는 학문이라는 데 도달했습니다. 경제학의 교과서와도 같은 《맨큐의 경제학》에서는 "경제학은 사회가 희소 자원을 어떻게 관리하는지 연구하는 학문"이라고 했습니다.[2] 희소성이 있는 재화가 대체 우리 사회에서 어떤 문제들을 일으키고 있는 걸까요? 이를 살펴본다면 경제학이 어떤 학문인지 좀 더 명확한 정의를 내릴 수 있을 것입니다.

우선 재화를 사용하기 위해서는 재화가 생산되어야 해요. 한정된 자원으로 무엇을 얼마나, 또 어떻게 생산해야 할지는 매우 중요한 문제입니다. 또 생산하고 나서는 이를 잘 분배해야 합니다. 누가 얼마나 가져가는지를 결정하는 것도 경제학에서 다루어야 할 문제입니다. 이 모든 과정에서 사람들은 자신에게 유리한 방향으로 **선택**choice을 합니다. 그리고 여러 사람의 선택이 함께 이루어지면서 자연스럽게 사람들 간의 **상호 작용**interaction이 일어납니다. 결국 사람들이 하는 경제 활동이란 한정된 자원으로 재화를 생산하고 분배하는 것, 또 분배된 재화를 사용하는 것에 관한 모든 활동이라고 할 수 있습니다. 경제학은 이런 경제 활동 과정을 분석하면서 그 사이에서 일어나는 사람들의 선택과 상호 작용에 관심을 가지는 학문입니다.

‘선택’과 ‘상호 작용’은 사람이 하는 거의 모든 행동에 적용할 수 있는 말입니다. 그래서인지 어떤 학자들은 경제학이 인간의 삶과 사회에 관한 거의 모든 것을 다룰 수 있다고 생각합니다. 《경제학 콘서트》를 쓴 팀 하포드Tim Harford는 경제학이 ‘도박꾼과 창녀와 술꾼과 폭력배’는 물론이고 ‘사랑과 증오’도 설명할 수 있는 학문이라고 했습니다.[3] 경제학자 <u>앨프리드 마셜</u>Alfred Marshall도 ‘경제학은 일상에 관한 학문’이라고 정의를 내렸습니다. 물론 경제학이 인간의 모든 행동을 설명할 수 있다는 주장에 동의하지 않는 경제학자들도 있습니다. 《나쁜 사마리아인들》을 쓴 장하준 교수는 경제학이 모든 것을 설명할 수 있다는 생각은 ‘과대망상증’이라고까지 표현했습니다.[4]

경제학에서 논의할 수 있는 범위가 어디까지든 간에 이제 적어도 경제학이 희소한 자원을 만들어 내고 나누는 과정에서 사람들이 어떤 선택을 하고 어떻게 상호 작용을 하는지를 다루는 학문이라는 건 알 것 같습니다. 생각해 보면 우리는 매일 넓은 의미의 경제 활동에 참여하고 있고, 하루하루 새로운 선택을 하며 살아갑니다. 지금 이 순간에도 용돈을 받아 슈퍼마켓에 가서 과자를 살지 젤리를 살지 고

앨프리드 마셜(1842-1924)은 '미시경제학의 창시자'라 할 수 있어요. 수요곡선과 공급곡선도 마셜이 처음 생각해 낸 모형이에요. 또 경제학에서 아주 유용한 '한계적 의사 결정' 개념을 최초로 제시하기도 했지요.

민 중인 아이가 있을 겁니다. 인간이 어떤 선택을 하는지는 어쩌면 매일 선택을 하며 사는 우리 자신이 제일 잘 알고 있을지도 모릅니다. 사람들은 도대체 어떻게 결정을 내릴까요?

인간은 합리적이다

당신은 오랜만에 만난 친구들과 도심 한복판에서 저녁 메뉴를 고민하고 있습니다. 찰나의 순간 동안 머릿속에는 수많은 선택지가 스쳐 지나갑니다. 고기, 피자, 부대찌개, 햄버거, 초밥, 자장면…… 꼼꼼한 사람이라면 이 모든 선택지를 하나하나 살피면서 최적의 메뉴를 고를 것입니다. 식당이 얼마나 먼지, 가격이 얼마나 비싼지, 맛이 보장되는 식당인지, 먹다가 옷이 더러워지거나 냄새가 배지는 않을지 등등 수많은 요소를 복합적으로 고려하면 제일 좋은 결정을 내릴 수 있을 것입니다. 하지만 사람들은 대부분 복잡하게 생각하기보다는 그때그때 끌리는 것을 고를 거예요. 물론 그 과정에서 알게 모르게 자신의 주머니 사정도 고려하게 되겠지요.

경제학자들은 모든 경제 주체, 즉 시장에서 활동하는 개인이나 기업이 모두 **합리적**rational이라고 **가정**assumption합니다. 인간이 합리적이라는 가정은 우리가 앞으로 살펴볼 경제 모형들을 이해하는 데 필수적이며, 사람들의 행동을 일관되게 예측하고 분석하는 일을 훨씬 쉽게 만들어 줍니다. 합리적인 선택을 한다는 것은 자신에게 올 **편익**benefit과 **비용**cost을 완벽하게 고려하여 선택한다는 것입니다. 예를 들어 저녁 메뉴를 고를 때는 맛있는 음식을 먹으며 느끼는 행복, 배를 채우면서 오는 포만감, 좋은 식당 분위기 등이 편익이 됩니다. 반면 음식을 먹고 지불해야 하는 돈, 음식을 먹기 위해 움직여야 하는 거리 등은 비용입니다. 합리적인 선택을 하는 사람은 편익에서 비용을 제한 것이 최대가 되는 선택을 할 거예요. 이러한 의사 결정 과정을 **비용-편익 분석**cost-benefit analysis이라고 합니다.

여기서 한 가지 짚고 넘어갈 것이 있습니다. 경제학에서 말하는 '비용'은 무엇을 의미할까요? 우리가 일상적으로 사용하는 비용이라는 말과는 약간 차이가 있습니다. 당신이 일본 여행을 간다고 해 봅시다. 이때 '여행 비용'이라고 하면 보통 비행기표 값, 숙박비 그리고 가서 사용하게 될 식비와 관람료 등을 모두 합친 것을 떠올립니다. 하지만 경제학에서 이 모든 것은 일본 여행을 갔다 오는 선택에 대한 **명시적 비용**explicit cost에 불과합니다. 어떤 선택을 하는 대가로 지불한 눈에 또렷이 보이는 비용인 것이죠. 경제학에서 말하는 비용은 이보다 더 포괄적인 개념입니다.

경제학자들은 '비용'의 의미를 보다 명확히 하기 위해 **기회비용** opportunity cost이라는 말을 사용합니다. 기회비용에서의 '기회'는 '내가 콘서트에 갈 기회가 있었는데 아르바이트 때문에 그 기회를 놓쳐버렸다'라는 말에서의 '기회'와 비슷한 의미로 생각하면 됩니다. 어떤 선택을 함으로써 내가 날려 버린 기회라는 것이지요. 기회비용을 보다 정확하게 정의해 보면, 어떤 선택을 하면서 포기한 선택들 중 가장 가치가 큰 선택의 가치를 의미합니다. 기회비용은 **명시적 비용**과 **암묵적 비용**implicit cost의 합입니다.

다시 일본 여행 이야기로 돌아가 볼게요. 아까 줄줄이 나열했던 모든 것은 일본 여행을 하는 것 자체에서 지불해야 하는 비용입니다. 즉, 명시적 비용에 해당합니다. 그렇다면 여기서 암묵적 비용은 무엇일까요? 암묵적 비용은 어떤 선택을 하지 않을 때 얻을 수 있는 최대 이익을 의미합니다. 만약 일본 여행을 가지 않는다면, 집에서 편안하게 휴식을 취할 수도 있을 것이고 아르바이트할 수도 있을 것입니다. 혹은 일본 대신 유럽 여행을 갔을 수도 있을 거예요. 집에서의 휴식은 나에게 5만 원어치의 행복감을 주고, 아르바이트하면 교통비를 제외하고 10만 원을 벌 수 있으며, 유럽 여행은 나에게 100만 원어치의 행복감을 주지만 비용이 100만 원 이상 든다고 해 봅시다.

일본 여행을 가지 않을 때 내가 얻을 수 있는 최대 이익은 10만 원입니다. 휴식, 아르바이트, 유럽 여행을 모두 동시에 할 수는 없기 때문입니다. 이 논리에 따르면 일본 여행을 가면서 내가 포기한 가장 큰 이익은 아르바이트해서 얻게 될 10만 원입니다. 즉, 일본 여행에 대한 암묵적 비용은 10만 원이 됩니다. 이처럼 암묵적 비용은 어떤 선택을 함으로써 포기해야 하는 가장 좋은 대안의 가치를 의미합니다.

인간이 합리적인 선택을 한다는 것은 인간이 기회비용과 편익을 적절히 저울질해서 최적의 선택을 한다는 것입니다. 특히 경제학자들은 '모든 것에는 대가가 있다'라는 말을 강조하며 어떤 선택에 대한 기회비용을 정확하게 따지는 것을 중시합니다. 기회비용은 암묵적 비용까지 포함하므로 어떤 선택을 할 때 자연스럽게 다른 대안까지 고려할 수 있게 해 주는 유용한 개념입니다.

그런데 경제학자들의 가정대로 인간은 정말 대체로 합리적일까요? 우리는 때로 잘 생각해 보지 않고 결정을 내리기도 하고, 선택한 뒤에 후회하기도 합니다. 인간이 합리적인지 아닌지를 따지는 일은 생각보다 간단한 문제가 아닙니다. 일단 혼란스러운 것은 우리가 일상적으로 사용하는 '합리성'이라는 말과 경제학에서 말하는 비용과 편익을 완벽하게 저울질한다는 뜻의 '합리성' 사이에 미묘한 차이가 있다는 점입니다. 인간은 합리적이라는 경제학의 기본 가정은 수없이 반박과 논란의 대상이 되어 왔습니다. 지금부터 그런 몇 가지 반박을 둘러싼 경제학자들의 다양한 의견을 살펴보려고 합니다.

"사람은 합리적이라고 하기에는 미련이 너무 많아요."

합리적인 인간이라면 후회하지 않아야 정상입니다. 이미 지나간 일이기 때문이죠. 하지만 우리는 거의 매일 크고 작은 일에 대해 후회합니다. '아, 버스 말고 지하철 탈걸' 하는 것처럼 몇 분 후에 잊어버리는 사소한 후회도 있고, 이미 되돌릴 수 없는 창피했던 일을 떠올릴 때마다 이불을 뻥뻥 차며 부끄러워하기도 합니다.

합리적인 사람은 과거를 돌아보지 말아야 합니다. 이미 써 버린 비용이나 얻었던 편익은 지나간 것이니까 더 이상 상관해서는 안 된다는 것이지요. 오히려 지금 이 순간 나에게 영향을 미칠 수 있는 요소들만 철저하게 고려해 선택해야 합니다.

경제학자들은 과거에 이미 지불한 비용에 대해 **매몰비용**sunk cost이라는 이름까지 붙여 가며 의사 결정 과정에서 고려하면 안 된다는 사실을 강조합니다. 더 정확히 말하자면 사람들이 의사 결정 과정에서 매몰비용을 고려하지 않는다고 가정한 것에 가깝죠. 그러나 사람들은 이미 비싼 돈을 지불한 경우 본전을 뽑아야 한다는 의식이 강합니다. 높은 가격 때문에 평소에는 잘 가지 못하는 뷔페나 놀이공원, 여행지가 대표적인 본전 뽑기의 성지입니다. 배가 터질 것 같아 오히려 더 먹기가 거북한데도 계속 새로운 음식을 가져오거나, 발도 아프고 사람들에 치여 피곤한데도 자주 올 수 없을 거라는 생각에 몇 번이고 놀이 기구를 타는 사람들의 모습은 매몰비용에 대한 미련을 버리지 못하는 우리의 비합리성을 잘 보여 줍니다. 또 시험을 볼 때도 우리는 눈앞에 아른거리는 매몰비용을 쉽게 떨쳐내지 못합니다. 언론에서 '역대급 불수능'이라고 보도했던 2019학년도 대학수학능력시험의 이미지에 가장 큰 영향을 준 것은 첫 교시 과목인 국어 영역입니다. 합리적인 수험자라면 첫 과목을 망친 것은 이미 되돌릴 수 없는 일이므로 뒤에 볼 과목과는 아무런 상관이 없어야 하지만, 수능에서 국어를 망치면 뒤에 보는 과목들에까지 지장을 받는 경우가 많습니다.[5]

1960년대 후반 프랑스와 영국의 열정적인 투자로 탄생한 콩코드 여객기는 초음속으로 운항하며 일반 비행기보다 두세 배 빠른 속도를 자랑하는 매력적인 상품이었습니다. 콩코드 여객기는 놀랍도록 발전한 과학 기술의 열매임에는 분명했지만 연료 소비량이 너무 많고 몸체가 좁아 승객을 많이 태울 수 없어 비효율적이고 사업성이 떨어진다는 문제점이 지적되었습니다. 그러나 양국 정부는 당시 10억 달러 이상 투입한 개발비가 아까워 여객기를 포기하지 못했고, 재정 지원을 계속하며 사업을 강행했습니다. 결국 천문학적인 적자가 쌓이면서 콩코드 여객기는 2003년 역사 속으로 사라지게 되었습니다. 실패가 예상되었지만 그동안 투자한 것이 아까워 시장에서 철수하지 못했던 프랑스와 영국 정부는 엄청난 손실을 떠안아야 했고, 경제학자들은 매몰비용을 포기하지 못한 비합리적인 선택을 **콩코드의 오**

류Concorde fallacy라고 부릅니다.[6]

　'이미 엎질러진 물이다'라는 속담이 존재하는 것은 역설적으로 그동안 얼마나 많은 사람이 엎질러진 물을 신경 써 왔는지를 보여 줍니다. 이와 비슷한 영어 속담('Don't cry over spilt milk')이 있는 것으로 보아 지나간 일에 미련을 버리지 못하는 것은 만국 공통인 듯합니다. 물론 이 속담을 되새기면서 중요한 결정일수록 나에게 영향을 주는 비용과 그렇지 않은 매몰비용을 명확히 구분하려고 노력하는 사람들도 분명히 있습니다. 그러나 사람들이 합리적으로 매몰비용의 유혹을 뿌리치는 데 얼마나 성공적인지를 가늠하는 것은 어려워 보입니다.

"미래의 편익과 비용을 정확하게 예측하는 것은 불가능하지 않나요?"

　합리적 선택을 하는 데 있어 과거에 관한 이야기는 실컷 했으니 이번에는 미래에 관해 이야기해 보려 합니다. 비용-편익 분석을 하려면 어떤 선택에 대한 비용과 편익을 명확히 인식하고 이 둘을 잘 비교할 수 있어야 합니다. 그런데 그 누구도 자신의 선택에 대한 결과를 완벽하게 확신할 수는 없습니다. 지금 내가 누군가와 결혼하기로 결정했을 때, 죽을 때까지 배우자와 살며 느끼게 될 행복과 불행을 예측하는 일은 불가능에 가깝습니다. 선택으로부터 발생하게 될 편익과 비용을 정확하게 예측할 수 없다면 어떤 근거로 사람들이 합리적인 선택을 하고 있다고 말할 수 있을까요?

경제학자들도 이처럼 사람들이 대부분 **불확실성하의 선택**Choice under uncertainty을 한다는 사실을 알고 있습니다. 불확실한 상황에서 사람들이 어떻게 합리적인 선택을 하는지는 경제학에서 매우 중요한 주제입니다. 이에 관한 경제학 이론의 발전 과정은 3장에서 자세히 다루고, 여기서는 아주 간략한 요약본을 제시하려고 합니다. 지금 우리의 목적은 불확실성하의 선택에 관한 이론의 변천사가 합리성의 가정에 준 영향을 살펴보는 것입니다.

처음에 경제학자들은 미래의 여러 가지 경우에 대한 확률을 정확히 알 수 있다면 선택은 기댓값과 위험에 대한 선호의 문제로 넘어가게 된다고 생각했습니다. **기댓값**expected value은 확률적으로 일어날 수 있는 여러 사건의 평균적인 결과를 말합니다. 예를 들어 1만 원을 걸고 동전을 던져 앞면이 나오면 2만 원을 받고, 뒷면이 나오면 아무것도 받지 못하는 놀이가 있다고 해 봅시다. 이때 참가자는 1/2의 확률로 1만 원을 벌고, 1/2의 확률로 1만 원을 잃습니다. 즉, 이 놀이에 참여하는 것에 대한 기댓값은 (1/2)×(1만 원)+(1/2)×(-1만 원)=0원이 됩니다. 평균적으로 0원을 벌게 되는 놀이라는 것이죠. 놀이에 참여하지 않으면 100% 돈을 벌지도, 잃지도 않습니다. 즉, 놀이에 참여하지 않는 것에 대한 기댓값도 0원입니다.

놀이에 참여하든 참여하지 않든 기댓값은 같습니다. 하지만 경제학자들은 사람들이 기댓값이 다른 대안들 사이에서도 선호하는 선택이 있다는 것을 발견하고 이런 현상을 **위험 선호**의 차이로 설명하고자 했습니다. **위험 기피적**risk averse인 사람은 기댓값이 같더라도 놀이에 참여했을 때 돈을 잃을 위험이 있다는 것에 집중합니다. 따라서 도박을 하느니 지금 가진 돈을 지키려고 합니다. 반면 **위험 선호적**risk loving인 사람은 기댓값이 같더라도 놀이에서 이겨 돈을 더 벌 가능성에 주목합니다. 따라서 도박을 좋아하는 성향을 띱니다. 둘 사이에 아무런 차이도 느끼지 못하는 사람은 **위험 중립적**risk neutral이라고 할 수 있습니다.

하지만 기댓값과 위험에 대한 선호를 두 축으로 하여 불확실성하에서도 합리적인 선택을 할 수 있다는 믿음을 모든 상황에 적용하기는 어렵습니다. 이번에는 규칙이 조금 다른 동전 던지기 놀이를 예로 들어 보겠습니다. 동전을 던져서 앞면이 나오면 상금이 2만 원입니다. 그 후에 또 앞면이 나오면 상금은 4만 원으로 불어납니다. 또 앞면이 나오면 8만 원, 또 앞면이 나오면 16만 원, … 이렇게 상금은 계속 늘어납니다. 하지만 동전 뒷면이 나오는 순간 놀이는 끝나고 그때까지 쌓인 상금만 받을 수 있습니다. 사람들은 이 놀이에 얼마까지 걸 수 있을까요?

이 놀이에서 2만 원을 받을 확률은 앞면이 한 번 나올 확률이므로 1/2입니다. 4만 원=2^2만 원을 받을 확률은 앞면이 두 번 나올 확률이므로 $(1/2)^2$입니다. 이와 같이 2^n만 원을 받을 확률은 앞면이 n번 나올 확률이므로 $(1/2)^n$입니다. 따라서 이 놀이를 했을 때 상금의 기댓값은 $2 \times (1/2) + 2^2 \times (1/2)^2 + 2^3 \times (1/2)^3 + \cdots = 1 + 1 + 1 + \cdots$, 즉 1만 원을 계속 더한 무한대라는 것을 알 수 있습니다. 사람들의 위험에 대한 선호가 어떻든지 간에 기댓값이 무한대이면 백만 원, 아니 천만 원, 아니 몇억 원도 낼 수 있어야 합니다. 하지만 현실의 사람들은 뒷면이 나오는 순간 끝나 버리는 이 놀이에 큰돈을 주고 참여할 생각이 없습니다. 이렇게 기댓값만으로는 사람들의 선택을 설명할 수 없는 현상을 **상트페테르부르크의 역설**St. Petersburg paradox이라고 합니다.

이런 문제를 해결하고자 경제학자들은 **기대효용**expected utility이라는 개념을 도입했습니다. **효용**utility은 선택이 주는 행복, 만족감 등을 나타내는 데 사용하는 개념입니다. 즉, 경제학자들은 사람들이 선택할 때 고려하는 것은 기댓값 자체가 아니라 그 불확실한 상황으로부터 기대되는 효용이라고 주장하면서 상트페테르부르크의 역설을 피해 가고자 했습니다. 기댓값이 아무리 무한대더라도 그로부터 오는 효용이 작다면 위의 놀이에 참여할 이유가 없다는 것이지요.

그러나 이런 수정마저도 곧 행동경제학자들의 지적을 받아 한계에 부딪혔습니다. **행동경제학**behavioral economics은 몇십 년 정도의 짧은 역사를 가진 경제학의 신생 분야입니다. 행동경제학자들은 '인간은 합리적'이라는 경제학의 가정을 다시 한번 살펴볼 필요가 있다고 주장합니다. 행동경제학의 태두인 대니얼 카너먼Daniel Kahneman과 아모스 트버스키Amos Tversky는 사람들이 불확실성하에서 선택할 때 합리성, 일관성만으로는 설명하기 어려운 이상한 모습을 자주 보인다는 것을 발견했습니다. 예를 들어 사람들은 확실한 것에 지나치게 집착하는 경향이 있었고, 돈을 크게 벌 수 있을 때와 적게 벌 수 있을 때, 크게 잃을 수도 있을 때와 적게 잃을 수 있을 때 각기 다른 선호를 보였습니다. 이들이 불확실성하에서의 선택을 설명하려고 제시한 새로운 방법론인 **전망 이론**prospect theory에 대해서는 3장에서 살펴볼 것입니다.

"선택을 할 때 우리는 별생각이 없지 않나요?"

인간이 합리적이라는 가정에 대해 반박하는 또 다른 견해는 사람들은 선택할 때 별생각이 없다는 것입니다. 물론 대부분의 사람들은 어떤 대학에 진학할지, 어느 지역의 집을 살지, 어떤 배우자와 결혼할지 등등 인생에 중대한 영향을 미치는 결정을 내릴 때 여러 가지 경우의 수를 고려해서 더 좋은 선택을 하려고 합니다. 그러나 어떤 사람들은 이런 중대한 결정마저도 그냥 저질러 버립니다. 대학 원서를 될 대로 되라며 막 쓰기도 하고 첫눈에 반한 사람과 별생각 없이 결혼하기도 합니다. 가볍게 다녀오는 국내 여행이나 오늘 점심 메뉴, 친구에게 줄 생일 선물과 같은 사소한 선택은 더더욱 충동적으로 내릴 때가 많죠.

합리적인 선택을 하기 위해서는 심사숙고하는 과정이 필수적입니다. 그런데 우리 일상 속의 수많은 선택 중 오랜 고민의 결과였던 것은 그리 많지 않을 것입니다.

어떤 경제학자들은 선택을 위해 '고민하는 것'조차도 하나의 선택이기 때문에 고민하지 않기로 하는 것도 때에 따라서는 합리적인 선택이 될 수 있다고 말합니다. 사실 좋은 선택을 하려면 혼자 고민만 해서는 부족합니다. 예를 들어 카메라를 하나 사려고 할 때도 고려할 것이 한두 가지가 아닙니다. 가격과 기능, 디자인은 물론이고 사진 색감, A/S 방식 등등 다양한 요소를 따져 보아야 합니다. 이 모든 정보는 하늘에서 갑자기 뚝 떨어지는 것이 아닙니다. 모두 직접 검색하고 찾아보아야 하죠. 어떤 카메라를 살지 결정한 뒤에도 카메라를 오프라인 매장에서 살지, 온라인 매장에서 살지, 그중 어떤 매장에서 살지를 열심히 찾아서 결정해야 합니다.

그런데 조금 더 생각해 보면 이처럼 어떤 카메라를 어떻게 살지 고민하는 과정에서도 비용이 발생한다는 사실을 알 수 있습니다. 이런 비용을 **탐색 비용**search cost이라고 합니다. 카메라를 사려고 조사하고 고르는 과정을 거쳐서 사게 될 좋은 카메라가 주는 편익이 탐색 비용보다 크지 않다면, 열심히 카메라를 찾는 것은 오히려 비합리적인 선택이 될 것입니다. 탐색 비용이 너무 크다면 카메라를 아예 사지 않거나, 조금 덜 좋은 카메라를 사게 되더라도 아무 카메라나 구매하는 것이 더 합리적인 선택이 될 것입니다. 주식을 사거나 직장을 구할 때도 전 세계의 상황을 살피며 끝없는 조사와 연구를 거듭하면 자신에게 가장 큰 이득을 주는 선택을 할 수 있을 것입니다. 하지만 우리는 대부분 그렇게까지 할 시간과 의향이 없습니다. 결국 우리는 탐색에 들어가는 엄청난 비용을 아끼기 위해 약간 손해를 볼 가능성이 있음을 알면서도 감에 따라 주식을 사고, 몇 번의 지원 안에 직장을 고릅니다.

반면 선택을 하기 위해 생각하는 과정이 생략되어도 사람들은 본능적으로 어느 정도 합리적인 선택을 한다고 주장하는 이들도 있습니다. 다시 말하자면, 자신의 편익과 비용을 잘 계산할 줄 아는 합리적인 사람들이 생존 경쟁에서 살아남을 가능성이 더 크기 때문에 사람들은 합리적인 선택을 하도록 진화했다는 것이지요. 매번 의식적으로 생각하지는 않더라도 진화에 의해 형성된 우리의 직관과 감정이 무의식적으로 어느 정도 합리적인 선택을 끌어낸다는 이야기입니다.

먼 옛날에 두 부류의 사람들이 있었다고 해 봅시다. 한 부류는 모든 의사 결정 과정에서 비용-편익 분석을 철저히 하여 자신에게 최대한 이득이 되는 합리적인 선택을 합니다. 다른 부류는 비교적 비합리적인 선택을 합니다. 굶주림과 맹수의 공격으로부터 자신을 지켜야 하는 원시 시대에 생존에 더 유리했던 것은 자신의 몫을 최대한으로 챙길 줄 아는 사람들이었을 것입니다. 그리고 그들의 유전자가 지금까지 대물림되어 자연선택(자연계에서 그 생활 조건에 적응한 생물은 생존하고, 그러지 못한 생물은 저절로 사라지는 일)에 따라 살아남은 현재의 매우 합리적인 인류를 구성하게 되었다는 것이지요.

진화심리학자들에 따르면, 일상의 사소한 순간들에서 인간은 본능, 생리적 욕구, 감정과 같이 무의식적인 과정 덕분에 생존에 유리한 선택을 할 수 있습니다.[7] 누군가가 당신이 며칠 동안 공들여 쓴 보고서를 허락 없이 똑같이 베껴서 냈다고 해 봅시다. 당신은 화를 내야겠다고 생각하지 않더라도 자연스럽게 몸과 마음으로 '화'라는 감정을 느끼게 될 것입니다. 이때 당신에게 찾아온 분노는 당신이 손해 보지 않고 노력에 대한 정당한 대가를 얻을 수 있는 합리적인 행동을 하도록(선생님께 상황을 말씀드리거나 베낀 학생에게 주의를 주는 것과 같이) 이끌 것입니다. 이처럼 사람들이 항상 모든 대안을 비교해 보며 합리적인 선택을 해야겠다고 마음먹는 것은 아니지만, 자연선택에 따라 지금까지 살아남은 인간이라면 합리적인 성격을 타고났을 수밖에 없다는 주장입니다.

"하지만 감정에 따른 선택이 합리적이라는 말은 인정할 수 없어요."
일부 진화심리학자들의 이런 주장이 잘 납득되지 않을 수도 있습

니다. 이성에 근거하지 않은 감정에 따른 선택이 합리적이라는 말은
어불성설인 것 같기도 합니다.

경제학자 중에도 직관과 감정에 따른 선택은 합리적인 선택과는
거리가 멀며 주먹구구식에 불과하다고 생각하는 사람들이 있습니다.
앞에서 잠시 만나 본 행동경제학자 트버스키와 카너먼은 직관에 따
른 의사 결정 과정을 **휴리스틱**heuristic이라고 칭하고, 이에 관한 여러
가지 연구를 진행했습니다.

트버스키와 카너먼은 몇 가지 실험을 통해 직관에 의존한 우리의
판단은 비합리적일 때가 많음을 증명했습니다. 그들은 한 실험에서
사람들에게 영어 단어 중 첫 번째 글자가 'r'인 단어와 세 번째 글자
가 'r'인 단어 중에 어떤 것이 더 많다고 생각하는지 짧은 시간 안에
답할 것을 요구했습니다. 사실 영어 단어 중에는 세 번째 글자가 r인
단어가 더 많은데도 대부분의 사람들은 첫 번째 글자가 r인 단어가
더 많을 거라고 답했습니다. 그 이유는 r로 시작하는 단어(real, road,
red, …)를 떠올리는 것이 세 번째 글자가 r인 단어(car, …)를 떠올리는
것보다 훨씬 쉬웠기 때문이죠.

또 다른 실험에서는 고등학생들을 두 그룹으로 나눈 후 첫 번째
그룹에는 $8 \times 7 \times 6 \times 5 \times 4 \times 3 \times 2 \times 1$이라는 식을, 두 번째 그룹에는
$1 \times 2 \times 3 \times 4 \times 5 \times 6 \times 7 \times 8$이라는 식을 보여 주었습니다. 정답은 둘
다 40,320인데 5초 안에 이 식의 값을 말해 보라고 하자 첫 번째 그

룹 학생들의 답은 중앙값이 512였고, 두 번째 그룹 학생들의 답은 중앙값이 2,250이었습니다. 트버스키와 카너먼은 맨 처음에 본 숫자가 8이었는지 1이었는지에 따라 이러한 차이가 나타난 것이라고 주장하며, 이렇게 처음의 조건이 편향된 의사 결정을 하도록 하는 현상을 앵커링anchoring이라고 표현했습니다.[8] 이들의 연구는 직관에 따른 사람들의 판단이나 선택은 일관적이지 못하며, 합리적인 것과는 거리가 멀다는 것을 보여 줍니다.

게다가 자연선택으로 합리적인 인간만이 살아남는다는 주장은 진화에 대한 잘못된 이해라는 지적도 나옵니다. 미국의 생태학자 윌리엄 쿠퍼William Cowper는 자연선택의 결과로 비합리적인 행동을 하는 개인도 충분히 나타날 수 있다는 것을, 아니 반드시 있어야 하는 경우도 있다는 것을 증명했습니다.

그는 다음과 같은 도박을 가정했습니다. 3개의 검은색 공과 2개의 하얀색 공이 들어 있는 주머니가 있습니다. 여기서 매일 하나의 공을 뽑습니다. 도박에 참여하는 사람은 검은색 공과 하얀색 공 중 어떤 것이 뽑힐지 예측합니다. 예측이 맞을 경우 건 돈의 2배를 받습니다. 하지만 예측이 틀렸을 때는 건 돈의 1/4만 돌려받습니다. 도박에 참여한 A는 전 재산을 검은색 공에 겁니다. 반면 B는 전 재산의 5/8는 검은색 공에, 3/8은 하얀색 공에 겁니다. 도박 뒤에 A와 B가 얻게 될 돈의 기댓값은 다음과 같습니다. A는 맞을 확률이 3/5, 즉 0.6이고 틀릴 확률은 2/5, 즉 0.4입니다. A의 기대 수익은 평균적으로 0.6×2배$+0.4 \times 0.25$배$=1.3$배가 됩니다. 반면 B는 검은색 공이 나오든 하얀색 공이 나오든 재산의 일부는 잃게 됩니다. B가 기대할 수 있는 수익은 평균적으로 $0.6 \times (5/8 \times 2$배$+3/8 \times 0.25$배$)+0.4 \times (5/8 \times 0.25$배$+3/8 \times 2$배$) \approx 1.17$배입니다. 도박을 단 한 번만 한다면, 합리적인 사람은 A와 같은 선택을 해야 합니다.

그런데 이번에는 도박을 1천 번 반복하고, 계속해서 전 판에서 얻은 돈을 모두 걸어야 하는 상황이라고 해 봅시다. 1천 번 반복한다면 평균적으로 검은색 공은 600번, 하얀색 공은 400번 나오게 될 것입니다. 따라서 이때 A와 같이 계속 검은색 공에만 걸면 평균적으로 600번은 수익이 2배가 되지만 나머지 400번은 수익이 1/4로 줄 것입니다. 1천 번의 도박 끝에 A의 수익은 $2^{600} \times (1/4)^{400} \approx 6 \times 10^{-61}$배라는 충격적인 숫자로 줄어 있을 것입니다. 반면 B는 검은색 공이 나오면 $5/8 \times 2$배$+3/8 \times 0.25$배≈ 1.34배의 수익을, 하얀색 공이 나오면 $5/8 \times 0.25$배$+3/8 \times 2$배≈ 0.91배의 수익을 기대할 수 있습니다. 검은색 공과 하얀색 공에 분산 투자를 한 덕분에 도박을 1천 번 반복한 후에 B의 수익은 $1.34^{600} \times 0.91^{400} \approx 8 \times 10^{59}$배로 천문학적으로 늘어 있을 것입니다.

쿠퍼는 이런 상황을 생태계에 적용했습니다. 색깔이 검은빛인 나무에 둥지를 짓고 사는 새들이 있다고 해 볼게요. 이 새들은 겨울에 찾아오는 독수리에게 잡아먹힙니다. 겨울에 눈이 올 확률은 40%로, 눈이 오면 온통 검은빛이던 숲속이 하얀색으로 변합니다. 새들은 둥지를 검은색과 하얀색 중 하나의 색깔로 지을 수 있습니다. 겨울이 되었을 때 배경과 같은 색의 둥지를 지었으면 살아남을 수 있습니다. 하지만 배경과 다른 색의 둥지를 지은 새들은 8마리 중 7마리꼴로 잡아먹히게 됩니다. 이 새들은 겨울을 잘 나면 2마리의 새끼를 낳습니다. 배경과 같은 색의 둥지를 지으면 살아남아 2마리의 새끼를 낳지만, 다른 색의 둥지를 지으면 살아남을 확률이 겨우 1/8이기 때문에 평균적으로 1/8×2=1/4마리의 새끼만을 남기게 됩니다.

합리적인 새라면 눈이 안 올 확률이 더 크므로 검은색 둥지를 짓는 선택을 할 것입니다. 하지만 만약 모든 새가 검은색 둥지만 짓는다면 앞의 도박 예시에서 검은색 공에만 투자해 파산한 A처럼 1천 년 후에 새들은 멸종 위기에 빠질 것입니다. 즉, 자연선택에서 도태될 것입니다. 반면 B가 분산 투자한 것처럼 전체 새들 중 3/8 정도의 새들이 무슨 이유에서인지 자신의 생명을 걸면서 하얀색 둥지를 짓는다면 1천 년 후 이 새들은 번성하게 될 것입니다. 눈이 올 확률이 40%라면 개별적인 새의 입장에서는 검은색 둥지를 짓는 것이 생존하기 위한 합리적인 선택입니다. 하지만 아이러니하게도 진화는 비합리적인 새들이 존재하는 집단을 선택합니다.[9]

왜 이런 결과가 나타날까요? 이는 진화는 개별적인 개체에서 나타나는 현상이 아니라 생물 집단 전체에 대해 나타나는 현상이기 때문입니다. 1천 번의 도박을 하는 개인으로 생각한다면 B는 A보다 훨씬 합리적입니다. 그러나 같은 상황을 숲속 새들에 적용해 보면, 진화에 의해 더 합리적인 집단이 살아남는 것이지 더 합리적인 개체가 살아남는 것은 아닙니다. 이런 연구 결과는 진화가 합리적인 개인을 이끌었다는 주장은 진화의 대상에 대한 잘못된 이해에서 비롯되었다는 것을 보여 줍니다.

"모든 것을 돈으로 계산할 수는 없지 않나요?"

인간이 모든 상황에서 의식적으로든 무의식적으로든 완벽한 비용-편익 분석을 해낼 수 있는 동물이라고 하더라도 한 가지 문제점이 있습니다. 주관적인 수준의 비용이나 편익끼리도 비교할 수 있어야 한다는 점입니다.

합리적인 선택을 하기 위한 비용-편익 분석의 기본은 어떤 선택을 하는 데 따른 기회비용과 그 선택으로부터 얻을 수 있는 모든 편익을 비교하는 것입니다. 그런데 이 둘을 비교하려면 둘 다 일정한 단위로 표현할 수 있어야 합니다. 경제학자들은 대부분 비용이든 편익이든 돈의 단위로 표현하는 것을 선호합니다.

어떤 상황에서는 비용과 편익을 돈으로 표현하는 게 어렵지 않습니다. 대학 진학이라는 선택 앞에서 대학을 다닐 때 들게 될 학비나

교통비, 교재비 등은 애초에 돈으로 지불하는 비용이기에 돈으로 표현하기가 매우 간단합니다. 또 대학 진학으로 내가 얻게 될 미래의 수입도 미래에 대한 예측만 가능하다면 비교적 쉽게 대학 진학에 대한 편익으로 계산할 수 있습니다. 하지만 안타깝게도 돈으로 표현하기가 쉽지 않은 것들도 있습니다. 어려운 대학 공부를 하면서 받게 될 스트레스, 왕복 두 시간 거리의 학교에 다니면서 소모하게 될 체력, 치열한 경쟁이나 친구와의 싸움 때문에 느끼게 될 상실감 등의 비용은 수치로 나타내기가 어렵습니다. 또한 새로운 것을 공부할 때 느끼는 만족감, 새 친구들(혹은 애인까지도)을 사귀면서 얻게 될 행복, 나의 학력을 은근슬쩍 과시하면서 오는 자부심과 같은 편익도 사실상 수치로 나타내기가 불가능합니다.

이에 경제학자들은 몸이나 마음으로 느끼게 되는 행복이나 고통의 편익과 비용을 측정하기 위해 매우 단순한 아이디어를 제시했습니다. 행복이라면 얼마의 돈을 내고 그 행복을 사려고 하는지를, 고통이라면 얼마의 돈을 받았을 때 그 고통을 감수할 수 있는지를 측정하면 된다는 것입니다. 경제학에서는 이를 각각 **지불용의**willingness to pay와 **수용용의**willingness to accept라고 부릅니다.

아주 무더운 날, 인적이 드문 산길을 걷던 당신은 아이스크림 가게를 발견합니다. 그 가게에는 단 하나의 아이스크림만 남아 있습니다. 가격은 2천 원이네요. 더워서 쓰러지기 일보 직전인 당신이 아이스크림을 집어 들려는 순간, 가게 주인이 재빠르게 아이스크림을 낚아채 갑니다. "제발 그 아이스크림을 사게 해 주세요. 더워 죽을 것 같아요." 당신은 천 원짜리 지폐 두 장을 건네며 애원합니다. 여기서 이미 아이스크림에 대한 당신의 지불용의는 2천 원 이상이라는 것을 확인할 수 있습니다.

가게 주인은 땀을 뻘뻘 흘리는 당신에게 이렇게 말합니다. "고객님, 가격표가 잘못된 것을 지금 알았네요. 사실 2천 원이 아니라 5천 원입니다." 누가 봐도 거짓말인 것 같습니다. 하지만 당신은 지금 3천 원 더 내는 게 문제가 아니라 당장이라도 아이스크림을 먹지 않으면 탈진해 죽을 것 같습니다! "알겠어요, 알겠어요. 5천 원 드릴게요." 당신은 천 원짜리 지폐 세 장을 더 꺼냅니다.

잠시 당신의 모습을 살피던 가게 주인이 한번 더 입을 엽니다. "미안해요. 제가 또 착각했네요. 사실은 1만 원이에요." 그 순간 당신은 갑자기 눈이 번쩍 뜨입니다. "1만 원이라고요? 아이스크림을 정말 먹고 싶기는 하지만 1만 원을 드릴 수는 없어요. 장사 똑바로 하세요." 당신은 어이가 없다는 듯이 가게 문을 박차고 나갑니다. 그러자 주인이 다급하게 당신을 부릅니다. "죄송해요. 9천 원에 드릴게요." 9천 원? 좀 비싼 감이 있긴 하지만 손해 보는 것 같지는 않습니다. 지금 더워 죽을 것 같으니까요. 당신은 9천 원에 아이스크림을 삽니다. 여기서 아이스크림에 대한 당신의 지불용의가 9천 원 정도라는 것을 알 수 있습니다. 즉, 무더운 날 당신은 아이스크림 한 개를 먹었을 때 9천 원의 행복을 느낀다는 것이죠. 그리고 가게 주인은 단 몇 번의 가격 변동을 통해 이를 파악하고 더 많은 이익을 취했습니다.

이와 비슷한 방식으로 얼마든지 지불용의를 측정할 수 있습니다. 마찬가지로 고통을 겪고 있는 사람에게 그 고통을 견디는 대신 돈을 주겠다는 약속을 반복하면 고통에 대한 수용용의도 측정할 수 있습니다. 경제학자들의 요지는 지불용의나 수용용의를 직접 측정하겠다는 것이 아닙니다. 다만 이렇게 간단한 사고실험을 통해 행복이나 고통을 돈으로 환산하는 일이 아예 허황된 것은 아님을 증명하는 것이지요.

로널드 코스Ronald H. Coase는 이러한 믿음에 근거한 주장을 펼친 대표적인 경제학자 중 하나입니다. 코스가 발표한 **코스의 정리**Coase theorem는 오늘날에도 매우 중요한 경제학적 함의를 가지지만, 그 기저에 깔린 행복과 고통의 측정 문제는 행동경제학자들의 반박을 받았습니다. 코스의 정리에 대해서는 본격적으로 '행복'에 대한 경제학자들의 관점을 다룰 4장에서 자세히 살펴볼 것입니다.

지불용의와 수용용의는 인간의 감정이나 마음을 구체적인 수치로 바꾸어 줄 수 있다는 점에서 혁신적인 개념입니다. 또 인간의 행복이나 고통마저도 돈으로 나타내는 것이 어느 정도 가능함을 입증하기에 인간이 느끼는 행복과 고통도 비용-편익 분석에서 충분히 고려할 수 있다는 근거가 됩니다.

하지만 세상의 모든 행복이나 고통을 돈으로 환산할 수 있다는 것은 잘 납득되지 않습니다. 지불용의를 찾는 과정을 통해 당신이 과자 한 봉지에 대해서는 3천 원의 행복을, 가족에 대해서는 3억 원의 행복을 느낀다는 사실을 알아냈다고 해 봅시다. 그렇다고 해서 가족을 10만 봉지의 과자와 바꾸려는 사람이 있을까요? 혹은 3억 원을 준다고 가족을 포기하는 사람은요? 경제학에서 말하는 합리적인 인간이라면 이는 충분히 고려해 볼 만한 대안입니다. 그러나 현실에서 이런 선택을 할 사람은 거의 없습니다.

이런 문제는 행복이나 고통이 단지 양의 문제만이 아니라는 사실에서 기인합니다. 이는 쾌락을 육체적인 즐거움인 동적 쾌락과 마음의 평안인 정적 쾌락으로 나누었던 고대의 쾌락주의자 에피쿠로스 시대부터도 알려져 있던 사실입니다.[10] '최대 다수의 최대 행복'이라는 구호를 따르던 공리주의자인 존 스튜어트 밀John Stuart Mill도 행복에는 질적 차이가 있다는 점을 강조했습니다. 그는 '배부른 돼지가 되기보다는 배고픈 인간이 되는 편이 낫고, 만족해하는 바보가 되기보다는 불만족스러운 소크라테스가 되는 것이 낫다'라는 말로 고귀한 행복과 그렇지 못한 행복 간에는 차이가 있다고 이야기했죠. 이렇게 행복이나 고통 사이에 질적 차이가 존재한다는 점은 모든 비용과 편익을 같은 단위로 나타낼 수 없음을 의미합니다. 즉, 경제학자들이 말하는 '합리적인 선택'이 현실에서는 완전히 가능하지 않을 수 있는 것입니다.

하지만 경제학에서 행복과 고통을 항상 돈으로만 나타내는 것은 아닙니다. 오늘날 경제학에서는 행복의 양을 정량적으로 비교하는 것은 불가능함을 인정하고, 대신 행복들 간의 우선순위만은 분명하게 따질 수 있다는 관점에서 정립된 여러 이론이 설득력을 얻고 있습니다.

"사람은 정말 이기적으로만 생각하나요?"

경제학에서 말하는 합리성에 대해 불쾌감을 느끼는 사람도 있습니다. 경제학에서 말하는 편익과 비용이란 결국 자신에게 주어질 편익과 비용이기 때문입니다. 이런 의미의 합리성은 곧 **이기심**과 떼려야 뗄 수 없는 사이가 되어 버립니다. 그러나 많은 사람들이 인간은 이기적일 뿐이라는 가정이 현실과 괴리된다고 생각합니다. 주변을 둘러보면 사람들은 함께 사회를 구성하고 힘을 합쳐 살아가고 있고, 남을 위하는 모습을 보이기도 합니다. 합리성이 자신만을 고려하는 것이라면 이런 이타적 행위는 비합리적인 것이 아닌가요?

'누구는 정말 이기적이야'라는 문장에서처럼 우리가 평소에 사용하는 '이기심'이라는 단어는 굉장히 각박하고 부정적인 느낌을 줍니다. 이기적인 사람은 가족이나 친구 따위는 안중에도 없으며 이익을 위해서는 무엇이든 할 수 있는 파렴치한 사람 같아 보입니다.

하지만 경제학에서 자신에게 주어질 비용과 편익을 따진다는 의미로 '이기심'이라는 단어를 사용하는 것은 이와는 조금 다른 의미를 가집니다. 이타적이거나 양심적으로 보이는 행위도 이기심으로 충분히 설명할 수 있습니다. 불우한 사람을 위해 자신의 재산을 기부하는 일은 언뜻 보기에는 이타적인 행동이기에 비합리적으로 보입니다. 하지만 기부도 이기적이고 합리적인 일일 수 있습니다. 기부하는 이유는 다양합니다. 자신의 명성을 얻기 위해 기부할 수도 있고, 남을 돕는 것의 가치를 믿고 그로부터 순수한 보람을 얻기 때문에 기부할 수도 있습니다. 혹은 도덕적 양심이 어려운 사람을 못 본 체하지 못하도록 할 수도 있습니다. 경제학적인 관점에서 명성을 얻는 것, 남을 돕는 데서 오는 보람, 양심을 따르는 것 모두 정신적 편익이라고 본다면, 결국 기부도 나의 편익을 채우기 위한 '이기적인 행위'로 설명할 수 있습니다. 여기에서의 이기심은 어떤 행위를 폄하하는 의미를 지니지 않는다는 점을 유의해야 합니다.

물론 모든 행위가 이런 이기적인 동기만으로 설명되지는 않습니다. 예를 들어 가족이나 친구, 심지어는 나라를 위해 자신의 목숨을 바친 사람들의 행위가 자기 자신의 행복을 위해서였다고 보기는 어렵습니다. 세상에는 분명히 순수하게 이타적인 행위도 존재합니다.

또 우리는 손해를 볼 것을 알면서도 도덕적 가치를 지키기도 합니다. 독일의 경제학자 베르너 귀트Werner Güth는 **최후통첩 게임**ultimatum game이라는 실험을 통해 사람들은 자신이 조금 손해를 보더라도 상황이 공정한 것을 요구한다는 점을 발견했습니다. 최후통첩 게임의 규칙은 다음과 같습니다. A와 B 두 사람은 주어진 돈을 나누어 가져야 하는데, 얼마씩 나누어 가질지는 A가 제안합니다. B는 A의 제안을 받아들이거나 거절할 수 있습니다. B가 이를 받아들일 경우 제안대로 돈을 나누어 가집니다. 하지만 거절할 경우 둘 다 돈을 받을 수 없습니다.

인간은 합리적이라는 가정에 따르면 A는 최소 금액을 제안하고 B는 단돈 1원이라도 주어진다면 무조건 제안을 받아들이는 것이 합리적입니다. 하지만 귀트의 실험 결과, B 역할을 맡은 참가자들은 자신에게 돌아오는 몫이 너무 적을 경우 한 푼도 받지 못할 것을 알면서도 제안을 거절했습니다. A 역할을 맡은 참가자들도 대부분 돈을 비교적 공평하게 나누려는 모습을 보였습니다.[11] 이를 통해 사람들은 이기적으로 자신의 이익만 챙기는 것이 아니라 공정성과 같은 가치도 중요하게 생각한다는 것을 알 수 있습니다. 이는 인간은 대체로 합리적이라는 주장을 약화하는 근거가 됩니다.

물론 B 역할을 맡은 참가자들의 이런 행위가 무시를 당하기 싫어서 혹은 앞으로 부당한 분배가 반복되어 손해를 보지 않도록 하기 위해서와 같이 이기적이고 합리적인 동기에 따른 것이라고 주장할 수도 있습니다. A 역할을 맡은 참가자들의 행위 역시 B가 거절할 경우 한 푼도 받지 못하게 될 것을 예상한 이기적인 선택이라고 말할 수 있습니다. 경제학자들은 이들의 정확한 동기를 파악하기 위해 수정된 실험을 진행하기도 했습니다. 예를 들어 최후통첩 게임과 거의 비슷하지만 B는 무조건 A의 제안을 받아들여야만 하는 **독재자 게임** dictator game에서도 A 역할의 참가자들은 대부분 경제적 이득만을 생각해 주어진 돈을 모두 갖는 것이 아니라 공정성도 염두에 두고 돈을 나누는 선택을 하는 것이 확인되었습니다.

◆ ◆ ◆

이쯤 되면 합리성에 대한 담론은 더더욱 혼란에 빠집니다. 사람들의 특정 행동이 비합리적이라고 이야기하려 해도, 그건 사실 그 사람의 선호와 관련된 문제이기 때문에 충분히 합리성의 가정으로 설명할 수 있다고 주장하면 결론이 없는 논쟁에 빠지게 됩니다. 사실 '이기심'과 마찬가지로 '합리성'도 일상적인 의미와 경제학자들이 사용하는 의미 간에 약간 차이가 있습니다. 우리는 사회적으로 통용되는 논리적인 결정을 내리는 사람을 보고 합리적이라고 말합니다. 하지만 경제학에서 말하는 합리적인 인간의 조건을 만족하는 것은 이보다 훨씬 쉬운 일입니다. 도박 중독자를 보고 일상어로서 합리적이라고 말하는 사람은 없습니다. 하지만 그 중독자가 돈을 잃을 것을 알면서도 판돈을 걸 때 엄청난 짜릿함, 즉 정신적 편익을 느낀다고 주장한다면 경제학적인 의미에서 그는 합리적이라고 말할 수 있습니다. (물론 경제학이 도박 중독을 옹호한다는 것은 아닙니다. 경제학자들도 경제학적 의미에서 합리적인 선택이 꼭 옳은 선택을 의미하지는 않는다는 것을 알고 있습니다.) 이런 합리성이라는 용어 자체의 모호성 때문에 경제학의 기본 가정을 둘러싼 논쟁이 더 불명확해지기도 합니다.

결국 '모든 인간은 합리적이다'라는 가정은 현실을 설명하는 데 매우 유용하긴 하지만, 완벽한 가정이 아닐뿐더러 애매모호한 측면도 있다는 것을 알 수 있습니다. 이 가정이 현실과 얼마나 비슷한지에 대해서는 이견이 있지만, 이 가정이 인간의 복잡한 행동을 이해하기 좋게 단순화해 준다는 점은 분명합니다.

이 책은 전통적인 경제학 이론들을 소개하는 책이기에 인간이 합리적이라는 사실을 매우 당연하게 전제하고 있습니다. 물론 여러분에게 이에 동의하기를 강요하는 것은 아닙니다. 중요한 것은 경제학을 공부하면서 책 속의 '합리적인 인간들Homo economicus'과 계속해서 마주하는 것이 나 자신이 더 합리적인 선택을 하는 데에도 도움이 된다는 점입니다.

자원의 순환

경제학은 궁극적으로 자원 혹은 재화에 관한 학문입니다. 따라서 어떤 사회에서 재화가 어떻게 움직이는지 파악하는 것은 경제학을 이해하는 기본이 됩니다. 현대 사회에서 재화를 얻으려면 돈을 지불해야 합니다. 따라서 돈은 자원 및 재화와 반대 방향으로 움직입니다. 재화와 화폐는 경제 활동을 통해 계속해서 경제 주체들 사이를 빙글빙글 돌고 있습니다. 이러한 현상을 **경제 순환**economic circulation이라고 합니다.

경제 활동의 주체로는 크게 **기업**firm과 **가계**household가 있습니다. 기업은 재화를 생산하고, 가계는 재화를 소비합니다. 재화를 만들려면 재료가 필요한데, 이를 **생산 요소**factors of production라고 합니다. 가방 하나를 만드는 데는 어떤 재료가 필요할까요? 천도 필요하고, 지퍼도 필요할 것입니다. 그런데 천과 지퍼도 결국 하나의 재화이므로 천이나 지퍼를 만들기 위해서도 재료가 필요합니다.

경제학자들은 생산물을 만드는 데 필요한 재료를 꼬리에 꼬리를 물고 가다 보면, 결국 세 가지 종류의 생산 요소로 정리할 수 있다고 가정했습니다. 바로 **노동**labor, **토지**land 그리고 **자본**capital입니다. 무언가를 만들려면 그것을 만들 사람(노동)과 만들 공간(토지)이 필요합니다. 그리고 당연히 물리적 재료(자본)도 있어야겠죠.

경제학에서는 복잡한 상황을 한눈에 파악할 수 있도록 **경제 모형**economic model을 사용합니다. 경제 모형은 복잡한 경제 현상을 생략할 것은 과감히 생략하여 수식이나 그래프, 그림으로 나타낸 것입니다. 지금 우리가 이해하려는 재화와 돈의 순환을 잘 나타내는 모형이 바로 〈그림 1〉의 경제 순환 모형입니다.

경제 순환 모형은 두 개의 시장market을 중심으로 그려집니다. 하나는 '재화와 서비스 시장'으로 우리가 흔히 생각하는 할인마트, 편의점, 백화점 등이 해당합니다. 다른 하나는 '생산 요소 시장'으로 기업이 생산하는 데 필요한 생산 요소인 노동, 토지, 자본을 사고파는 시장이에요. 즉, 생산을 위한 재료가 매매되는 곳이죠.

재화와 서비스 시장에서의 판매자는 기업, 구매자는 가계예요. 기업은 열심히 만든 재화와 서비스를 시장에 팔아서 수입을 얻습니다. 가계는 필요한 재화와 서비스를 구매하려고 돈을 지출합니다.

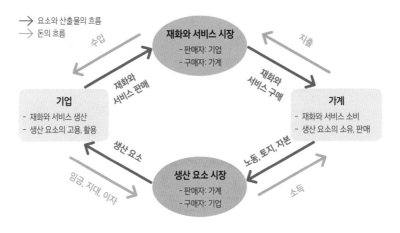

그림 1 ◆ 경제 순환 모형

반대로 생산 요소 시장에서의 판매자는 가계, 구매자는 기업이에요. 가계는 노동, 토지, 자본 등을 제공하여 소득을 얻고, 기업은 이런 생산 요소를 사고 대가를 지불합니다. 예를 들어, 사람들은 기업에 노동을 제공하고 이에 대한 대가로 임금wage을 받습니다. 아니면 공장을 지을 땅을 팔거나 빌려주고 지대rent를 받습니다. 혹은 기업이 재화를 생산하는 데 필요한 재료를 살 수 있도록 돈(자본)을 빌려주고 나중에 이자interest를 붙여 돌려받습니다.

〈그림 1〉의 경제 순환 모형은 이런 상황이 한눈에 들어오게 해 줍니다. 파란색 화살표는 생산 요소와 산출물이 이동하는 방향을, 초록색 화살표는 돈이 이동하는 방향을 나타냅니다. 경제학에서 관심을

두는 주제들의 대부분이 이 모형에 담겨 있습니다. 경제학은 앞에서도 언급했듯이 자원과 관련된 사람들의 선택과 상호 작용에 대해 탐구하는 학문입니다. 우리는 앞으로 가계와 기업은 어떤 선택을 하고, 두 시장에서 어떻게 상호 작용하는지 살펴볼 것입니다.

미시경제학과 거시경제학

당신은 영화관에서 영화를 보고 있습니다. 그런데 영화관의 좌석 배치가 이상한 건지 앞좌석에 스크린이 반쯤 가려 제대로 보이지 않습니다. 당신은 참다못해 자리에서 벌떡 일어납니다. 비로소 영화를 잘 볼 수 있게 되었습니다. 그런데 당신이 일어나자 다른 사람들도 하나둘 일어나기 시작합니다. 얼마 지나지 않아 영화관에 앉아 있던 모든 사람이 일어나서 영화를 봅니다. 앞 사람들이 모두 일어나면서 아까는 반이라도 보였던 영화가 이제는 전혀 보이지 않습니다.

'내가 일어나면 영화가 잘 보인다'라는 말은 성립하지만, '모두가 일어나면 모두 영화가 잘 보인다'라는 말은 성립하지 않습니다. 이처럼 부분에는 해당할 수 있는 사실이, 그 부분들로 이루어진 전체에는 해당하지 않을 수 있습니다. 우리가 원자 하나하나는 눈으로 볼 수 없지만 원자들이 모여서 구성한 물체는 볼 수 있는 것처럼 말이죠. 이런 현상을 **합성의 오류**fallacy of composition라고 합니다.

경제학자들은 경제 현상에서도 합성의 오류가 나타난다는 사실을 발견했습니다. 처음에 경제학자들은 자원 배분 문제를 탐구하기 위해 자원이 배분되는 개개의 상황을 살펴보기 시작했습니다. 가계는 어떤 선택을 하는가? 기업은 어떤 선택을 하는가? 가계와 기업의 거래는 어떻게 일어나는가? 그리고 이런 선택과 상호 작용의 결과로 자원과 소득이 어떻게 배분되는지 유심히 관찰했습니다. **미시경제학**microeconomics은 이처럼 개별적인 상황을 중심으로 경제 문제를 이해하고자 합니다. 그러나 수많은 사람이 제멋대로 움직이는 사회에서 경제의 각 부문을 자세히 들여다보는 것만으로는 경제의 모든 것을 설명할 수 없었습니다. 경제학자들은 경제 주체들의 활동을 관통하는 하나의 질서가 있다고 보고, 이를 **경제 체제**economic system라고 부릅니다. 경제학자들은 개개인의 선택과 상호 작용의 과정을 살피는 것만으로는 나라와 같이 큰 단위의 경제 체제를 설명하는 데 어려움이 있다는 것을 알게 되었지요.

특히 나라 전체의 경제를 운영하는 정부의 입장을 정해 주는 일이 매우 어려웠습니다. 미시경제 이론만으로는 거대한 국가의 경제가 안정되면서도 꾸준히 성장하도록 하기가 쉽지 않았기 때문이지요. 이런 부분과 전체의 괴리는 **거시경제학**macroeconomics이라는 새로운 학문이 탄생하는 신호탄이 되었습니다. 거시경제학은 국민 소득, 실업률, 물가 지수와 같이 나라 경제에 관한 문제를 다룹니다.

두 분야는 경제학이라는 한 묶음 아래 있기는 하지만 연구 과제가 서로 다르기에 방법론과 모형이 완전히 다를 때도 있습니다. 하지만 이 둘은 본질적으로 희소한 자원을 둘러싼 한 사회 속의 선택과 상호 작용 과정을 다루고 있다는 점에서 서로 떼려야 뗄 수 없는 사이입니다. 부분이 전체를 온전히 설명해 줄 수는 없지만, 부분을 이해하는 것은 전체를 이해하는 기본이 됩니다. 그렇기에 대부분의 경제학 교육 과정은 미시경제학을 먼저 배우고 이후 거시경제학을 배우도록 설계되어 있어요. 이 책은 대부분 미시경제학에 관한 내용을 담고 있습니다. 경제학을 처음 만날 때나, 경제학이 나의 인생과 하등 관계가 없어 보일 때는 국내총생산(GDP)이나 인플레이션 같은 것들이 멀게만 느껴질 수도 있습니다. 말 그대로 너무 거시적인 것이지요. 그래서 이 책에서는 일상 속 현상과 쉽게 연결해 볼 수 있는 미시경제학 이론을 우선적으로 담고자 했습니다.

우리는 미시경제학이 답을 제시해 줄 수 있는 여러 가지 질문을 탐구해 볼 것입니다. 경제학자들은 '어떻게 하면 일을 효율적으로 할 수 있는가?', '거래는 왜 나타났는가?', '가장 바람직한 사회는 무엇인가?'와 같은 난해한 질문들에 답하기 위해 수백 년간 노력해 왔습니다. 물론 미시경제학은 '놀이공원에서 파는 음식은 왜 비싼가?', '왜 청소년 요금이 따로 존재하는가?', '왜 매일 치킨을 먹어도 닭은 멸종 되지 않는가?'와 같은 질문에도 납득할 만한 설명을 제시해 줄 수 있 습니다. 지금부터 그 이야기를 들려드릴게요.

주요 개념 되짚어 보기!

◆ 자원 인간이 살아가는 데 필요한 재화와 서비스를 만드는 데 이용되는 재료

◆ 재화 쌀, 연필, 옷, 텔레비전처럼 눈에 보이는 유형의 물건

◆ 서비스 다른 사람에게 이득을 줄 수 있는 사람의 행동

◆ 자유재 인간의 욕구에 비해 그 양이 충분한 재화

◆ 경제재 인간의 욕구에 비해 그 양이 부족한 재화

◆ 희소성 인간의 욕구에 비해 그것을 충족시켜 줄 재화나 서비스는 한정되어 있는 상태

◆ 경제 활동 한정된 자원으로 재화를 생산, 분배하고 분배된 재화를 사용하는 것에 관련된 모든 활동

◆ 기회비용 어떤 선택을 하면서 포기해야 하는 것의 가치

◆ 매몰비용 이미 지출되어 회수할 수 없는 비용

◆ 콩코드의 오류 매몰비용을 포기하지 못한 비합리적인 선택

◆ 기댓값 확률적으로 일어날 수 있는 여러 사건의 평균적인 결과

◆ 상트페테르부르크의 역설 기댓값만으로는 사람들의 선택을 설명할 수 없는 현상

◆ 효용 선택에 대한 행복, 만족감 등을 나타내는 척도

◆ 지불용의 어떤 재화나 서비스를 구매하기 위해 지불하고자 하는 최고 금액

◆ 생산 요소 노동, 토지, 자본 등 재화와 서비스를 생산하는 데 필요한 요소

◆ 미시경제학 가계와 기업 등 개별 주체들이 시장에서 어떤 선택을 하고 어떻게 상호 작용하는지를 연구하는 경제학

◆ 거시경제학 국민 소득, 실업률, 인플레이션과 같이 나라 경제 전체에 관한 현상을 총체적으로 분석하는 경제학

학교에서 떠올린 경제학:

조별 과제의 지옥

오후 1시, 점심시간이 끝나가는 고등학교 교실은 왁자지껄합니다. 종이 뭉치를 던지며 노는 아이들, 책상에 걸터앉아 수다 떠는 아이들, 조용히 책상 서랍에서 교과서를 꺼내 5교시를 준비하는 아이들도 있습니다. 곧 5교시를 알리는 종이 울리고 선생님이 들어오십니다.

"자, 오늘은 여러분에게 과제 하나를 주려고 합니다."

무슨 과제를 주신다는 건지, 교실이 술렁입니다.

"성적에 큰 비중을 차지하는 수행평가입니다. 자유롭게 4명씩 조를 짜세요. 각 조에서는 경제학자 한 명을 선정해 조사한 뒤 10쪽짜리 보고서를 제출하고 10분 내외로 발표하면 됩니다. 보고서 제출 기한은 다음 달까지고 발표도 그때쯤 하겠습니다."

'뭐? 조별 과제?' 학생들은 어안이 벙벙합니다. 우선 조를 짜는 일부터 여간 귀찮은 것이 아닙니다. 게다가 함께 보고서를 쓰고 만나서 발표 준비를 하는 것은 정말 최악입니다. 할 일도 많은데 조별 과제라니, 선생님이 원망스럽습니다.

"같은 조원들은 모두 같은 점수를 받게 될 것입니다."

'모두가 똑같은 점수를 받는다고?' 이보다 나쁠 수는 없습니다. 모두가 똑같이 과제를 준비하는 것은 절대로 불가능한데 같은 점수라니……. 받아들이기가 힘듭니다. 하지만 수행평가라니까 어쩔 수 없이 해야 합니다.

누구나 살면서 몇 번 정도는 조별 과제를 해야 하는 상황에 놓입니다. 모든 조원이 열심히 참여해서 과제를 잘 마치는 경우도 있지만, 종종 서로 얼굴을 붉히는 불쾌한 결말로 이어질 때도 있습니다.

사실 조별 과제는 어찌 보면 우리 사회의 축소판 같습니다. 직장에서 일할 때, 동아리에서 행사를 준비할 때, 친구들끼리 여행을 가려고 할 때도 사람들은 주어진 목표나 과제를 달성하기 위해 적절하게 역할을 분담하고 각자 맡은 바를 수행해 냅니다. 이 과정에서 가장 효과적으로 목표를 달성할 수 있는 방법을 찾게 되지요. 사람들은 누구나 조별 과제처럼 다른 사람들과 함께 정해진 분량의 일을 주어진 시간 안에 가장 효율적으로 해내야 하는 상황을 만나게 됩니다.

물론 주어진 시간과 자원을 가지고 최대한 많은 것을 달성해야 하는 경우도 있습니다. 행복이라는 주제에 대한 경제학자들의 다양한 견해는 4장에서 더 자세히 다루겠지만, 이들은 대부분 높은 소득 혹은 많은 생산물이 행복으로 이어지는 중요한 지표라고 생각합니다.[12] 그렇기에 각 나라의 정부와 경제학자들의 중요한 목표 중 하나는 가능한 한 많은 것을 생산해 내는 방법을 찾는 것입니다. 이 또한 생산 활동을 가장 효율적으로 하는 방법을 찾는 일이지요.

이 모든 상황은 조금씩 달라 보이지만 우리가 조별 과제를 할 때 직면하게 되는 근본적인 문제들과 상통하는 면이 있습니다. 어떤 일을 할 때 최소한의 비용을 들이는 것과 최대의 결과물을 얻어 내는 것은 결국 가장 효율적으로 일하는 방법에 관한 문제로 귀결되기 때문이지요. 또 조별 과제처럼 여러 사람이 함께 일할 때 중요한 문제 중 하나가 바로 역할 분담입니다. 누가 무엇을 맡을지 결정하는 과정은 생각보다 까다롭습니다. 역할 분담만 잘한다고 끝나는 것도 아닙니다. 각 조원이 자신이 맡은 바를 충실히 해내야만 조별 과제를 제대로 끝마칠 수 있습니다.

경제학자들은 하나의 거대한 조별 과제와도 같은 우리 사회를 설명하고 효과적으로 운영할 수 있는 방법을 생각해 왔습니다. 그 과정에서 탄생한 몇몇 개념은 오늘날까지도 이 세계에 엄청난 영향력을 미치고 있습니다. '같은 일이라도 어떻게 하면 더 효율적으로 할 수 있을까?'라는 질문에 대해 경제학은 어떤 답을 주고 있을까요? 또, 이를 가지고 우리는 조별 과제를 더 잘 해낼 수 있을까요?

왜 역할을 나누어야 할까요?:
분업과 특화

    조별 과제를 처음 해 보는 학생이라도 본능적으로 역할을 나누고자 할 것입니다. 어떤 조별 과제에서 해야 할 일이 12쪽짜리 보고서 쓰기, 30장의 프레젠테이션 만들기 그리고 15분 분량의 발표 준비하기라고 해 봅시다. 세 사람이 함께 이 조별 과제를 한다고 할 때, 이들은 크게 두 가지 방식으로 과제를 수행할 수 있습니다. 한 가지 방식은 해야 할 일을 정확히 1/3씩 나누어 세 명 모두 4쪽의 보고서를 쓰고, 10장의 프레젠테이션을 만들고, 5분 분량의 발표 원고를 준비하는 것입니다. 이는 단순히 일을 산술적으로 공평하게 배분하는 방법입니다. 또 다른 방식은 한 사람은 보고서를, 한 사람은 프레젠테이션을, 한 사람은 발표 원고를 맡는 것입니다. 이는 조원들이 각자 다른 일을 수행한다는 점에서 역할 분담이라고 할 수 있습니다.

학생들은 조별 과제를 수행할 때 막연하게 두 번째 방식으로 역할을 나누는 경우가 많습니다. 하지만 두 번째 방식이 왜 나은지, 아니 더 낫기는 한 건지 설명해 보라고 하면 쉽게 정리된 답을 내놓기가 힘듭니다. 두 방식은 겉보기에는 분량상 차이가 거의 없어 보이며 오히려 첫 번째 방식이 더 공평해 보이기까지 하죠. 그럼에도 역할 분담은 우리 사회 곳곳에서 일어납니다. 학교에서는 각 선생님이 각기 다른 과목을 맡습니다. 회사에서도 직원들이 서로 다른 역할을 담당하는 여러 부서로 나뉩니다. 이처럼 어떤 일을 할 때 작업을 여러 역할로 나누어서 하는 방식을 **분업**division of labor이라고 합니다.

1776년, 경제학의 아버지라 불리는 <u>애덤 스미스</u>Adam Smith가 《국부론The Wealth of Nations》을 발간했습니다. 그는 이 책에서 핀 공장을 예시로 들어 분업하는 것이 더 효율적인 생산 방식이라고 주장했습니다. 핀 공장에서 10명의 직원이 각자 떠듬떠듬 핀을 만들면 한 사람당 하루에 핀 20개 정도를 만들 수 있습니다. 즉, 하루에 이 공장에서 만들 수 있는 핀은 200개 정도에 불과했습니다. 그런데 핀을 만드는

> 애덤 스미스(1723-1790)는 개개인이 자신의 이기심에 따라 행동할 때 오히려 그 사회가 행복해진다는 이론을 펼쳤어요. 자신의 이익을 채우려고 가진 것을 교환하고, 이런 이기심으로 만들어진 시장에서 '보이지 않는 손'에 의해 자원이 효율적으로 배분된다는 것이었죠.

일을 18개 과정으로 나누어 직원들에게 적절히 분담하자(당연히 몇 사람은 두세 과정을 처리해야 했을 것입니다) 하루에 이 공장에서 만들어지는 핀의 개수가 4만 8천 개로 늘어났습니다. 작은 핀 하나를 만드는 데도 분업이 이 정도로 효과가 있다면, 컴퓨터나 에어컨같이 더 복잡한 재화를 만들수록 분업은 더더욱 큰 효과를 보일 것입니다.

애덤 스미스는 분업의 효과를 입증하는 데 그치지 않고 분업이 왜 효율적인 생산 방식인지 분석하여 크게 세 가지 이유를 찾았습니다.

첫째, 분업하면 노동자들이 자신이 맡은 역할에 더 숙련됩니다. 같은 작업을 반복하면서 점점 더 효율적으로 일할 수 있게 되죠. 프레젠테이션 여러 장을 연속해서 만들다 보면 처음 만들 때보다 두 번째 만들 때, 두 번째 만들 때보다 세 번째 만들 때 더 잘 만들고 있는 자신을 발견하게 됩니다. 우리는 확실히 여러 가지 일을 찔끔찔끔할 때보다 한 가지 일을 반복해서 할 때 갈수록 그 일을 더 잘하게 되는 경향이 있습니다.

둘째, 분업하면 다른 작업으로 전환하면서 낭비하는 시간을 절약할 수 있습니다. 예를 들어 프레젠테이션은 컴퓨터로 만들어야 하고, 보고서는 손으로 직접 써야 한다고 해 봅시다. 만약 A와 B가 프레젠테이션과 보고서 작성을 모두 조금씩 맡는다고 한다면, 자신이 맡은 일을 다 하려면 반드시 한 번 이상 프레젠테이션을 만드는 일과 보고서를 쓰는 일 사이의 전환이 필요합니다. 이 전환 과정에는 컴퓨터를 끄고 종이를 꺼내 연필을 잡는 시간(물론 반대도 가능하겠죠?)이 소요됩니다. 우리의 예시에는 단 두 가지 역할밖에 없지만, 여러 역할이 필요한 일일수록 전환에 더 많은 시간이 들 것입니다. 역할을 분담하면 이 시간을 절약할 수 있습니다.

셋째, 분업하면 작업을 더 효율적으로 만들어 주는 여러 가지 도구를 사용하게 됩니다. 여러 번의 조별 과제를 거치면서 계속해서 프레젠테이션 작성을 맡은 사람은 프레젠테이션을 만드는 데 달인이 되어 있을 것입니다. 이때 단순히 개인의 능력만 신장하는 것이 아니라 프레젠테이션을 더 잘 만들 수 있는 다양한 템플릿과 글씨체 등의 도구도 갖추게 될 것입니다. 따라서 분업하면 각 역할을 맡은 사람들이 기술적으로 더 능숙해지게 됩니다.

첫 번째 이유와 세 번째 이유는 미묘하게 다르지만, 결국 노동자가 자신의 작업에 더 능숙해진다는 결론으로 이어집니다. 이같이 어떤 일을 집중적으로 반복함으로써 그 일을 더 효율적으로 할 수 있게 되는 것을 **전문화** 또는 **특화**specialization라고 합니다.

조별 과제를 할 때도 같은 논리로 역할을 분담하는 것이 더 유리합니다. 특히 조별 과제가 복잡하고 많은 일을 포함할수록 역할을 나누는 것이 훨씬 효율적입니다.

역할 분담을 잘하는 법:
절대우위와 비교우위

이제 조별 과제를 할 때 역할을 분담하는 것이 더 유리하다는 것은 아시겠지요? 그렇다면 누가 무엇을 맡을지는 어떻게 결정할 수 있을까요? 역할 분담을 잘하려면 누가 무엇을 잘하는지 파악하는 것이 중요합니다. 그 후에 각자가 잘할 수 있는 역할을 맡아야 합니다.

그렇다면 '잘한다'라는 의미는 무엇일까요? 어떤 역할을 잘 해낸다는 말에는 다양한 의미가 내포되어 있습니다. 프레젠테이션을 잘 만드는 사람은 어떤 사람일까요? 예쁘고 눈에 쏙쏙 들어오게 만드는 사람, 컴퓨터 활용 능력이 좋은 사람, 프레젠테이션을 만드는 시간이 오래 걸리지 않는 사람 등등 프레젠테이션과 관련된 다양한 자질을 가진 사람들을 모두 '프레젠테이션을 잘 만드는 사람'이라고 할 수 있습니다.

경제학자들도 인간에게 필요한 재화를 생산하는 과정에서 '누가 무엇을 맡아야 하는가?'라는 문제에 많은 관심을 가집니다. 이는 하나의 재화를 생산하는 과정에서 역할을 나누는 것뿐만 아니라, 누가 어떤 재화를 맡아서 생산할지(누가 쌀을 재배하고, 누가 자동차를 만들 것인가?)에 대한 문제도 포함합니다. 한 도시, 한 나라 그리고 전 세계의 단위에서 경제 주체들이 마치 하나의 조별 과제를 수행하는 것과 유사하다고 할 수 있습니다. 경제학자들도 각자 잘하는 것을 맡아야 한다는 점을 당연하게 여겼습니다. 하지만 앞서 보았듯이 '잘한다'라는 말은 굉장히 모호한 개념입니다.

잘한다는 것은 무엇을 의미할까요?

경제학자들은 논의를 좀 더 간단히 하려고 우선 가정 하나를 내세웠어요. 어떤 일을 잘한다는 것은 그 일을 하는 데 드는 시간이 적은 것이라고 가정한 것입니다. 다시 프레젠테이션 만들기의 예로 돌아가 볼게요. 어떤 방식으로 프레젠테이션을 만들어도 디자인이나 내용 구성에는 별 차이가 없다고 가정합니다. 어떤 사람의 프레젠테이션 만들기 능력을 결정하는 것은 단지 프레젠테이션 한 장을 만드는 데 걸리는 시간이라고 생각하는 것입니다. 따라서 똑같은 시간을 제공한다면 프레젠테이션을 더 잘 만드는 사람은 더 많은 장수를 만들 수 있습니다.

그림 1 ◆ 절대우위

1시간 동안 생산량	A	B
프레젠테이션	5장	8장
보고서	6장	4장

　이렇게 생각하면 역할을 분담하는 일은 어렵지 않습니다. 〈그림 1〉과 같이 조별 과제에 A와 B 단 두 사람만 참여한다고 해 봅시다. 그리고 조별 과제에서 해야 할 일은 프레젠테이션 만들기와 보고서 쓰기뿐이라고 해 볼게요. 똑같이 1시간이 주어졌을 때 B는 A보다 프레젠테이션을 3장이나 더 만들 수 있습니다. 한편 A는 B보다 보고서를 2장 더 쓸 수 있습니다. 따라서 B가 A보다 프레젠테이션을 잘 만들고, A가 B보다 보고서를 잘 쓴다고 이야기할 수 있습니다. 이제 역할을 분담하는 것은 어렵지 않습니다. B가 프레젠테이션을 만들고 A가 보고서를 쓰면 됩니다.

　같은 시간에 더 많은 일을 해낼 수 있다는 것은 거꾸로 말하면 같은 일을 하는 데 더 적은 시간이 든다는 것입니다. 그리고 시간은 어떤 일을 하는 데 들어가는 대표적인 비용입니다. 즉, 어떤 일을 잘한다는 것은 같은 일을 하는 데 다른 사람보다 비용이 적게 들어간다는 말이기도 합니다. 경제학자들은 이처럼 어떤 일을 다른 경제 주체보다 적은 비용으로 할 수 있을 때, 그 경제 주체가 그 일에 **절대우위**absolute advantage가 있다고 표현합니다. 경제학 용어를 빌리자면, B는 프레젠테이션을 만드는 일에 절대우위가 있고, A는 보고서를 쓰는 일에 절대우위가 있습니다. 역할을 나눌 때는 자신이 절대우위가 있는 일을 맡으면 됩니다.

절대우위론의 탄생은 18세기 유럽의 무역 문화에 큰 변화의 물결을 일으켰습니다. 그전까지 유럽 각국은 무역을 뺏고 뺏기는 게임처럼 인식했습니다. 따라서 무조건 수출을 최대화하고 수입을 최소화해서 다른 나라로부터 많은 돈을 벌어들이는 것이 유리하다고 생각했지요. 이렇게 무역, 특히 수출을 통해 가능한 한 많은 국부를 축적해야 한다는 주장을 **중상주의**mercantilism라고 합니다.

그런데 애덤 스미스는 수출만 고집하기보다는 적절한 수출과 수입, 즉 적절한 **교역**trade을 할 때 더 큰 이득을 볼 수 있다고 주장했습니다. 이를 뒷받침하기 위해 내세운 이론이 바로 절대우위론입니다. 어떤 나라는 농사를 잘 짓고, 어떤 나라는 물고기를 잘 잡습니다. 수입을 마다하며 억지로 모든 것을 생산하려고 하기보다는 각 나라가 절대우위가 있는 산업에 집중한다면 더 많은 것을 생산할 수 있고, 이를 적절히 교환하면 결국 모든 나라가 이득을 볼 수 있다는 간단한 논리였지요. 공장이나 기업 단위에서 분업과 특화를 하는 것이 효율적이라는 생각을 나라에까지 확장한 결론이었습니다.

✎ 모든 것을 잘하는 사람과 모든 것을 못하는 사람

하지만 절대우위론은 분명한 한
계가 있었습니다. 모든 것을 잘하는 나라나 모든 것을 못하는 나라가
있다면 어떨까요? 어떤 나라는 농사도 잘 짓고 물고기도 잘 잡습니
다. 하지만 또 다른 나라는 농사도 못 짓고 물고기도 못 잡습니다. 절
대우위론에 따르면, 이 두 나라 간에는 교역이 일어날 수 없습니다.
모든 것을 잘하는 나라는 교역을 통해 손해를 보게 될 거라고 생각
하는 게 당연해 보입니다.

그렇다면 조별 과제의 경우는 어떨까요? 상황을 약간 바꾸어서 조
원 A와 B의 능력이 〈그림 2〉와 같이 주어진다고 해 봅시다. 프레젠
테이션도 B보다 A가 잘 만들고, 보고서도 B보다 A가 더 잘 만드는

그림 2 ✦ 모든 것을 B보다 잘하는 A

상황입니다. A는 모든 면에서 B보다 절대우위에 있습니다. 모든 것을 잘하는 나라와 모든 것을 못하는 나라 간의 분업이 의미가 없듯이 이 경우에도 A와 B가 역할을 나누는 것은 A의 손해일 뿐 의미가 없다고 주장할 수 있습니다. 역할을 분담하기보다는 각자 할 일을 하고 그 결과물을 더하는 것이 나을지도 모릅니다.

하지만 누군가는 A가 B보다 모든 면에서 탁월하지만 그럼에도 역할을 분담하는 것이 충분히 의미가 있다고 말할 수도 있습니다. B가 A보다 일을 잘 못하는 것일 뿐, 상대적으로 잘하는 것은 있기 때문입니다. 〈그림 2〉의 상황이라면 B가 상대적으로 프레젠테이션은 잘 만드니까 B에게 프레젠테이션 만들기를 맡길 수 있을 것입니다.

나라 간 무역에 대해서도 비슷한 논리를 펼친 사람이 있습니다. 바로 **데이비드 리카도**David Ricardo입니다. 리카도는 한 나라가 모든 면에서 더 뛰어나더라도 각자 '상대적으로 잘하는' 것을 맡은 후 교환한다면 여전히 모든 나라가 이득을 볼 수 있다고 주장했습니다.

데이비드 리카도(1772-1823)는 각 나라가 재화를 만들 때 드는 '기회비용'에 집중하여, 아무리 뛰어난 나라라도 모든 것을 혼자 짊어지기보다는 다른 나라와 분담(교역)했을 때 더 이익이라고 주장했어요. 후대 학자들은 이런 리카도의 생각에 대해 '비교우위론'이라고 이름 붙였답니다.

생산가능곡선

　　　　　　　　　리카도의 주장을 좀 더 구체적으로 이해하기 위해 **생산가능곡선**Product Possibility Frontier, PPF이라는 중요한 경제 모형을 먼저 알아보겠습니다. 〈그림 2〉의 상황을 〈그림 3〉과 같이 바꾸어 보겠습니다. A와 B는 감자와 고기만을 생산하는데, A는 B보다 모든 것을 더 잘 생산합니다.

　생산가능곡선은 주어진 자원과 기술 수준 아래서 최대로 생산 가능한 두 재화나 서비스의 조합을 나타내는 곡선입니다. 쉽게 말하자면 '얼마나 생산할 수 있는가?'를 알려 주는 그래프입니다. 말로만 해서는 감이 잘 오지 않으니 직접 A와 B의 8시간 노동에 대한 생산가능곡선을 그려 볼게요.

　A는 1시간 동안 감자 6개 또는 고기 3개를 생산할 수 있습니다. 즉 A가 감자 1개를 생산하는 데는 1/6시간, 고기 1개를 생산하는 데는

1시간 동안 생산하는 개수	A	B
감자	6개	4개
고기	3개	1개

그림 3 ◆ 감자와 고기만 생산하는 A와 B

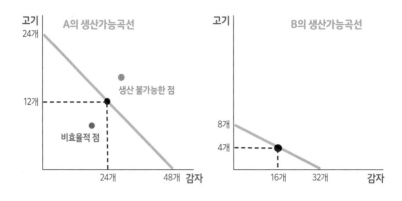

그림 4 ◆ A와 B의 생산가능곡선

1/3시간이 듭니다. A가 8시간 동안 감자 x개와 고기 y개를 생산할 수 있다고 하면, 감자 x개를 생산하는 데는 $\frac{1}{6}x$시간, 고기 y개를 생산하는 데는 $\frac{1}{3}y$시간이 소요되므로 $\frac{1}{6}x + \frac{1}{3}y = 8$ 또는 $\frac{1}{48}x + \frac{1}{24}y = 1$을 만족해야 합니다. 이 식은 〈그림 4〉의 왼쪽 그래프로 나타낼 수 있습니다. A는 8시간 동안 이 식을 만족하는 모든 감자 x개와 고기 y개의 조합을 생산할 수 있어요. 여기서 x절편은 감자만, y절편은 고기만 생산한 극단적인 경우를 의미합니다. 8시간 동안 감자만 생산하면 감자 48개를, 고기만 생산하면 고기 24개를 생산할 수 있습니다. A의 생산가능곡선은 이 두 절편을 이은 직선입니다. 그래프에서 직선 위의 모든 점은 A가 8시간을 쉬지 않고 가장 효율적인 방식으로 생산했을 때 생산 가능한 점입니다. 예컨대, 감자 24개와 고기 12개

의 조합은 직선 위의 점이므로 A가 8시간 동안 생산할 수 있는 효율적인 생산 조합입니다. 빨간색 점과 같이 생산가능곡선 안쪽에 있는 점은 A가 8시간을 모두 일하지 않고도 생산할 수 있는 고기와 감자 개수의 조합입니다. 이러한 점을 **비효율적 점**이라고 합니다. 반면 분홍색 점과 같이 생산가능곡선 바깥쪽에 있는 점은 A가 8시간 안에는 죽었다 깨어나도 생산할 수 없는 고기와 감자 개수의 조합입니다. 이러한 점을 **생산 불가능한 점**이라고 합니다.

이와 같은 방식으로 B의 생산가능곡선도 〈그림 4〉의 오른쪽 그래프와 같이 그릴 수 있습니다. B는 8시간 동안 감자만 생산하면 감자 32개를, 고기만 생산하면 고기 8개를 생산할 수 있습니다. B의 생산가능곡선은 이 두 절편을 이은 직선이 됩니다. 이름은 생산가능곡선인데 정작 그래프 모양은 직선이라서 당황스러울 수도 있을 거예요. 이에 대해서는 뒤에서 더 자세히 알아보겠습니다.

교환이 이득이 된다는 간단한 사례

A가 B보다 모든 면에서 절대우위에 있음에도 특화와 교환을 통해서 둘 다 이득을 볼 수 있는지를 사례를 통해 살펴보겠습니다.

A는 고기에 특화해 8시간 동안 고기만 생산한다고 해 볼게요. 그러면 A는 8시간 동안 고기 24개를 생산할 수 있습니다(이는 당연히 A

의 생산가능곡선 위의 점입니다). 그리고 B는 감자에 특화해 8시간 동안 감자만 생산한다고 해 봅시다. 그러면 B는 8시간 동안 감자 32개를 생산할 수 있습니다.

이렇게 A는 (감자 0개, 고기 24개), B는 (감자 32개, 고기 0개)를 생산해 놓은 상태에서 A의 고기 5개와 B의 감자 15개를 교환한다고 해 봅시다. 이때 고기 1개의 **교환 가격**exchange price은 감자 3개가 됩니다. **가격**price이란, 어떤 재화를 사기 위해 지불해야 하는 값입니다. B는 A로부터 고기 1개를 사기 위해 감자 3개를 내놓아야 하므로 고기 1개의 가격은 감자 3개가 되는 것입니다. 물론 감자 1개의 가격은 역으로 고기 1/3개가 됩니다. 교환 후에 A는 (감자 15개, 고기 19개), B는 (감자 17개, 고기 5개)를 얻게 됩니다. 이 같은 상황을 뒤의 〈그림 5〉처럼 나타낼 수 있습니다.

A와 B가 교환 후에 얻게 된 새로운 감자와 고기 개수의 조합을 그래프 위의 점으로 나타내 보면 〈그림 5〉에서의 노란색 점들과 같이 생산가능곡선 바깥에 있습니다. 어떻게 생산가능곡선 바깥쪽에 있다고 확신할 수 있냐고요? 간단한 수학을 통해 확인할 수 있습니다. 앞서 8시간에 대한 A의 생산가능곡선은 감자 x개와 고기 y개에 대해 $\frac{1}{6}x + \frac{1}{3}y = 8$임을 확인했습니다. 이는 생산가능곡선 위에 있는 감자와 고기 개수의 조합에 대해서는 A 혼자 생산하는 데 8시간이 걸린다는 의미입니다. 그런데 교환 후에 A가 얻은 (감자 15개, 고기 19개)

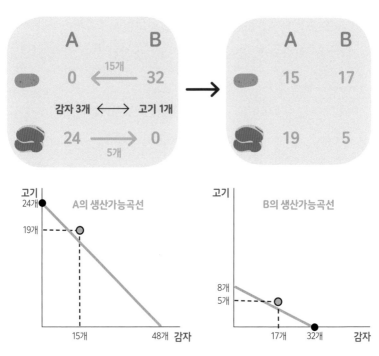

그림 5 ◆ 특화와 교환을 통한 A와 B의 이익

를 이 식의 좌변에 대입해 보면, 그 값이 $\frac{1}{6} \times 15 + \frac{1}{3} \times 19 = \frac{53}{6} \rangle 8$,

즉 8보다 큰 값임을 알 수 있습니다. 이는 다시 말해서 교환 없이 A 혼자서 이 조합을 생산하려면 8시간으로는 부족하여 시간이 더(정확히는 5/6시간, 즉 50분) 필요하다는 것입니다. 따라서 A는 교환을 통해서 혼자 일했다면 얻을 수 없었을 이익을 얻었습니다. B도 마찬가지로 $\frac{1}{4} \times 17 + 1 \times 5 = \frac{37}{4} \rangle 8$이므로 이익을 얻었음을 알 수 있지요.

✎ 기회비용 살펴보기

앞의 사례에서 A는 B보다 모든 면에서 절대우위에 있습니다. 그래서 B의 도움을 받을 필요도, 힘을 합칠 필요도 없어 보이고 A와 B가 교환하면 A가 손해일 것 같았지만 결과는 그렇지 않았습니다. A는 B보다 모든 것을 잘하지만 A와 B의 분업과 교환은 B뿐만 아니라 A에게도 이득입니다. 이를 좀 더 납득하기 쉽게 설명할 수 있을까요? 이를 위해 우리는 서론에서 강조했던 경제학의 핵심 개념으로 돌아가야 합니다. 바로 '기회비용'입니다.

기회비용은 내가 무언가를 선택하면서 포기한 것의 가치로, 특히 포기한 '대안'을 포함하는 개념이라는 것을 기억하시나요? 이런 측면에서 A와 B가 감자나 고기를 생산하는 것에 대한 기회비용을 〈그림 6〉과 같이 정리할 수 있습니다.

A는 1시간 동안 감자 6개를 생산할 수도 있고 고기 3개를 생산할

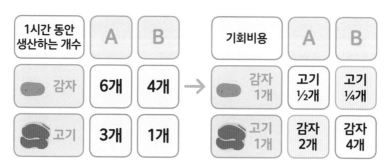

그림 6 ◆ A와 B의 감자와 고기 생산에 대한 기회비용

수도 있습니다. A는 감자와 고기밖에 생산하지 않는다고 했으므로 감자를 생산한다는 것은 곧 고기 생산을 포기한다는 의미입니다. 감자 1개를 생산하는 데 걸리는 시간은 1/6시간, 즉 10분입니다. 고기 1개를 생산하는 데는 1/3시간, 즉 20분이 걸리므로 10분이면 A는 고기 1/2개를 생산할 수 있는 셈입니다. A는 감자 1개를 생산할 때 고기 1/2개를 포기하는 것입니다. 반대로 고기 1개를 생산할 때는 감자 2개를 포기하는 것이지요. 따라서 A에게 감자 1개 생산에 대한 기회비용은 고기 1/2개이고, 고기 1개 생산에 대한 기회비용은 감자 2개입니다.

마찬가지로 B에 대해서도 계산해 보면 감자 1개 생산에 대한 기회비용은 고기 1/4개이고, 고기 1개 생산에 대한 기회비용은 감자 4개라는 것을 알 수 있습니다. 감자와 고기 생산의 기회비용은 당연하게도 항상 서로 역수 관계(1/2개와 2개, 1/4개와 4개)입니다.

이런 사실은 〈그림 7〉과 같이 생산가능곡선을 통해서도 확인할 수 있습니다. 그래프를 볼 때 아주 중요한 요소 중 하나가 기울기입니다. 생산가능곡선의 기울기도 매우 중요한 의미를 지니는데, 바로 재화 생산의 기회비용을 나타내지요. A의 생산가능곡선의 기울기는 1/2입니다. (경제학에서는 부호가 별 의미를 갖지 않을 경우 무시하기도 합니다.) 이는 곧 감자(x) 1개 생산에 대해 고기(y)로 나타낸 기회비용, 즉 감자 1개당 고기 1/2개를 나타냅니다. B의 경우에도 생산가능곡선

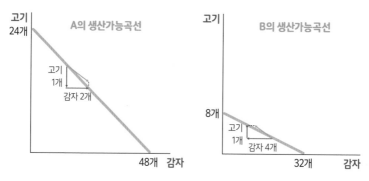

그림 7 ◆ A와 B의 생산가능곡선의 기울기와 교환했을 때의 움직임

의 기울기 1/4이 감자 1개 생산에 대한 기회비용인 고기 1/4개를 나타냅니다.

기회비용이 왜 중요할까요?

생산에 대한 기회비용을 계산하는 것은 두 가지 중요한 의의가 있습니다.

첫째, A와 B 사이의 교환이 왜 모두에게 이득이 되는지에 대한 논리적인 설명이 됩니다. A에게 있어 감자 1개는 고기 1/2개를 포기해야만 얻을 수 있는 것입니다. 따라서 〈그림 7〉의 왼쪽 그래프에서 빨간색 화살표가 나타내는 것과 같이 감자 2개당 고기 1개를 포기하며 생산가능곡선 위를 움직여야 합니다. B에게 있어 고기 1개는 감자를 4개나 포기하고 생산해야만 얻을 수 있는 것입니다. B는 고기

1개를 더 얻으려면 감자 4개를 포기하며 생산가능곡선 위를 움직여야 합니다.

그런데 A와 B 사이의 교환은 생산가능곡선 바깥으로 움직일 수 있게 해 줍니다. 앞선 사례에서 A와 B는 고기 1개를 감자 3개와 교환했습니다. A는 원래 감자 1개를 얻기 위해서는 고기 1/2개를 포기해야 했지만, 이제는 감자 1개를 얻기 위해서 B에게 고기 1/3개만 주면 됩니다. 따라서 A는 생산가능곡선의 제약에서 벗어나 초록색 화살표와 같이 생산가능곡선 바깥으로 움직일 수 있게 됩니다. B의 경우도 마찬가지입니다. B는 원래 고기 1개를 얻기 위해 감자 4개를 포기해야 했지만, 이제는 A에게 감자 3개만 주면 됩니다. 따라서 B도 생산가능곡선 바깥으로 움직일 수 있습니다.

이러한 분석은 교환 가격을 결정하는 중요한 원리를 알려 줍니다. 예를 들어, A와 B 사이의 교환에서 고기 1개의 가격을 결정한다고 해 봅시다. 고기를 파는 입장인 A는 고기 1개를 생산하기 위해 감자 2개를 포기했습니다. 따라서 고기 1개 값을 무조건 감자 2개보다는 비싸게 받아야 합니다. 반면 고기를 사는 입장인 B는 고기 1개를 직접 생산하려면 감자 4개를 포기해야 합니다. 따라서 고기의 가격이 감자 4개보다 비싸다면 교환하는 의미가 전혀 없을 것입니다. 자연스럽게 고기 1개의 가격은 감자 2개와 감자 4개 사이로 정해집니다. 그러므로 사례에 나왔던 고기 1개당 감자 3개라는 교환 비율은 모두에게 이득이 되는 적절한 비율입니다.

둘째, 기회비용의 계산을 통해 누가 무엇을 맡아서 특화할지를 결정할 수 있습니다. 절대우위론의 관점에서는 B가 A에 비해 감자와 고기 둘 다 잘 생산하지 못한다는 것만 보였습니다. 하지만 〈그림 6〉의 오른쪽 표와 같이 A와 B의 감자와 고기 생산에 대한 기회비용을 정리해 보면 상황이 다르게 보입니다.

감자 1개 생산에 대한 기회비용이 A는 고기 1/2개인데, B는 이보다 적은 고기 1/4개입니다. 즉, B는 A보다 감자를 더 적은 비용으로 생산할 수 있습니다. 물론 B가 A보다 절대우위에 있는 것은 없습니다. 하지만 기회비용의 측면에서 보면 감자 생산을 맡겼을 때 A에 비해 더 적은 비용으로 효율적인 생산을 할 수 있습니다. 이처럼 기회비용을 따졌을 때 가지는 상대적인 우위를 **비교우위**comparative advantage라고 합니다. 감자 생산에 대해서는 B가 비교우위에 있고, 고기 생산에 대해서는 A가 비교우위에 있습니다. 사례에서 A는 고기에 특화하고, B는 감자에 특화한 이유가 바로 여기에 있습니다.

◆ ◆ ◆

지금까지 살펴본 내용이 데이비드 리카도가 주장한 비교우위론의 내용입니다. 비교우위론은 우리에게 희망적인 메시지를 줍니다.

누구나 비교우위의 관점에서는 적어도 한 가지는 잘하는 게 있다는 것입니다. 그냥 하는 말이 아니라 수학적으로도 증명할 수 있는 사실입니다. 한 사람의 감자와 고기 생산에 대한 기회비용은 서로 역수였지요? 수학적으로 양수 a, b에 대해 $a > b$이면 $\frac{1}{a} < \frac{1}{b}$이라는 것은 확실합니다. B가 A보다 감자 생산의 기회비용이 작다면, 이의 역수인 고기 생산의 기회비용은 반드시 A가 B보다 작습니다. 즉, 누군가가 한 가지 면에서 비교우위를 가지면, 반드시 다른 면에서는 다른 사람이 비교우위를 가집니다. 이렇게 보면 '누구나 재능이 있지만 모두가 발견하지 못할 뿐'이라는 말이 어느 정도 일리가 있는 듯합니다.

리카도의 비교우위론은 애덤 스미스의 절대우위론에 이어 나라 간에 교역을 해야 한다는 주장에 힘을 실어 주었습니다. 한 나라가 모든 면에서 다른 나라들보다 탁월해도 다른 나라와의 교역을 통해 충분히 이익을 얻을 수 있다는 것이죠. 비교우위론은 여전히 국제 무역에 대한 가장 기본적인 이론으로 남아 있고, 사람들 간의 거래와 교환이 일어나는 시장이 존재해야 하는 이유를 효과적으로 설명해 줍니다.

비교우위론을 통해 우리는 한 조에 모든 것을 잘하는 사람과 모든 것을 못하는 사람이 섞여 있어도 역할을 분담하는 것이 의미가 있다는 힌트를 얻었습니다. 모든 면에서 절대우위가 없는 조원이라도 반드시 하나 이상의 항목에 대해 비교우위를 가지므로 자신이 상대적으로 잘할 수 있는 역할을 맡는 것만으로도 조에 도움이 된다는 것이지요.

하지만 리카도가 비교우위론을 주장한 맥락과 조별 과제의 상황은 비슷한 듯하지만 분명한 차이가 있습니다. 비교우위론은 주어진 시간 안에 가능한 한 많은 것을 생산해야 하는 상황에서의 이야기입니다. 그러나 조별 과제는 무조건 많은 것을 만들어 내야 좋은 것이 아니라 주어진 분량을 완료해야 하는 문제입니다. 따라서 역할 분담의 문제를 더 세부적인 차원에서 해결하는 것은 조금 더 복잡한 일이 될 것입니다. 하지만 이 문제를 해결하는 기본 원리는 같습니다. 모두가 힘을 합쳐야 하고, 역할을 나눌 때는 자신이 상대적으로 잘할 수 있는, 즉 비교우위에 있는 역할을 맡아야 합니다.

사공이 많으면 배가 산으로 간다:
한계생산물 체감의 법칙

애덤 스미스의 분업에 대한 관찰과 리카도의 비교우위론은 여러 사람이 역할을 나누어 일할 때 효율이 높아진다는 메시지를 던집니다. 그러나 역할을 나누면 효율적으로 돌아가야 하는 조별 과제가, 우리의 경험상으로는 오히려 피곤하고 힘들 때가 더 많습니다. 사실 분업과 비교우위에 대한 이론은 주어진 사람들로 어떻게 일해야 하는지를 알려 주는 것에 불과합니다. 스무 명으로 구성된 학생회가 체육대회를 준비해야 할 때, 각자 무조건 일에 달려드는 것보다 자신이 비교우위가 있는 역할을 맡아 분업하면 더 좋다는 거죠. 그렇다고 해서 여럿이 함께 일하는 것이 혼자 일하는 것보다 항상 효율적이라고 말하는 것은 아닙니다.

그러나 우리는 피곤하고 불편해도 누군가와 함께 일해야 합니다.

한 명의 인간으로서 할 수 있는 일은 많지 않기 때문이죠. 여러분이 읽고 있는 이 책도 여러 사람이 함께 작업해 만들어진 결과물입니다. 그래서 경제학자들은 사람들이 함께 일할 때 벌어지는 일에 대해 분석하기 시작했습니다.

기업의 목표: 이윤 극대화

우리 사회에서 가장 거대한 조별 과제가 이루어지는 곳 중 하나가 바로 기업입니다. 경제학에서는 인간과 마찬가지로 기업도 합리적(혹은 이기적)이며 언제나 이윤을 극대화하려 한다고 가정합니다. **이윤**profit이란, 기업이 얻은 것에서 지출한 것을 뺀 나머지를 의미합니다. 기업이 얻은 것, 즉 기업이 제품을 판매하고 받은 금액을 **총수입**total revenue이라고 합니다. 기업은 물건 값과 판매 개수에 비례해 돈을 벌므로 총수입은 가격과 판매량의 곱입니다. 반면 기업이 지출한 것은 **총비용**total cost이라고 합니다. 총비용은 용돈 기입장에 쓰듯이 사용한 돈을 더하는 것으로 계산되는 것이 아니라 기업 활동의 '기회비용'을 말합니다. 단순히 기업이 쓴 돈만을 의미하는 게 아니라 기업 활동에 대한 암묵적 비용도 포함하는 것이지요.

예를 들어 떡볶이 가게를 운영하는 사업자가 한 달에 500만 원을 번다고 해 봅시다. 그의 한 달 총수입은 500만 원입니다. 떡볶이를

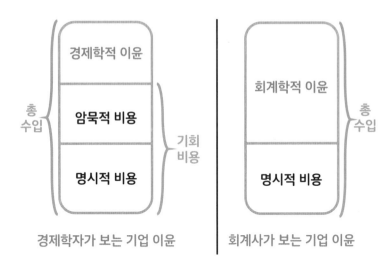

경제학적 이윤

암묵적 비용

명시적 비용

총 수입

기회 비용

경제학자가 보는 기업 이윤

회계학적 이윤

명시적 비용

총 수입

회계사가 보는 기업 이윤

그림 8 ◆ 경제학적 이윤과 회계학적 이윤

만들 재료를 사고, 아르바이트생들에게 월급을 주고, 가게 임대료도 내고 나면 그에게 남는 돈은 200만 원이라고 해 봅시다. 이럴 때 우리는 일반적으로 이 사업자의 이윤을 200만 원이라고 합니다. 이렇게 일상적인 의미의 이윤을 회계학적 이윤이라고 합니다. 말 그대로 회계장부에 쓰는 이윤이라는 것이죠.

하지만 이 사업자가 떡볶이 가게를 하는 대신 아이스크림 가게를 했다면 한 달에 150만 원을 벌 수 있었다고 해 볼게요. 그렇다면 떡볶이 가게 운영에 대한 암묵적 비용은 150만 원이 됩니다. 떡볶이 가게를 하면서 150만 원을 포기한 셈이니까요. 경제학적 이윤은 명시적 비용뿐만 아니라 암묵적 비용까지 고려했을 때 기업이 얻은 이윤을 의미합니다. 따라서 경제학자들이 보는 떡볶이 가게의 이윤은 200만 원에서 암묵적 비용 150만 원을 뺀 50만 원입니다.

하지만 현실의 기업들이 어떤 선택에 대한 암묵적 비용을 계산하기란 매우 어렵습니다. 기업이 선택을 할 때는 대부분의 경우 많은 돈이 듭니다. 그 돈으로 다른 사업을 벌였을 수도 있고, 회사 인테리어를 바꾸었을 수도 있고, 직원들의 월급을 올려 주었을 수도 있습니다. 암묵적 비용은 이런 무수히 많은 대안 중에서 가장 큰 가치를 지니는 것을 의미하는데, 해 보지도 않은 선택들에 대한 가치를 매기기는 쉽지 않습니다. 그래서 경제학자들은 보통 '금융자본의 기회비용'을 암묵적 비용으로 취급하는 경우가 많습니다. 금융자본의 기회비용이란, 어떤 선택을 했을 때 든 돈을 금융 투자하거나 저축했다면 벌 수 있었을 이자를 의미합니다.

한계생산물 체감

대부분의 기업에서는 여러 사람이 힘을 합쳐 굉장히 많은 양의 재화를 만들어야 합니다. 작은 식당에서는 한두 명의 아르바이트생을 고용하기도 하고, 대규모 공장에서는 수백, 수천 명의 노동자가 한꺼번에 작업하기도 합니다. 이렇게 여러 사람이 한 기업에서 일할 때 무슨 일이 벌어지는지는 경제학에서 매

근로자 수	산출량	한계생산물
0	0	
		50
1	50	
		40
2	90	
		30
3	120	
		20
4	140	
		10
5	150	
		5
6	155	

그림 9 ◆ 근로자 수와 산출량

우 중요하게 다루는 문제입니다. 경제학자들은 이 문제를 명료하게 설명하기 위해 근로자 수의 **한계적 변화**marginal change에 집중했습니다. 한계적이라고 하는 것은 한 단위씩 늘리거나 줄이는 상황을 의미합니다. 그러니까 무작정 많은 근로자가 있을 때 벌어지는 일을 분석하기보다는 근로자가 한 명씩 차근차근 늘어 가는 상황을 상상해 본 것이죠.

〈그림 9〉를 참고해서 이런 상황을 상상해 봅시다. 이곳은 아이스크림 공장입니다. 처음에는 근로자가 한 명도 없습니다. 일할 사람이 없으니 만들어지는 아이스크림도 없습니다. 따라서 산출량도 0입니다. 이제 공장 설비 등 다른 요소에는 전혀 변화를 주지 않고 오직 근

로자 한 명만 고용합니다. 그러자 혼자 아이스크림 50개를 만들어 냅니다. 이때 **한계생산물**marginal product은 50개입니다. 근로자 한 명을 늘림에 따라 아이스크림이 50개 늘어났기 때문입니다.

이번에는 똑같이 공장에 아무런 변화도 주지 않고 오로지 근로자 한 명을 더 고용하여 이제 근로자는 총 두 명입니다. 그러자 아이스크림을 더 많이 만들 수 있게 되어 총 90개를 만들었습니다. 이때의 한계생산물은 90-50=40개입니다. 이렇게 근로자를 한 명씩 더 고용할 때마다 아이스크림 산출량이 늘어납니다. 하지만 한계생산물은 50에서 40, 40에서 30으로 계속해서 줄어듭니다.

이 예시는 그냥 마음대로 꾸며낸 것이 아닙니다. 경제학자들은 실제로도 근로자 수를 늘림에 따라 산출량이 증가하기는 하지만, 그 증가하는 정도, 즉 한계생산물은 줄어든다는 것을 발견했습니다. 이를 **한계생산물 체감**diminishing marginal product이라고 합니다. 공장 설비 등 다른 생산 요소는 그대로 놓아두고 근로자 수만 늘리면 추가로 생산되는 아이스크림의 양이 점점 적어진다는 것이지요. 그 이유는 생각보다 단순합니다. 공장과 설비가 한정되어 있으니 한 사람이 일할 수 있는 공간도 줄어들고 공장은 점점 복잡하고 지저분해질 것입니다. 결국 이는 생산의 효율성을 감소시킵니다. 일상 속에서도 우리는 한계생산물 체감을 심심찮게 경험합니다. '사공이 많으면 배가 산으로 간다'와 같은 속담은 한 가지 일에 많은 사람이 투입됐을 때 나타나는 비효율성을 잘 함축하고 있죠.

한계생산물 체감은 노동에 대해서만 나타나는 현상이 아니라 토지나 자본, 노력이나 시간 등 다양한 생산 요소에 대해서도 나타나는 현상입니다. 운동이나 악기를 배워 본 경험이 있다면 처음 시작할 때는 실력이 쑥쑥 늘다가 갈수록 실력을 늘리기 위해 더 많은 노력이 필요하다고 느낀 적이 있을 것입니다. 이 또한 더 많은 시간과 노력을 들일수록 그로부터 얻을 수 있는 수확이 줄어드는 상황입니다.

이제 다시 기업의 입장을 들여다보겠습니다. 기업에 가장 중요한 것은 많은 이윤을 남기는 것입니다. 이윤은 수입에서 비용을 뺀 나머지이므로 비용을 파악하는 일은 매우 중요합니다.

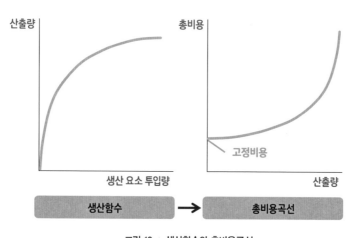

그림 10 ◆ 생산함수와 총비용곡선

그래프를 사용하면 기업 활동의 비용을 파악하기가 더 쉬워집니다. 먼저, 한계생산물 체감의 법칙에 대한 그래프부터 그려 봅시다. 생산 요소 투입량(예를 들면 근로자 수)과 산출량의 관계를 나타내는 함수를 **생산함수**production function라고 합니다. 한계생산물 체감 현상에 의하면 생산 요소를 늘릴 때 산출량은 늘어나지만, 그 늘어나는 정도가 점점 줄어듭니다. 따라서 생산함수의 그래프는 〈그림 10〉의 왼쪽처럼 증가 폭이 점점 줄어드는 증가 그래프가 될 것입니다.

한편 산출량과 총비용의 관계를 나타내는 그래프를 **총비용곡선**total cost curve이라고 합니다. **총비용**total cost은 기업이 생산하는 데 들어가는 전체 비용을 의미합니다. 총비용곡선은 가로축이 산출량, 세로축이 총비용이며, 생산함수의 모양을 가지고 유추해서 그릴 수 있습니다. 기업이 처음에 한두 개씩 산출량을 늘릴 때는 많은 비용이 들지 않습니다. 왜냐하면 처음에는 생산 요소를 조금만 투입해도 산출량이 쭉쭉 늘어나기 때문입니다. 하지만 갈수록 산출량을 늘리기가 힘들어집니다. 한계생산물 체감 현상이 일어나기 때문에 똑같이 산출량을 늘리려고 해도 더 많은 생산 요소를 투입해야 하기 때문이죠. 따라서 총비용곡선은 〈그림 10〉의 오른쪽과 같이 증가 폭이 점점 커질 것입니다. 그런데 생산 요소가 0일 때 산출량이 0이므로 원점에서 출발하는 생산함수와 달리, 총비용곡선은 y절편이 0이 아닙니다. 그 이유는 아무것도 생산하지 않아도 지불해야 하는 공장 설비비, 임대료 같은 고정비용이 존재하기 때문입니다.

/ 국가 단위에서의 한계생산물 체감

한계생산물 체감 현상은 국가 단위의 생산에서도 두드러집니다. 〈그림 11〉은 컴퓨터와 자동차만 생산한다고 가정한 어떤 국가의 생산가능곡선을 보여 줍니다. 국가의 생산가능곡선도 개인의 생산가능곡선과 마찬가지로 곡선 안의 점은 비효율적 점이고, 곡선 밖의 점은 생산 불가능한 점입니다.

그런데 앞에서 살펴보았던 개인의 생산가능곡선과는 달리 그 모양이 곡선인 것을 알 수 있습니다. 이는 언제나 일정한 능력을 가지고 있는 개인과는 달리, 국가의 경우 어떤 재화의 생산을 늘리면 한

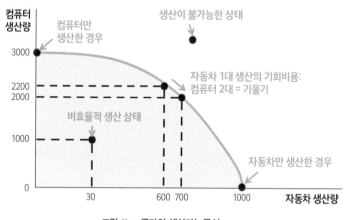

그림 11 ◆ 국가의 생산가능곡선

계생산물 체감 현상이 두드러지게 나타나 비용이 더 많이 들기 때문입니다. 생산가능곡선의 기울기는 가로축 재화를 한 단위 더 생산하기 위해 포기해야 하는 세로축 재화의 수량, 즉 가로축 재화의 생산에 대한 기회비용을 나타낸다는 것을 기억하시죠? 〈그림 11〉의 생산가능곡선에서 자동차 생산을 늘릴수록, 즉 곡선을 따라 오른쪽으로 이동할수록 기울기는 더 가팔라집니다. 그 이유는 자동차를 많이 생산할수록 자동차 1대당 생산에 들어가는 비용이 더 증가하기 때문입니다. 생산하려는 자동차 수를 늘릴수록 더 많은 컴퓨터를 포기해야 한다는 의미죠.

국가 단위에서는 한계생산물 체감 현상이 일어나는 이유를 더욱 명확하게 설명할 수 있습니다. 자동차 생산량이 많지 않을 때는 자동차 생산의 숙련자들이 주로 자동차를 생산할 것입니다. 또한 공장 설비나 시스템이 자동차 생산에 적합한 기업들만 자동차를 생산해도 되므로 매우 효율적입니다. 하지만 컴퓨터 생산량을 줄이고 자동차 생산량을 늘릴수록 점점 자동차보다는 컴퓨터 생산에 특화된 노동자와 공장들까지 자동차를 만드는 데 쓰여야 합니다. 따라서 자동차 생산 과정은 점차 비효율적이 될 수밖에 없습니다. 그리하여 국가 단위에서 한 산업에 대한 한계생산물 체감 현상은 더욱 두드러지게 나타납니다.

국가의 생산가능곡선은 중요한 시사점을 던집니다. 〈그림 12〉는

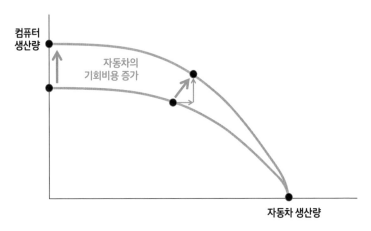

그림 12 ◆ 컴퓨터 생산 기술의 진보가 생산가능곡선에 미치는 영향

컴퓨터 생산 기술이 발전하여 컴퓨터만 생산했을 때의 산출량(y절편) 이 증가한 상황을 보여 줍니다. 이때 생산가능곡선은 하나로 연결돼야 하기 때문에 자연스럽게 곡선 전체가 위쪽으로 이동하게 됩니다. 따라서 자동차 생산 기술에는 아무런 발전이 없었음에도 자동차 생산량도 증가하게 됩니다.

이는 한 종류의 산업만 발전시켜도 경제 전체가 발전할 수 있다는 논리의 중요한 근거가 됩니다. 물론 〈그림 12〉에서와 같이 컴퓨터 생산 기술이 발전하면 당연히 자동차 생산의 기회비용이 커집니다. 이는 전체적으로 생산가능곡선의 형태가 가팔라지는 것을 통해서도 알 수 있습니다.

다양한 비용 개념

이제 다시 기업의 입장으로 돌아와 근로자 수에 따라 기업이 지불해야 하는 비용을 〈그림 13〉과 같이 나타내 보겠습니다. 근로자 수에 상관없이 공장 임대료, 공장 설비비 등 공장 비용은 고정적으로 30만 원이 나갑니다. 반면 근로자를 한 명 더 고용할 때마다 인건비가 10만 원씩 더 나갑니다.

공장 비용처럼 산출량의 변동과 상관없이 일정하게 지출해야 하는 변하지 않는 비용을 **고정비용**fixed cost이라고 합니다. 반면 재료비나 인건비와 같이 산출량에 따라 변하는 비용은 **가변비용**variable cost이라고 합니다. 총비용곡선 모양에 가장 큰 영향을 주는 것이 바로 가변비용입니다.

근로자 수	산출량	공장 비용	인건비	총비용
0	0	30만 원	0원	30만 원
1	50	30만 원	10만 원	40만 원
2	90	30만 원	20만 원	50만 원
3	120	30만 원	30만 원	60만 원
4	140	30만 원	40만 원	70만 원
5	150	30만 원	50만 원	80만 원
6	155	30만 원	60만 원	90만 원

그림 13 ◆ 근로자 수에 따른 총비용

산출량	총비용	고정비용	가변비용	평균 고정비용	평균 가변비용	평균 총비용	한계비용
0	3,000원	3,000원	0원	-	-	-	
							300원
1	3,300원	3,000원	300원	3,000원	300원	3,300원	
							500원
2	3,800원	3,000원	800원	1,500원	400원	1,900원	
							700원
3	4,500원	3,000원	1,500원	1,000원	500원	1,500원	
							900원
4	5,400원	3,000원	2,400원	750원	600원	1,350원	
							1,100원
5	6,500원	3,000원	3,500원	600원	700원	1,300원	
							1,300원
6	7,800원	3,000원	4,800원	500원	800원	1,300원	
							1,500원
7	9,300원	3,000원	6,300원	429원	900원	1,329원	
							1,700원
8	11,000원	3,000원	8,000원	375원	1,000원	1,375원	
							1,900원
9	12,900원	3,000원	9,900원	333원	1,100원	1,433원	
							2,100원
10	15,000원	3,000원	12,000원	300원	1,200원	1,500원	

그림 14 ◆ 다양한 비용 개념

경제학자들은 〈그림 14〉와 같이 다양한 비용 개념을 가지고 기업 활동을 분석합니다.(미리 겁먹지는 마세요!) 표의 예시처럼 산출량을 아무리 늘려도 고정비용은 일정하게 유지됩니다. 하지만 가변비용은 한계생산물 체감 현상 때문에 점점 큰 폭으로 증가합니다. 총비용도 가변비용 때문에 점점 큰 폭으로 증가하게 됩니다.

지금부터 〈그림 14〉에 나오는 여러 비용 개념들을 정리해 볼게요.

처음에 개념을 익히는 것은 지루할 수도 있지만, 앞으로 기업 활동의 다양한 측면을 살펴보기 위해 꼭 필요한 과정입니다. 경제학을 공부할 때는 각 비용의 약자를 외우는 것이 큰 도움이 됩니다.

♦ 고정비용과 가변비용

고정비용fixed cost은 산출량에 상관없이 고정된 비용, 가변비용variable cost은 산출량에 따라 변하는 비용입니다. 영어 명칭을 딴 약자로 고정비용은 FC, 가변비용은 VC로 표시합니다. 총비용은 고정비용과 가변비용의 합입니다. 총비용total cost의 약자는 TC이므로, TC=FC+VC로 나타낼 수 있습니다.(고정비용은 '팍fak' 고정되어 있으니 FC, 가변비용은 쉽게 '변vyun'하니까 VC라고 외우면 쉽습니다.)

♦ 평균비용

평균비용average cost은 비용을 산출량으로 나눈 것으로, 한 단위당 평균적으로 들어간 비용을 의미하며 약자로는 AC로 나타냅니다. 평균비용은 다양한 비용 개념에 모두 적용할 수 있는데, 총비용을 산출량으로 나누면 평균총비용, 고정비용을 산출량으로 나누면 평균고정비용, 가변비용을 산출량으로 나누면 평균가변비용입니다. 약자로 나타낼 때는 평균을 뜻하는 영어 단어인 average에서 A를 따서 붙이면 됩니다. 따라서 평균총비용은 ATC, 평균고정비용은 AFC, 평균가변비용은 AVC가 됩니다. 또, 산출량quantity의 약자는 Q이므로 비용을 산출량으로 나눈 것이라는 의미에서 ATC=TC/Q, AFC=FC/Q, AVC=VC/Q와 같이 나타낼 수 있습니다.

평균비용은 재화 하나를 생산할 때 들어간 비용을 대략적으로 파악하는 데 유용합니다. 마치 시험을 본 후 나의 실력을 대략적으로 점검하기 위해 평균 점수를 내는 것과 같은 이치죠.

◆ 한계비용

한계비용marginal cost은 '한계'라는 단어에서 알 수 있듯이 산출량을 한 단위 증가시킬 때의 총비용 증가분을 의미하며 약자로는 MC입니다. 한계비용은 한 단위당 총비용이 변한 정도를 알려 주므로 총비용의 변화량을 산출량의 변화량으로 나눈 것입니다. 이를 식으로 나타내면 MC=△TC/△Q가 되는데, 여기서 △(델타)는 '변화량'을 의미하는 기호입니다.

변화량 분의 변화량이라는 공식은 수학 시간에 배운 기울기와 비슷하게 느껴지지 않나요? 기울기는 변화의 추세를 파악하는 데 도움이 되는 지표입니다. 한계비용 또한 총비용곡선의 기울기를 나타내기 때문에 총비용곡선의 증가 추세를 아는 데 도움이 됩니다.

✏ 다양한 비용의 그래프 보기

이제 앞에서 정리한 ATC, AVC, AFC 그리고 MC가 산출량에 따라 어떻게 변하는지 그래프를 이용해 확인해 봅시다. 〈그림 15〉는 〈그림 14〉의 상황을 그래프로 나타낸 것입니다.

먼저 AFC(평균고정비용) 그래프(회색)는 산출량에 정확히 반비례하여 감소합니다. 고정비용은 항상 그대로인데 평균고정비용은 고정비용을 산출량으로 나눈 것이니 산출량이 늘면 AFC는 감소하는 것이 당연합니다.

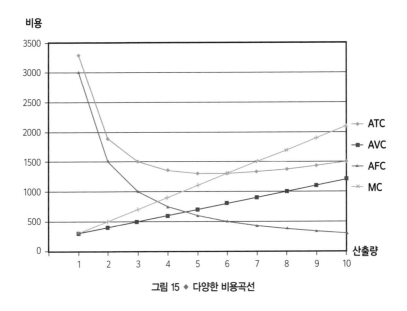

그림 15 ◆ 다양한 비용곡선

반면, AVC(평균가변비용) 그래프(파란색)는 증가하는데, 이는 한계생산물 체감 현상 때문입니다. 산출량을 늘릴수록 기하급수적으로 많은 가변비용이 들기 때문에 이를 산출량으로 나누어도 계속해서 증가하는 모양새를 띠는 것입니다.

ATC(평균총비용) 그래프(초록색)는 AFC 그래프와 AVC 그래프를 합한 그래프입니다. TC=FC+VC이므로, 양변을 Q로 나누면 자연스럽게 ATC=AFC+AVC이기 때문이죠. ATC 그래프는 대략 U자형으로, 감소하다가 증가하는 형태를 띱니다. 처음에는 ATC의 구성 요소 중 AFC가 급격하게 감소합니다. 만약 고정비용이 1,000원이라면 산출량을 늘림에 따라 AFC는 1000원, 500원, 333원, 250원, … 과 같이 산출량에 반비례해 급격하게 줄어듭니다. 그런데 어느새 AFC가 줄어드는 정도가 완만해지고, 대신 한계생산물 체감 때문에 AVC가 큰 폭으로 증가합니다. 따라서 갈수록 AVC의 영향력이 강해지고 ATC는 AVC와 비슷한 정도로 증가하는 형태를 띠게 됩니다.

ATC 그래프가 최저점을 찍는 곳을 '효율적 생산량'이라고 합니다. 한 단위당 평균적으로 들어가는 비용이 가장 적으니까 가장 효율적으로 생산하고 있다고 보는 것이지요. 〈그림 15〉에서 보자면 효율적 생산량은 6개가 될 것입니다.

마지막으로 MC(한계비용) 그래프(노란색)는 증가하고 있습니다. 이 또한 한계생산물 체감의 법칙 때문에 나타나는 현상으로, 갈수록 한 단위를 더 만드는 데 더 많은 비용이 든다는 것을 의미합니다. 생산 규모가 커질수록 생산이 비효율적이 된다는 것이지요.

한편 한 가지 유의해서 살펴볼 부분이 있습니다. 바로 MC곡선과 ATC곡선의 특별한 관계입니다. 〈그림 15〉에서 MC곡선은 ATC곡선의 최저점인 효율적 생산량, 즉 6개일 때 정확히 ATC곡선과 만나는 것을 알 수 있습니다. 또한 ATC 〉 MC일 때(ATC곡선이 MC곡선 위에 있을 때) ATC는 감소하고, ATC 〈 MC일 때(ATC곡선이 MC곡선 아래에 있을 때) ATC는 증가합니다. 이러한 ATC곡선과 MC곡선의 관계는 이 예시에서만 나타난 우연한 현상이 아니며 어떤 상황에서도 반드시 성립합니다. 그 이유는 무엇일까요?

ATC와 MC가 무엇을 의미하는지 생각해 보면 간단하게 해답을 얻을 수 있습니다. 여러분이 며칠에 걸쳐 중간고사를 본다고 해 봅시다. 여러분은 이미 다섯 과목의 시험을 보았고, 이 시험 점수들의 평균을 알고 있습니다. 여섯 번째 과목의 시험 점수가 지금까지의 평균보다 높다면 평균 점수는 올라갑니다. 하지만 반대로 지금까지의 평균보다 낮은 점수를 받는다면 평균 점수는 내려갑니다.

여기서 평균 점수는 ATC에, 새롭게 본 여섯 번째 과목의 시험 점수는 MC에 비유할 수 있습니다. 새로 추가되는 비용, 즉 한계비용이 지금까지의 평균비용보다 높다면 자연스럽게 평균비용이 증가합니다. 반대로 한계비용이 평균비용보다 낮다면 평균비용은 감소합니다. 이런 특징 때문에 ATC곡선과 MC곡선은 반드시 효율적 생산량 지점에서 만나게 됩니다.

그러나 지금까지 소개한 모형은 지나치게 간소화된 것이기도 합니다. 이 모형에 대해 품을 수 있는 두 가지 의문에 대한 답을 먼저 제시해 보겠습니다.

의문 1: "한계생산물 체감 현상은 항상 일어나나요?"

지금까지의 내용은 한계생산물 체감 현상이 일어난다고 전제하고 있습니다. 한계생산물 체감의 법칙에 따르면 노동자를 한 명 더 투입할수록 한계생산물이 점차 줄어들어 생산은 더 비효율적이 됩니다. 따라서 생산 규모가 커질수록 급격히 많은 비용을 감수해야 합니다. 이러한 전제하에 MC곡선은 꾸준히 증가하고, ATC곡선도 효율적 생산량을 지나면 결국 증가하는 양상을 띠었습니다.

하지만 우리의 경험상 사공이 많다고 해서 배가 항상 산으로 가는 것은 아닙니다. 백지장도 맞들면 나을 때가 있듯이 한계생산물 체감 현상의 반대 현상이 일어날 때도 있습니다. 혼자서는 1의 일밖에 할 수 없었는데, 두 명이 힘을 합치면 2를 넘어서 3, 4의 일까지 가능한 경우도 많죠. 이런 현상을 시너지 효과라고 합니다.

특히 이러한 현상은 아직 일하는 사람이 몇 명 없을 때 두드러집니다. 이미 10명이 일을 척척 나누어서 하고 있을 때 한 명을 더 투입

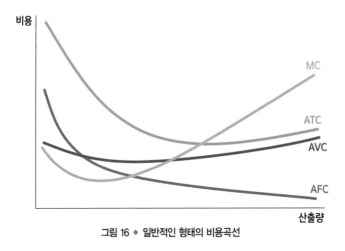

그림 16 ◆ 일반적인 형태의 비용곡선

하는 것은 여러모로 비효율적일 수 있습니다. 하지만 한 명밖에 없는 일터에 한 사람을 더 투입하게 되면 둘 사이의 분업과 협동을 통해 일의 효율성을 크게 높일 수 있죠. 경제학자들은 이런 사실을 반영해 〈그림 16〉과 같이 처음에는 우하향하는 MC곡선과 AVC곡선을 그리기도 합니다. 초반에는 산출량을 늘림에 따라 오히려 비용이 덜 드는 효과가 일어난다는 점을 반영한 것입니다.

의문 2: "이 세상에 완벽히 고정비용인 것은 없지 않나요?"

임대료나 공장 설비비 등은 고정비용으로 보았습니다. 그런데 한 가지 의문이 듭니다. 공장 위치를 옮기거나 공장 설비를 개선 혹은 축소하게 되면 고정비용도 변할 수 있지 않을까요? 그렇게 따지면

이 세상에 고정비용이 있기는 할까요? 모두 언젠가는 충분히 변할 수 있는 비용 아닌가요?

이는 기업의 행동을 설명하는 데 매우 중요한 문제입니다. 단기적으로 보았을 때는 고정비용인 것이 장기적으로는 고정비용이 아닐 수 있다는 것입니다. 기업 입장에서 고정비용은 생산량에 상관없이 무조건 고정적으로 지출해야 하므로 매몰비용입니다. 따라서 어떤 비용이 고정비용인지 아닌지 판단하는 것은 그것을 의사 결정에 반영할지, 아니면 매몰비용으로 무시할지를 결정하는 것과 마찬가지입니다.

경제학자들은 이 문제를 해결하려고 매우 단순한 방법을 택했습니다. 기업의 행동을 단기와 장기로 나누어 설명하는 것입니다. 단기적으로는 고정비용이 기업의 선택에 큰 영향을 미치지만, 장기적으로는 대부분의 고정비용도 가변비용이 된다는 것을 고려한 것이죠. 이를 반영하면 〈그림 17〉과 같이 단기와 장기에 평균총비용곡선이 다른 형태를 띠게 됩니다.

단기적으로 공장 규모는 쉽게 바꿀 수 없는 요소입니다. 따라서 서로 다른 공장 규모를 가진 기업들은 〈그림 17〉의 노란색 그래프처럼 서로 다른 단기 ATC곡선을 가집니다. 공장 규모가 클수록 더 많은 재화를 산출하는 데 최적화되어 있을 것입니다.

하지만 장기 ATC 그래프는 여러 단기 ATC 그래프들의 효율적 생

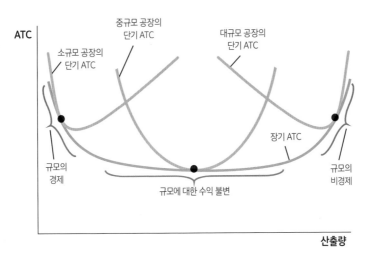

그림 17 ◆ 기업의 단기와 장기 ATC곡선

산량을 연결한 그래프가 됩니다. 그 이유는 장기적으로는 기업이 원한다면 공장 규모도 얼마든지 선택할 수 있는 문제이므로 원하는 산출량에 적합한 규모의 공장으로 전환할 수 있기 때문입니다.

장기 ATC곡선은 거대한 U자 형태인데, 이는 기업의 생산 형태와도 밀접한 관련이 있습니다. 장기 ATC곡선의 앞부분은 산출량이 늘어남에 따라 오히려 평균비용이 줄어드는 형태로, 이런 현상을 **규모의 경제**economies of scale라고 합니다. 이 경우 공장 규모를 확대하고 산출량을 늘리는 것이 효율적입니다.

그러나 장기 ATC곡선의 뒷부분은 산출량이 늘어남에 따라 평균비용도 함께 증가하는 형태입니다. 이런 현상을 **규모의 비경제** diseconomies of scale라고 하는데, 이 경우 오히려 공장 규모를 줄이고 산출량을 줄이면 효율성이 높아집니다.

◆ ◆ ◆

기호와 그래프로 머리가 복잡해졌지요? 이제 우리를 이 복잡한 비용의 세계로 떠민 근본적인 질문으로 돌아가 봅시다. 사람이 많다고 꼭 효율적일까요? 사람이 많으면 같은 일을 더 빨리 끝마칠 수 있을까요? 우리는 조별 과제를 하는 상황을 기업의 생산과 비교하여 몇 가지 결론을 얻을 수 있습니다.

우선, 같은 양의 과제라면 당연히 여러 사람이 함께 할수록 유리합니다. 생산함수는 비록 증가 폭이 점점 줄기는 하지만 생산 요소 투입량에 비례하여 산출량이 증가하는 형태를 띱니다. 이는 다시 말해서 같은 일이라면 여러 사람이 함께 하는 것이 혼자 하는 것보다 더 빠르다는 것입니다.

그러나 1명이 10시간 걸려서 할 과제를 10명이 같이 한다고 해서 1시간 안에 끝낼 수 있는 것은 아닙니다. 여러 사람이 하나의 일을 함께 할 때 일의 효율성을 결정하는 데는 두 가지 큰 힘이 작용합니다. 하나는 사람이 늘어날수록 분업과 전문화로 인해 시너지 효과가 일어나 일을 효율적으로 끝낼 수 있게 되는 규모의 경제와 같은 힘입니다. 다른 하나는 사람이 늘어날수록 혼란과 복잡성이 증가해 일이 비효율적으로 되는 규모의 비경제와 같은 힘입니다.

조별 과제를 할 때 많은 사람이 스트레스를 호소하는 것은 후자와 같은 힘이 우세한 상황 때문일 것입니다. 그러나 조별 과제에 대해 한 번쯤은 느껴 보았을 환멸은 단순히 많은 인원으로 인한 혼란 때문만은 아닙니다. 학생들이 조별 과제를 기피하는 더 큰 이유는 도대체 무엇일까요?

조별 과제는 왜 상처로 남을까요?:
공공재와 무임승차

조별 과제에는 한계생산물 체감만으로는 설명할 수 없는 문제점이 있습니다. 게다가 조별 과제는 대부분 대여섯 명 정도의 조원이 함께 합니다. 이것은 기업으로 치면 소규모 공장과도 같은 상황이기에 시너지 효과 또는 규모의 경제가 나타날 가능성이 훨씬 높으므로 조별 과제에서는 한계생산물 체감 현상이 일어나지 않는다고 보는 편이 더 타당합니다.

조별 과제가 힘든 이유가 그저 많은 사람이 같은 일을 하면서 생기는 비효율성 때문이었다면 조별 과제는 그냥 피곤한 과제일 뿐이었을 것입니다. 그러나 조별 과제를 싫어하는 사람은 대부분 조별 과제를 하면서 감정이 상해 본 경험이 있습니다. 다른 조원의 행동이나 평가 방식이 부당하다고 느껴 상처받은 것이죠.

2012년에 이루어진 한 설문 조사에 따르면 대학생 10명 중 9명은 조별 과제를 하면서 무임승차자를 경험해 보았다고 응답했습니다.[13] 조별 과제를 완료하는 것은 대부분 성적과 직결된 문제이므로 학생들은 넓은 의미에서 조별 과제라는 값을 지불하고 성적이라는 재화를 얻고자 하는 것입니다. 그러나 그 과정에서 어떤 사람은 제 역할을 다하지 않고도 같은 조라는 이유만으로 성적을 챙겨 가기도 합니다. 이런 상황은 열심히 한 학생들에게는 부당하게 느껴질 수밖에 없습니다.

자원 배분 문제를 다루는 경제학에서도 **무임승차**free riding는 중요한 문제입니다. 모두에게 필요한 재화를 누군가는 제값을 주지 않고 무임승차해서 누린다면 심각한 사회적 갈등이 일어날 것이기 때문이죠. 무임승차와 관련해서 경제학은 어떤 이야기를 해 줄 수 있을까요?

재화의 유형 나누기

재화와 관련하여 무임승차 문제가 일어나는 것은 재화의 특성과 밀접한 관계가 있습니다. 그래서 먼저 두 가지 기준에 따라 재화의 유형을 나누어 볼 것입니다. 참고로 여기서 말하는 재화는 희소성이 있는 경제재만을 의미하며, 공기나 바닷물과 같은 자유재는 희소성이 없기에 현재로서는 고려 대상이 아닙니다.

첫 번째 기준은 배제성입니다. **배제성**excludability이란 대가를 지불하지 않은 사람은 사용할 수 없도록 만들 수 있는 특성입니다. 돈을 내지 않으면 들어갈 수조차 없는 놀이공원이나 호텔 방은 배제성이 매우 강력한 재화의 예입니다. 친구에게 빌려줄 수 있는 책이나 불법적인 경로로 다운로드할 수 있는 영화 같은 재화는 배제성이 있기는 하지만 대가를 지불하지 않고도 사용할 수 있는 방법이 있기 때문에 그 정도가 약한 편이라고 할 수 있겠지요. 반면 가로등이나 도로와 같은 재화는 누구만 사용하지 못하도록 막을 수 없기에 **비배제성**non-excludability을 띤다고 할 수 있습니다.

두 번째 기준은 경합성입니다. **경합성**rivalry이란 한 사람이 더 많이 소비하는 것이 다른 사람의 소비를 줄이는 특성을 말합니다. 그 수나 양이 한정된 것이죠. 석유, 석탄과 같은 자원은 그 양이 한정되어 있어 이를 차지하기 위해 경합을 벌여야 하므로 경합성이 매우 강한 재화입니다. 그러나 TV 드라마나 컴퓨터 게임처럼 많은 사람이 사용해도 그 양이 줄어들지 않는 재화도 있는데, 이런 재화는 **비경합성**non-rivalry을 띤다고 할 수 있습니다. 물론 경합성과 비경합성 그 사이 어딘가에 있는 재화도 있습니다. 헬스장의 경우 이용자가 거의 없을 때는 비경합성을 띠지만, 이용자가 많아지면 한정된 운동 기구를 나누어 사용해야 하므로 경합성을 띠기 시작합니다.

그림 18 ◆ 재화의 유형

이 두 가지 특성을 바탕으로 재화를 〈그림 18〉과 같이 네 가지 유형으로 나눌 수 있습니다.

◆ 사적 재화

사적 재화private goods는 배제성과 경합성을 모두 가지는 재화입니다. 사적 재화는 대가를 지불하지 않으면 사용할 수 없도록 막을 수 있으며 그 양이 한정되어 있습니다. 아이스크림, 떡볶이, 옷, 에어컨, 핸드폰 등등 우리가 시장에서 돈을 주고 사야 하는 재화는 대부분 사적 재화입니다.

◆ 클럽재

클럽재club goods는 배제성은 있지만 경합성은 없는 재화입니다. 그 양이 한정된 것은 아니지만 필요에 따라서 누구는 쓰지 못하게 막을 수 있는 재화이죠. 케이블 TV, 무선 인터넷, 놀이공원 등과 같은 재화는 다른 사람이 아무리 많이 사용해도 여전히 사용할 수 있습니다. 하지만 이런 재화들은 송출을 끊거나(케이블 TV) 암호를 걸거나(무선 인터넷) 입장권을 확인하는(놀이공원) 방법 등으로 사용하지 못하게 막을 수 있습니다.

물론 놀이공원, 헬스장, 유료 고속도로와 같이 공간이 한정된 재화의 경우 상황이 달라질 때도 있습니다. 사람이 너무 붐비면 한정된 공간을 사용하기 위해 경합해야 하므로 더 이상 경합성이 없다고 할 수 없기 때문이죠.

◆ 공유자원

공유자원common resources은 배제성은 없지만 경합성은 있는 재화입니다. 그 양이 한정되어 있지만 사용이 자유롭다는 것이죠. 하천이나 바닷속 물고기와 같은 자연의 자원들은 대표적인 공유자원입니다. 누구든지 사용할 수 있지만 그 양이 무한정으로 있는 것은 아니기 때문입니다.

공유자원은 **공유지의 비극**이라는 심각한 문제를 안고 있습니다. 미국의 생물학자 개릿 하딘Garrett Hardin은 이 개념을 처음으로 제시하면서 다음과 같은 예화를 들었습니다. 어떤 마을에 공동 소유지인 초원이 있었습니다. 양털을 팔아 생활하는 이 마을 사람들은 양에게 풀을 먹이기 위해 양을 초원으로 데려갔습니다. 마을 인구가 적었기에 양들이 풀을 뜯는 속도는 풀이 자라는 속도를 따라갈 수 없었고 초원은 영원히 평화롭게 유지될 것만 같았습니다. 하지만 시간이 흘러 인구가 증가하고 양들도 증가하자 마을 사람들은 이 공동의 초원에 앞다투어 더 많은 양을 방목하기 시작했습니다. 결국 목초지는 양들로 붐비게 됐고, 사람들은 초원의 풀을 더 많이 차지하려고 경쟁하기 시작했습니다. 이제 초원은 경합성이 있는 공유자원이 되었습니다. 그 결과 목초지는 풀이 거의 없는 황무지로 변하고 말았죠.

이처럼 공유자원은 사람들이 각자 사적인 이익만 추구하다 보면 언젠가는 고갈된다는 문제점이 있습니다. 이 때문에 정부에서는 고래잡이를 금지하는 것처럼 공유자원의 사용 자체를 막거나 공유자원을 사용하는 데 세금을 부과하는 방법을 사용하기도 합니다.

우리나라에서만 1년에 몇억 마리의 닭이 치킨이나 삼계탕이 되어 죽어 나갑니다. 반면 살면서 단 한 번이라도 코끼리 고기나 상아를 사 본 사람은 거의 없을 것입니다. 그럼에도 닭은 아직까지도 지구상에서 사라지지 않은 반면 코끼리는 멸종 위기에 처해 있습니다. 이는 단지 코끼리의 번식 속도가 닭보다 느려서가 아닙니다.

대부분의 닭은 주인이 있지만, 대부분의 코끼리는 주인이 없습니다. 하지만 닭과 코끼리는 모두 그 숫자가 한정되어 있습니다. 따라서 닭은 사적 재화이지만, 코끼리는 공유자원입니다. 닭장 주인들은 닭으로 이윤을 낼 수 있기 때문에 많은 닭을 죽이더라도 계속해서 닭의 대를 이어 나갑니다. 하지만 코끼리는 그동안 누군가가 자신의 것으로 소유할 수 없었기 때문에 밀렵꾼들이 경쟁적으로 포획했고 그 결과 멸종 위기에 처하게 된 것입니다.

이는 역으로 공유자원도 사적 재화처럼 만들면 공유자원의 비극을 피할 수 있다는 의미이기도 합니다. 일례로 아프리카의 일부 국가에서는 밀렵꾼들에게 자신의 지역 안에 있는 코끼리만 사냥할 수 있도록 하는 법을 만들었습니다. 이 경우 코끼리는 완전한 사적 재화가 되는 것은 아니지만 그 지역 사람들만 사용할 수 있으므로 코끼리에 대해 어느 정도의 배제성이 생기게 됩니다. 이는 밀렵꾼들이 자기 지역 코끼리의 대가 끊이지 않도록 하는 계기가 되었고 코끼리 포획에 대한 효과적인 규제가 되었습니다.

◆ 공공재

공공재public goods는 배제성과 경합성이 모두 없는 재화입니다. 사용을 막을 수도 없고 양이 제한되어 있지도 않아서 모두가 공동으로 사용할 수 있다는 특성이 있습니다. 가로등, 국방, 지식과 같은 재화는 대표적인 공공재입니다.

공공재를 생산하는 것은 돈벌이가 되지 않기 때문에 그 누구도 생산하지 않으려고 하는 문제가 발생합니다. 공공재는 사용하는 대가를 지불하지 않고 무임승차할 수 있기 때문입니다. 어떤 기업이 가로 등을 생산한다고 해 봅시다. 기업은 길거리에 가로등을 켜 놓고 지나 가는 사람들에게 가로등을 사용하려면 돈을 내라고 합니다. 하지만 사람들은 돈을 내지 않고도 가로등 불빛을 받을 수 있다는 사실을 알고 돈을 내지 않고 가로등을 사용합니다. 말 그대로 무임승차하는 것이지요.

이런 문제 때문에 어떤 기업도 공공재를 생산하지 않으려고 합니다. 따라서 공공재는 정부가 직접 생산하여 공급하는 것이 일반적입니다.

✎ 공공재로서의 조별 과제 성적

지금까지 재화의 네 가지 유형을 살펴보았습니다. 이 중 특히 공유자원은 공유지의 비극을, 공공재는 무임승차 문제를 일으킵니다. 조별 과제를 할 때 아무것도 하지 않고 얌체같이 성적만 받아 가는 사람들을 우리는 흔히 무임승차자라고 부릅니다. 조별 과제의 성적도 하나의 재화라고 보았을 때, 일부 조원들이 대가를 치르지 않고 조에 얹혀서 성적을 받는 불합리한 상황이 문제인 것이죠.

게다가 조별 과제에서의 무임승차는 단지 조원 한두 명만의 문제가 아닐 수 있습니다. 프랑스의 농업과학자 막시밀리앙 링겔만

Maximilien Ringelmann은 어떤 일을 함께 하는 사람의 숫자가 늘어날수록 개개인의 노력 수준은 점점 낮아진다는 것을 발견하고 이를 **링겔만 효과**Ringelmann effect라고 불렀습니다. 어차피 집단 전체가 같은 결과물을 가지게 된다면 자기 혼자 열심히 할 필요가 없다고 생각하기 때문에 일어나는 현상으로, 시너지 효과와는 정반대입니다. 조별 과제를 할 때 개개인의 능력치에 비해 형편없는 결과물이 나오는 것도 링겔만 효과 때문일 것입니다.

이 모든 문제는 조별 과제에 대한 성적이 조원 모두에게 똑같이 주어진다는 데서 발생합니다. 조원들끼리는 똑같은 성적을 받으므로 성적을 가지고 경합할 필요가 없습니다. 따라서 조별 과제의 성적은 경합성이 없습니다. 또한 조별 과제에서 열심히 하지 않은 조원에게만 나쁜 성적을 줄 수 없다는 점에서 배제성도 없습니다. 따라서 어떤 의미에서 조별 과제는 경합성도, 배제성도 없는 일종의 공공재입니다. 그러나 가로등이나 도로 같은 일반적인 공공재와는 달리, 성적은 정부와 같은 제삼자가 떠먹여 줄 수도 없습니다. 따라서 좋든 싫든 누군가는 자신의 성적을 위해 희생해야 하고 그 과정에서 마음이 상하는 일들이 생기게 되는 것입니다.

그렇다면 무임승차 문제를 해결할 수 있는 방법에는 어떤 것이 있을까요? 조별 과제의 성적을 공공재가 되지 않게 하려면 성적에 경합성이나 배제성이 있게 하는 과정이 필요할 것입니다.

우선 경합성이 있게 하려면 성적을 마치 한정된 자원처럼 만들어야 합니다. 한 조의 조원들에게 부여할 수 있는 총점의 한계를 미리 정해 놓고 점수를 차등 부여한다면 성적이 어느 정도 경합성이 있도록 만들 수 있습니다. 그러나 이 경우 조원끼리 경쟁해야 한다는 점에서 조원들이 함께 하나의 결과물을 내야 하는 조별 과제의 취지와는 어긋날 것입니다.

그렇다면 성적이 배제성이 있도록 만들 수도 있을 텐데요, 조원 중에 열심히 한 사람에게만 점수를 부여하면 됩니다. 조원이 함께 결과물을 내더라도 그중 열심히 하지 않은 사람은 아예 점수를 받지 못하는 시스템을 만드는 것입니다. 이렇게 조별 과제 성적에 배제성을 부여한다면 자신이 점수에서 배제될 수도 있다는 생각에 누구든 열심히 참여할 것이며, 열심히 한 사람만 좋은 점수를 받을 수 있으므로 억울한 일도 없을 것입니다.

실제로 선생님들은 조원들이 상호 평가를 하도록 하거나 조원들의 기여도를 표시하게 해 보다 공정하게 점수를 받을 수 있도록 하기도 합니다. 하지만 이런 장치들이 있더라도 완벽하게 공정한 조별 과제는 있을 수 없습니다. 그 이유는 누가 얼마나 열심히 했는지를 정확하게 판단하기가 거의 불가능하기 때문입니다. 어쩌면 선생님들은 효율과 합리성만을 따지기보다는 희생과 협동의 정신을 배울 기회를 주려고 조별 과제를 내 주시는지도 모릅니다.

과제를 할 것인가? 놀 것인가?:
소비자 선택 이론

 지금까지 학교에서 내준 조별 과제라는 주제로 논의해 볼 수 있는 경제학 개념을 탐구해 보았습니다. 조별 과제를 할 때 왜 역할을 나눌까? 가장 효율적으로 역할을 나누는 방법은 무엇일까? 조원이 많아지는 것은 조에 도움이 될까? 조별 과제를 할 때 무임승차는 왜 일어날까? 조별 과제를 헤쳐 나가는 과정에서 한 번쯤은 고민해 보았을 문제에서 출발해 다양한 경제학 개념을 조금씩 엿볼 수 있었습니다.

 이제 조별 과제를 하는 한 학생의 상황을 들여다보려고 합니다. 과제가 주어졌을 때 과제를 수행하는 방식은 사람마다 다릅니다. 어떤 사람은 일주일 내내 과제에 몰입해 완벽하게 과제를 끝냅니다. 어떤 사람은 하루에 몇 분씩 끄적끄적 과제를 완성해 냅니다. 하루에 몰아서 하는 사람도 있고, 아예 과제를 포기해 버리는 게으른 사람도 있습니다. 이는 모두 과제를 해야 하는 상황에서 서로 다른 개인들이 내릴 수 있는 선택입니다.

여러 가지 선택지 중 하나를 고르는 과정을 설명하는 일은 경제학에서 매우 중요합니다. 특히 경제학자들은 한정된 예산으로 여러 가지 재화 중 몇 가지만 선택해서 사야 하는 소비자들을 설명하려고 노력해 왔습니다. 그렇게 해서 탄생한 **소비자 선택 이론**theory of consumer choice은 과제와 휴식 사이에서 고민하는 한 학생을 설명하는 데도 도움이 됩니다.

우리의 선택을 좌우하는 데는 크게 두 가지 요소가 작용합니다. 하나는 우리의 능력입니다. 어떤 선택을 하려면 그 선택을 할 능력이 충분해야 합니다. 이제 겨우 아르바이트를 시작한 대학생이 으리으리한 대저택으로 독립할 수는 없습니다. 우리는 객관적으로 우리의 능력 범위 안에 있는 선택만 할 수 있습니다.

다른 하나는 우리의 취향입니다. 어떤 선택을 할 때 우리는 그 선택에 따르는 비용과 편익을 계산하는데, 이는 사실 매우 주관적인 과정입니다. 여러 가지 대안에 대한 우리의 주관적인 평가가 선택에 큰 영향을 미칩니다.

소비자 선택 이론은 이 두 가지 요소의 작용을 수학적으로 표현하여 우리의 선택을 설명합니다.

✏ 예산제약선

먼저, 어떤 선택을 할 수 있는 능력을 나타내기 위해 경제학자들은 **예산제약선**budget constraint이라는 개념을 사용합니다. 예산제약선은 소비자가 주어진 예산으로 선택할 수 있는 재화의 조합을 나타내는 그래프입니다. 당신이 현재 100만 원을 가지고 있는데, 그 돈으로는 치킨이나 피자만 살 수 있다고 가정해 봅시다. 치킨은 한 마리에 1만 원이고 피자는 한 판에 2만 원입니다. 당신이 산 치킨이 x마리, 피자가 y판이라면 $x + 2y \leq 100$을 만족해야 합니다. 이때 이 부등식의 경계선을 〈그림 19〉와 같이 나타낼 수 있는데, 이것이 바로 예산제약선입니다.

이 예산제약선의 기울기는 1/2입니다. (이 경우에도 역시나 부호는 무

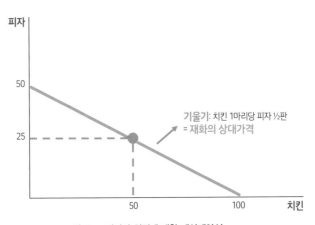

그림 19 ◆ 피자와 치킨에 대한 예산제약선

시합니다.) 이 기울기는 치킨
과 피자 사이의 상대가격
혹은 소비의 기회비용을 의
미합니다. 치킨 한 마리를
살 때 피자 1/2판을 포기하
는 꼴이므로 치킨 한 마리
의 기회비용은 피자 1/2판
이고, 이는 예산제약선의

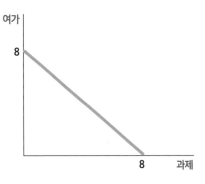

그림 20 ◆ 여가와 과제에 대한 예산제약선

기울기로 나타납니다. 앞서 살펴본 생산가능곡선과 비슷하지요?

과제와 여가 사이에서 고민하는 학생 입장에서 선택에 제약을 주
는 것은 돈이 아니라 시간일 것입니다. 하루에 잠을 자고, 밥을 먹고,
학교에 다녀오는 등 반드시 사용해야 하는 시간을 빼고 나면 8시간
이 남는다고 해 봅시다. 그러면 과제 시간 x시간, 여가 시간 y시간에
대해 반드시 $x + y \leq 8$을 만족해야 합니다. 시간을 일종의 '예산'으
로 본다면 이 학생의 예산제약선은 〈그림 20〉과 같이 주어집니다.

무차별곡선

이제 선택에 영향을 미치는 두 번
째 요소인 주관적 취향에 대해 살펴보겠습니다. 경제학자들은 취
향과 선호라는 모호한 개념을 모형으로 나타내기 위해 **무차별곡선**

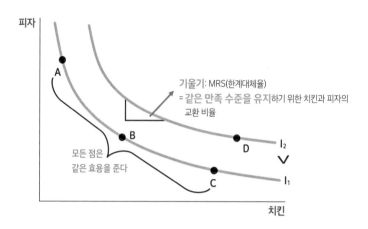

그림 21 ◆ 피자와 치킨에 대한 무차별곡선

indifference curve을 사용합니다. 무차별곡선은 소비자에게 동일한 만족감을 주는 재화의 조합들을 연결한 그래프입니다. 경제학자들은 주관적 만족감을 표현하는 데 **효용**utility이라는 말을 사용합니다. 효용은 사실상 행복과 거의 비슷한 의미로 사용되며, 이에 대한 경제학자들의 관점에 대해서는 4장에서 더 자세히 다룰 것입니다.

〈그림 21〉은 피자와 치킨에 대한 어떤 사람의 무차별곡선입니다. 무차별곡선의 정의에 따르면 I_1 위에 있는 모든 점은 이 사람에게 같은 수준의 효용을 줍니다. 그러니까 무차별곡선 I_1 위에 있는 점 A, B, C는 모두 동일한 효용을 줍니다. 점 D는 또 다른 무차별곡선인 I_2 위에 있습니다. 점 D는 점 C와 비교했을 때 피자와 치킨 둘 다 더 많이

먹을 수 있습니다. 따라서 점 D가 주는 효용은 점 C보다 큽니다. 또, 점 D는 점 A와 비교했을 때 피자 소비량은 적지만 이를 상쇄할 만큼 치킨 소비량이 많습니다. 따라서 점 D가 주는 효용은 점 A보다도 큽니다. 즉, 더 높은 위치에 있는 무차별곡선 I_2가 무차별곡선 I_1보다 더 큰 효용을 줍니다.

하나의 무차별곡선 위에 있는 두 점 사이의 기울기를 **한계대체율** marginal rate of substitution이라고 하며, 약자로는 MRS입니다. MRS를 구할 때 사용하는 두 점은 같은 무차별곡선 위에 있기 때문에 두 점이 소비자에게 주는 효용은 같습니다. 같은 효용을 유지하는 대신, 재화의 조합이 달라지는 것입니다. 예를 들어 〈그림 21〉에서 치킨 소비량을 줄이면서 만족 수준(효용)을 유지하려면 그만큼 피자 소비량을 늘려야 합니다. 이때 포기하는 치킨 1마리당 늘려야 하는 피자 소비량이 MRS에 해당하는 것입니다.

예산제약선에서의 상대가격은 치킨과 피자의 객관적인 가격 비율을 보여 주었다면, 무차별곡선에서의 MRS는 소비자가 치킨과 피자에 부여하는 주관적인 가치의 비율을 보여 준다고 할 수 있어요. 만약 현시점에서 MRS를 구했을 때 치킨 1마리당 피자 1판이었다면, 지금 이 소비자가 치킨 1마리와 피자 1판에 부여하는 가치가 같다고 말할 수 있는 것이죠.

무차별곡선의 특징

무차별곡선은 개인적인 취향을 그림으로 나타낸 것입니다. 그 모양이 〈그림 21〉처럼 그려진 이유는 무엇일까요? 경제학자들은 무차별곡선의 일반적 특징을 다음과 같이 정리했습니다.

첫째, 소비자는 더 위에 있는 무차별곡선을 선호합니다. 이는 더 많은 재화를 누릴 수 있는 조합을 더 선호한다는 것과 같은 이치입니다.

둘째, 서로 다른 무차별곡선끼리는 교차할 수 없습니다. 만약 두 무차별곡선이 〈그림 22〉처럼 교차한다고 해 봅시다. 점 A와 점 C는 서로 다른 무차별곡선 위의 점이므로 서로 다른 효용을 가집니다. 점 B는 점 A 그리고 점 C와도 같은 무차별곡선 위에 있으므로 점 A 그리고 점 C의 효용과 모두 같아야 합니다. 하지만 점 A와 점 C는 서로 효용 수준이 다르므로 이는 불가능합니다. 따라서 무차별곡선끼리는 절대 만날 수 없습니다.

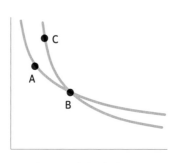

그림 22 ◆ 무차별곡선 사이의 교차

셋째, 무차별곡선은 우하향합니다. 우하향한다는 것은 오른쪽 아래를 향하는 모양이라는 것입니다. 무차별곡선 위에 있는 모든 점은 소비자에게 주는 효용이 같아야 합니다. 만약 효용을 그대로 유지하면서 한 재화의 소비량을 줄이고 싶다면, 그만큼의 만족감을 채워줄 수 있도록 다른 재화의 소비량을 늘려야 합니다. 따라서 같은 무차별곡선 위의 점들은 서로 오른쪽 아래의 대각선을 이룰 수밖에 없습니다.

넷째, 무차별곡선은 원점에 대해 볼록합니다. 이는 다시 말해 무차별곡선은 원점에서 보았을 때 나를 향해 둥근 형태를 띤다는 것입니다. 그 이유는 사람들은 대체로 하나의 재화만 많이 소비하는 것보다 둘 이상의 재화를 골고루 소비하는 것을 더 선호하기 때문입니다. 당신에게 상의 15벌과 하의 1벌이 있다고 해 봅시다. 당신은 지금 하의가 많이 부족한 상태입니다. 누군가가 당신에게 상의 3벌을 주면 하의 1벌을 주겠다고 합니다. 당신은 손해 볼 것은 없다고 생각해 상의 3벌을 주고 하의 1벌을 받습니다. 그러나 상의 5벌과 하의 15벌이 있다면 상황이 달라집니다. 이번에도 누군가가 상의 3벌을 주면 하의 1벌을 주겠다는 똑같은 제안을 해 옵니다. 하지만 같은 제안에 대해 이제는 고민이 됩니다. 이미 하의가 15벌이나 있는데 상의를 3벌씩이나 포기하면서까지 하의를 얻는 것은 손해를 보는 것 같기 때문이죠. 이처럼 사람들은 자신에게 부족한 것에 더 많은 가치를 부여하고, 자신에게 풍족한 것에는 비교적 적은 가치를 부여합니다. 무차별곡선을 왼쪽에서부터 따라 그리면, 처음에는 부족한 것을 얻기 위해 이미 풍족한 것을 많이 포기할 수 있습니다. 따라서 처음에는 가로축의 재화와 세로축의 재화 간의 한계대체율(MRS), 즉 무차별곡선의 기울기가 큽니다. 하지만 갈수록 부족했던 재화가 많아지면서 한계대체율, 즉 기울기가 점점 작아집니다. 그래서 원점을 향해 볼록한 모양이 되죠.

/ 극단적인 무차별곡선들

자신의 무차별곡선을 그려야 하는 상황이라면, 곡선을 얼마나 볼록하게 그릴지 결정해야 할 것입니다. 이에 대한 힌트를 찾기 위해 먼저 매우 극단적인 형태의 무차별곡선들을 살펴보려고 합니다.

어떤 재화를 대신해서 사용할 수 있는 재화를 **대체재**substitute goods 라고 합니다. 콜라와 사이다, 돼지고기와 소고기, 가위와 커터칼 등은 서로 비슷한 성격의 재화이기에 대체가 가능한 대체재 관계입니다. 500원짜리 동전 2개와 1,000원짜리 지폐 1장처럼 서로 아무런 차이가 없어 완벽하게 대체 가능한 재화들은 **완전대체재**라고 합니다. 이 경우에는 일정한 한계대체율을 가지므로 〈그림 23〉의 왼쪽 그래프와 같이 완벽한 직선 형태의 무차별곡선이 그려집니다.

반면 어떤 재화와 함께 사용할 때 효용이 높아지는 재화를 **보완재** complementary goods라고 합니다. 햄버거와 감자튀김, 숟가락과 젓가

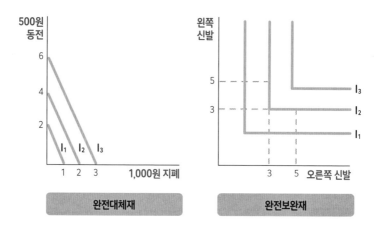

그림 23 ◆ 극단적인 무차별곡선들

락, 실과 바늘 등은 대표적인 보완재 관계입니다. 왼쪽 신발과 오른쪽 신발처럼 서로가 없으면 아예 사용할 수 없는 재화들은 **완전보완재**라고 합니다. 완전보완재의 경우 〈그림 23〉의 오른쪽 그래프와 같이 L자 형태의 무차별곡선이 그려집니다. 오른쪽 신발이 3개밖에 없으면 왼쪽 신발을 아무리 많이 가지고 있어도 그 효용에는 아무런 차이가 없을 것입니다. 또 왼쪽 신발이 3개밖에 없으면 오른쪽 신발을 아무리 많이 가지고 있어도 소용이 없습니다. 즉, 이때의 효용 수준은 오른쪽 신발과 왼쪽 신발 중 개수가 더 적은 것에 따라 결정됩니다.

물론 대체재와 보완재의 관계는 항상 고정된 것은 아닙니다. 서너

명 정도의 가족이 배달 음식을 시킬 때 치킨과 피자는 대체재 관계입니다. 하지만 열 명 정도가 배달 음식을 시켜 파티를 할 때는 치킨과 피자를 함께 시킬 가능성이 커지므로 보완재 관계가 강해집니다.

어찌 되었든 두 재화가 대체재에 가까운지, 보완재에 가까운지에 따라 무차별곡선은 〈그림 23〉의 두 극단적인 형태들 사이쯤의 모양을 보일 것입니다.

⁄ 과제와 여가 사이의 최적 선택

이제 우리는 소비자의 선택을 설명하는 데 필요한 두 가지 요소인 예산제약선과 무차별곡선에 대한 이해를 끝냈습니다. 다시 우리의 원래 목표인 과제와 여가 시간을 결정하는 문제로 돌아가 볼게요.

과제를 하면 좋은 성적과 선생님의 인정을 받을 수 있고, 여가를 누리면 체력을 회복하고 즐거움을 얻을 수 있습니다. 둘 다 궁극적으로는 학생의 효용으로 이어지기 때문에 과제와 여가에 대한 무차별곡선도 일반적인 형태를 띠며 〈그림 24〉와 같이 그려질 것입니다. 이제 여기서 적절한 여가와 과제 시간의 조합을 선택하는 일만 남았습니다.

중요한 것은 이 조합을 예산제약선 이내에서만 선택할 수 있다는 것입니다. 무차별곡선 I_1의 효용을 주는 점 A나 B는 예산제약선 내

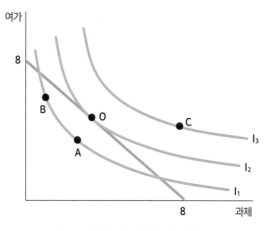

그림 24 ◆ 과제와 여가 사이의 최적 선택

에 있으므로 선택 가능한 조합입니다. 하지만 I₃의 점 C는 예산제약
선 바깥에 있으므로 선택이 불가합니다. 더 정확히 말하자면 무차별
곡선 I₃ 위의 모든 점은 예산제약선 바깥에 있습니다. 따라서 학생에
게 주어진 8시간으로는 절대 I₃만큼의 효용을 얻을 수 없습니다.

조금 더 생각해 보면 이 학생이 고를 수 있는 최고의 점은 점 O라
는 것을 알 수 있습니다. 점 O는 무차별곡선이 정확히 예산제약선에
접하는 곳입니다. 이때 I₂보다 위에 있는 무차별곡선들은 모두 예산
제약선 밖에 있으므로 점 O는 예산 내에서 학생이 얻을 수 있는 최
고의 효용을 주는 지점입니다. 예산제약선을 벗어나지 않으면서 점
O보다 높은 효용을 누리는 것은 불가능합니다. 이렇게 무차별곡선

과 예산제약선이 접하는 지점, 즉 최고의 효용을 주는 지점을 **최적점** optimum point이라고 합니다.

최적점에서 무차별곡선과 예산제약선이 접하는 것은 매우 중요한 특징입니다. 접한다는 것은 무차별곡선과 예산제약선의 접선 기울기가 같다는 것입니다. 즉, 두 재화 사이의 한계대체율과 상대가격이 같아지는 것이죠. 한계대체율은 주관적인 가치의 비율, 상대가격은 객관적인 가치의 비율이라는 것을 떠올려 보면, 최적점에서 주관과 객관이 정확히 일치하게 된다는 것을 알 수 있습니다. 〈그림 24〉의 경우 과제 시간과 여가 시간 사이의 상대가격은 정확히 1이기 때문에 둘이 주는 **한계효용**marginal utility이 같아지는 지점이 최적점임을 알 수 있습니다.

한계효용과 최적점

한계대체율과 상대가격이 일치하는 지점이 최적의 선택이라는 것을 그래프로는 잘 알겠는데, 그 뜻이 잘 이해되지 않을 수도 있습니다. 이해를 돕기 위해 〈그림 25〉와 같은 상황을 살펴보겠습니다.

〈그림 25〉에서 각 가로줄은 학생이 택할 수 있는 과제 시간과 여가 시간의 조합을 보여 줍니다. 이때 상대가격은 1이기 때문에 과제 시간을 1시간 늘리려면 반드시 여가 시간 1시간을 포기해야 합니다.

과제 시간	효용	한계효용	여가 시간	효용	한계효용	총효용
1	10	–	7	49	–	59
2	20	+10	6	45	–4	65
3	29	+9	5	40	–5	69
4	37	+8	4	34	–6	71
5	44	+7	3	27	–7	71
6	49	+6	2	19	–8	68
7	53	+5	1	10	–9	63
8	56	+4	0	0	–10	56

그림 25 ◆ 한계효용과 총효용의 관계

'효용'이라는 열은 과제와 여가로부터 각각 얻을 수 있는 효용의 값을 숫자로 나타낸 것입니다. '한계효용'이라는 열은 과제 시간을 1시간 늘리고 여가 시간을 1시간 줄일 때마다 효용의 변화량을 나타냅니다. 한계효용은 마치 한계비용처럼 한 단위의 변화를 주었을 때 효용이 얼마나 변하는지를 나타냅니다.

여기서 한계효용은 **한계효용 체감의 법칙**law of diminishing marginal utility에 따라 그 숫자가 정해졌습니다. 한계효용 체감의 법칙은 어떤 재화의 소비량을 늘릴수록 한계효용이 점점 감소한다는 법칙입니다. 쉽게 말해서 무언가를 더 많이 누리면 누릴수록 그것이 주는 행복감이 점점 줄어든다는 것이죠. 똑같은 음식을 계속 먹으면 그 맛에 무

여지거나 질리는 것과 같은 현상이 이 법칙과 관련 있습니다. 과제와 여가 시간에 대해서도 마찬가지로 한계효용 체감의 법칙을 적용할 수 있습니다. 쉬어도 계속 쉬면 점점 만족감이 떨어지고, 과제도 일단 어느 정도 하고 나면 점점 개선할 여지가 사라지기 때문이죠.

학생이 과제에 1시간, 여가에 7시간을 사용하는 맨 첫 줄의 선택지에서 출발해 점점 아래로 내려간다고 해 봅시다. 과제 시간을 늘리면서는 효용을 얻지만, 여가 시간을 줄이면서는 효용을 잃게 될 것입니다. 하지만 이를 서로 상쇄하고도 효용을 얻을 수 있는 경우라면 계속해서 아래로 내려가서 효용을 늘릴 수 있습니다.

결국 **총효용**total utility은 과제 시간이 5시간, 여가 시간이 3시간일 때 가장 커지는데, 이때 과제 시간과 여가 시간의 한계효용은 부호만 반대일 뿐 정확히 7로 일치합니다. (물론 상황을 억지로 1시간 단위로 만들다 보니, 과제 시간이 4시간, 여가 시간이 4시간일 때도 같은 총효용을 얻을 수 있지만, 실제로는 시간도 무수히 많은 단위로 나눌 수 있으므로 이런 일이 발생하지는 않을 것입니다.) 즉, 두 선택지의 한계효용이 정확히 같아질 때 효용을 극대화할 수 있습니다.

이제 다시 최적점에서 상대가격과 한계대체율이 일치한다는 이야기로 돌아가 볼게요. 〈그림 25〉에서 한 줄씩 아래로 내려가는 것은 과제 1시간과 여가 1시간을 바꾸는 것입니다. 주어진 시간은 8시간으로 한정되어 있으므로 과제를 1시간 더 하려면 반드시 여가 1시간을 포기해야 합니다. 이는 객관적인 과제와 여가 사이의 상대가격이 1이라는 것입니다.

그런데 총효용이 극대화될 때 과제 1시간의 한계효용과 여가 1시간의 한계효용이 정확히 일치했습니다. 한계효용은 우리의 주관적인 마음을 반영하는 수치입니다. 따라서 한계효용이 같다는 것은 상대 가격에 따라 과제 1시간과 여가 1시간을 바꿀 때 주관적으로 효용의 차이가 전혀 없다는 것입니다. 즉, 과제 1시간과 여가 1시간을 바꾸어도 효용이 그대로라는 것이고, 이때 과제와 여가 사이의 한계대체율은 1이 됩니다.

결국 최적점을 찾는 두 가지 방법, 즉 두 재화의 한계효용이 같아지는 지점을 찾는 것과 상대가격과 한계대체율이 일치하는 지점을 찾는 것은 말만 다를 뿐 정확히 같은 이야기라는 것을 알 수 있습니다.

◆ ◆ ◆

지금까지 우리는 과제 시간과 여가 시간의 적절한 조합을 정하는 과정을 통해 소비자 선택 이론의 기초적인 방법론을 익혔습니다. 경제학에서는 주로 사람들이 주어진 예산 범위 내에서 어떤 조합으로 물건을 사는지를 설명할 때 소비자 선택 이론을 적극 활용합니다.

물론 이런 복잡한 그래프들이 아무 의미가 없다고 생각할 수도 있습니다. 재화 간의 상대가격과 한계대체율이 일치하는지를 매번 따지면서 선택하는 사람은 없습니다. 또한 실제로는 우리가 고를 수 있는 선택지가 너무나도 많기 때문에 선택의 과정이 우리가 살펴본 두 재화의 조합을 선택하는 것처럼 간단하지는 않습니다. 그렇다고 소비자 선택 이론이 의미가 없는 것은 아닙니다.

소비자 선택 이론은 우리가 합리적인 선택을 할 때 무의식적으로 혹은 직관적으로 따지는 것들을 경제 모형을 통해서 은유적으로 보여 준다고 생각하면 편합니다. 비록 이것이 실제 우리의 선택 과정과는 괴리가 있더라도 사람들의 복잡한 선택을 분석하고 예측하는 기본이 되는 것이지요. 지금 이 순간에도 이 책의 다음 장을 읽을지, 아니면 책을 덮고 잠시 눈을 붙일지 고민하는 당신의 머릿속에서는 알게 모르게 예산제약선과 무차별곡선의 접점을 찾는 과정이 일어나고 있을지도 모릅니다.

주요 개념 되짚어 보기!

- ◆ 절대우위 어떤 일을 다른 경제 주체보다 적은 비용으로 할 수 있는 능력
- ◆ 비교우위 같은 재화를 다른 생산자보다 적은 기회비용으로 생산할 수 있는 능력
- ◆ 생산가능곡선 주어진 자원과 기술 수준 아래서 최대로 생산 가능한 두 재화나 서비스의 조합을 나타내는 곡선
- ◆ 가격 어떤 재화를 사기 위해 지불해야 하는 값
- ◆ 이윤 재화를 판매하여 얻은 총수입에서 생산에 소요된 총비용을 뺀 나머지
- ◆ 회계학적 이윤 총수입에서 명시적 비용을 뺀 금액
- ◆ 경제학적 이윤 총수입에서 명시적 비용과 암묵적 비용을 모두 뺀 금액
- ◆ 한계생산물 다른 생산 요소들은 일정하게 두고 어느 특정 생산 요소의 투입량을 한 단위 증가시킬 때 창출되는 산출량의 증가분
- ◆ 한계생산물 체감 생산 요소의 투입량이 증가함에 따라 추가 투입에 따르는 산출량 증가분이 상대적으로 줄어드는 현상
- ◆ 생산함수 생산 요소 투입량과 산출량의 관계를 나타내는 함수
- ◆ 총비용곡선 산출량과 총비용의 관계를 나타내는 그래프
- ◆ 고정비용 산출량에 상관없이 항상 지출해야 하는 변하지 않는 비용
- ◆ 가변비용 재료비나 인건비와 같이 산출량에 따라 변하는 비용
- ◆ 총비용 고정비용과 가변비용의 합
- ◆ 평균비용 비용을 산출량으로 나눈 것
- ◆ 평균총비용 총비용을 산출량으로 나눈 것
- ◆ 평균고정비용 고정비용을 산출량으로 나눈 것
- ◆ 평균가변비용 가변비용을 산출량으로 나눈 것
- ◆ 한계비용 산출량을 한 단위 증가시킬 때의 총비용 증가분

- ◆ 규모의 경제 산출량이 늘어남에 따라 오히려 평균비용이 줄어드는 현상
- ◆ 규모의 비경제 산출량이 늘어남에 따라 평균비용도 함께 증가하는 현상
- ◆ 무임승차자 어떤 재화를 소비하여 이득을 보았음에도 그에 대한 대가를 지불하지 않는 사람
- ◆ 배제성 대가를 지불하지 않은 사람은 사용할 수 없도록 만들 수 있는 특성
- ◆ 경합성 한 사람이 더 많이 소비하는 것이 다른 사람의 소비를 줄이는 특성
- ◆ 사적 재화 배제성과 경합성을 모두 가지는 재화
- ◆ 클럽재 배제성은 있지만 경합성은 없는 재화
- ◆ 공유자원 배제성은 없지만 경합성은 있는 재화
- ◆ 공공재 배제성과 경합성이 모두 없는 재화
- ◆ 링겔만 효과 어떤 일을 함께 하는 사람의 수가 늘어날수록 개개인의 노력 수준(생산성)은 점점 낮아지는 현상
- ◆ 예산제약선 주어진 예산과 재화의 가격에서 소비자가 선택할 수 있는 재화의 조합을 나타내는 선
- ◆ 무차별곡선 소비자에게 동일한 만족감을 주는 재화의 조합들을 연결한 그래프
- ◆ 효용 소비자가 재화를 소비하며 얻는 쾌락 또는 만족감
- ◆ 한계대체율 소비자가 같은 수준의 효용을 유지하면서 한 재화를 다른 재화로 대체할 때 교환되는 두 재화의 비율
- ◆ 대체재 서로 비슷한 효용을 얻을 수 있어 대체가 가능한 재화
- ◆ 보완재 어떤 재화와 함께 소비될 때 효용이 높아지는 재화
- ◆ 최적점 무차별곡선과 예산제약선이 접하는 지점으로, 최고의 효용을 주는 지점
- ◆ 한계효용 한 재화나 서비스를 한 단위 더 소비함으로써 얻는 추가적 효용
- ◆ 한계효용 체감의 법칙 어떤 재화의 소비량을 늘릴수록 한계효용이 점점 줄어든다는 법칙

2장

놀이터에서 떠올린 경제학:
균형을 찾아서

햇볕이 쨍쨍한 토요일 오후, 놀이터에는 아이들이 가득합니다. 시끌벅적하게 놀고 있는 아이들 사이에서 가장 인기 있는 것은 그네입니다. 한 아이가 그네를 타고 발을 구릅니다. 그네는 마치 하늘 높이 날아갈 것처럼 솟구치지만 반드시 제자리로 돌아옵니다. 줄을 서 있는 다음 순서의 아이가 그네를 탈 수 있도록 그네에서 내리면, 그네는 몇 번을 왔다 갔다 하다가 곧 줄이 축 늘어진 상태로 멈춥니다.

　시소에서도 비슷한 일이 일어납니다. 양쪽의 무게를 맞추어 앉은 아이들은 땅을 구르며 위아래로 움직입니다. 하지만 땅 구르기를 멈추면 시소는 곧 멈추게 됩니다. 보통은 더 무거운 쪽으로 시소가 기울어진 채로 움직이지 않습니다. 하지만 양쪽의 균형을 미세하게 잘 맞추면 어느 쪽으로도 기울어지지 않은 채 멈춰 선 시소를 볼 수 있습니다.

정지와 운동 사이의 줄다리기는 미끄럼틀에서도 한창입니다. 미끄럼틀에서 출발하기 전 멈춰 있던 아이들은 점점 빠른 속도로 미끄럼틀을 내려가다가 마지막에는 멈추게 됩니다. 어떤 아이들은 경사진 미끄럼틀 중간에 매달려 억지로 미끄러지지 않고 버티려고 하기도 합니다.

우리는 무언가가 변화 없이 유지될 때 보통 '균형'이라는 말을 사용합니다. 양팔 저울의 양쪽에 똑같은 무게의 추를 올렸을 때 우리는 양팔 저울의 균형이 맞는다고 이야기합니다. '균형 잡힌 식단', '균형 잡힌 삶'과 같은 말도 어느 한쪽으로 기울어지지 않은 상태를 말하지요.

경제학은 시장에서 나타나는 균형에 관심이 많습니다. 움직이던 그네도 가만히 놓아두면 제자리로 돌아오듯이, 시장도 가만히 놓아두면 여러 힘이 맞아떨어져 결국 어떤 상태로 돌아와 멈춘다고 생각할 수 있습니다. 이렇게 다른 외부적인 요인이 없으면 그대로 유지되려는 상태를 **균형**equilibrium이라고 합니다.

균형이라고 하면 보통 안정적인 이미지가 떠오르지만, 이 세상에 꼭 안정적인 균형만 있는 것은 아닙니다. 비 오는 날 물이 흐르고 흘러 웅덩이로 고이면, 물은 누군가가 퍼내거나 튀기지 않는 이상 웅덩이 상태를 유지합니다. 웅덩이 속의 물은 적어도 겉보기에는 매우 안정적인 균형 상태를 이루고 있습니다. 하지만 당신이 손가락에 축구공을 얹고 3초 정도 유지했다고 해 봅시다. 적어도 3초 동안 이 축구공은 정지된 상태로 손가락 위에 있었습니다. 매우 불안하기는 하지만 균형 상태를 이루고 있었던 것이죠. 그러나 바람이 살짝 불어도 다시 웅덩이 속으로 고이려고 하는 물과는 달리, 손가락 위의 축구공은 살짝만 건드려도 정지 상태를 유지할 수 없습니다. 손가락 위의 축구공은 균형 상태이기는 하지만 매우 불안정한 균형인 것입니다.

하지만 손가락 위의 축구공은 미끄럼틀을 따라 굴러 내려가고 있는 축구공과는 분명히 다릅니다. 미끄럼틀을 따라 굴러가는 축구공은 새로운 균형을 찾을 때까지 멈추지 않고 구릅니다. 그러나 손가락 위의 축구공은 바람이 없는 곳에서 가만히만 있을 수 있다면, 적어도 이론적으로는 몇 시간이고 그대로 머물 수 있습니다.

자연에서와 같이 시장에서도 균형을 찾는 일은 경제학자들의 중요한 과제입니다. 우리가 앞서 살펴본 소비자 선택 이론의 최적점도 객관적인 예산의 제약과 주관적인 선호가 맞아떨어지는 지점이라는 점에서 일종의 균형입니다.

지금부터 시장에서는 어떤 힘들이 작용하는지 살펴보고, 이 힘들이 어떻게 균형을 이루는지 알아보도록 하겠습니다.

시장 균형을 찾아서:
수요-공급의 법칙

시장이란 무엇일까요?

　　　　　　　　　시장 균형을 이해하기 위해 먼저
'시장'이 무엇인지부터 짚고 넘어갑시다. 재래시장, 농수산물 시장,
도매시장과 같이 재화를 사고파는 공간을 **시장**이라고 합니다. 경제
학에서 다루는 시장은 단순히 물리적인 공간만이 아니라 특정한 재
화나 서비스를 사고파는 사람들의 모임이나 거래 관계 전체를 의미
하는 것으로 개념이 확대됩니다. 할인마트, 편의점, 음식점, 인터넷
쇼핑몰, 홈쇼핑도 시장에 포함되고, 눈에 보이지 않는 것이 거래되는
노동시장, 금융시장 등도 시장의 한 종류입니다.

　중고 사이트에서 일대일로 물건을 살 때나 재래시장에서 장을 볼
때처럼 우리가 흥정을 통해 가격을 바꿀 수 있을 때도 있지만, 대부

분의 경우에는 그냥 주어진 가격을 받아들이고 살지 말지를 결정해야 합니다. 편의점에서 과자를 사면서 가격을 조금만 깎아 달라고 말하는 사람은 없을 것입니다. 사실 이는 판매자 입장에서도 마찬가지입니다. 표면적으로 보았을 때는 물건을 만드는 사람이 물건 가격을 매기는 것처럼 보입니다. 하지만 판매자도 다른 판매자들이나 소비자들의 눈치를 보며 함부로 가격을 올릴 수 없기 때문에 사실상 시장의 가격을 받아들여야 합니다.

이처럼 주어진 가격을 그대로 받아들이는 소비자나 판매자를 **가격 수용자**price taker라고 합니다. 가격 수용자가 되는 근본적인 이유는 다른 소비자와 판매자가 너무 많기 때문입니다. 어떤 소비자가 사과를 자신에게만 3천 원 깎아서 팔아 달라고 해도 사과 농부 입장에서는 제값을 주고 사과를 살 다른 소비자들이 많다면 이 요구를 들어줄 이유가 없습니다. 물론 사과 농부가 자신의 사과만 3천 원 더 주고 사 달라고 해도 다른 사과 농부가 많다면 소비자들은 그냥 다른 농부에게 사과를 살 것입니다.

이처럼 동일한 상품에 대해 수많은 소비자와 판매자가 있어서 모든 사람이 가격 수용자인 시장을 **경쟁 시장**competitive market이라고 합니다. 좀 더 구체적으로 완벽한 경쟁 시장이라면 반드시 다음의 세 가지 조건을 충족해야 합니다.

첫째, 수많은 소비자와 판매자가 존재해야 합니다. 소비자와 판매자가 너무너무 많아서 개개인은 사실상 시장 지배력, 즉 시장에 영향을 미칠 수 있는 힘이 없어야 합니다.

둘째, 판매자들이 생산하는 물건이 동질적이어야 합니다. 각 판매자가 만드는 물건의 품질이 조금씩 다르다면 이런 차이도 소비와 판매에 영향을 줄 수 있는데, 이것까지 고려하려면 경제학적 분석을 하기가 굉장히 어렵습니다. 따라서 다소 비현실적이기는 해도, 일단은 모든 판매자가 만드는 재화가 동질적이라고 가정합니다.

셋째, 기업들이 자유롭게 진입하고 퇴출할 수 있어야 합니다. 진정으로 자유로운 경쟁 시장이 되려면 언제든지 시장에 들어오고 나갈 수 있어야 하지요.

사실 이 세 조건을 모두 완벽하게 충족하는 시장은 있을 수 없습니다. 그러나 이런 완벽한 경쟁 시장을 가정하면 상황이 매우 단순해지기 때문에 시장을 분석하는 일이 수월해집니다. 이런 분석을 곧바로 현실에 적용할 수는 없지만, 이를 현실을 설명하는 기본으로 삼을 수는 있습니다.

균형은 여러 힘이 맞아떨어진 상태입니다. 시장에서의 균형을 찾으려면, 먼저 이 균형을 이루는 힘들에 대해 알아야 합니다. 시장에 작용하는 힘에는 크게 재화를 사려는 힘과 재화를 팔려는 힘이 있습니다. 지금부터 경제학의 가장 기초가 되는 이 두 가지 힘에 대해 살펴보겠습니다.

✏ 시장을 움직이는 첫 번째 힘: 수요

수요demand란 소비자들이 값을 치르고 재화를 사려는 의사와 능력을 말합니다. 소비자들이 구매할 의사와 능력이 있는 재화의 구체적인 양을 **수요량**quantity demanded이라고 합니다. 수요는 물건을 사려는 추상적인 마음을 나타낸다면, 수요량은 사려고 하는 구체적인 수치를 나타냅니다. **수요곡선**demand curve은 가격과 수요량이 어떤 관계가 있는지 보여 주는 그래프예요. 가격 변동에 따라 수요량이 얼마나 변하는지를 알려 주는 것이지요.

마트에서 맛있는 과자 한 봉지를 파는데, 그 가격이 무려 3만 원이라고 해 봅시다. 아무리 배가 고프고 그 과자를 좋아해도 3만 원이나 주고 과자를 살 사람은 많지 않을 것입니다. 하지만 과자 한 봉지를 100원에 판다면 많은 사람이 절호의 기회라며 과자를 사러 달려갈 것입니다. 극단적인 예시를 들기는 했지만, 사람들은 같은 물건이라면 가격이 쌀 때 더 사고 싶어 하는 경향이 있습니다. 이처럼 재화의 가격이 상승하면 수요량이 감소하고, 가격이 하락하면 수요량이 증가하는 현상을 **수요의 법칙**law of demand이라고 합니다.

개개인에게서도 수요의 법칙이 나타나기 때문에 개인의 가격에 따른 수요량을 가지고 〈그림 1〉의 왼쪽과 같이 우하향하는 개별수요곡선을 그릴 수 있습니다. 수요의 법칙은 일반적으로 '가격이 상승하면 수요량이 감소한다'와 같은 형태로 인식됨에도, 수요곡선을 그릴

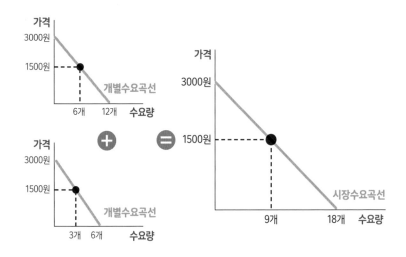

그림 1 ◆ 수요곡선

때는 가격이 세로축, 수요량이 가로축입니다. 일반적으로 그래프를 그리는 방법과는 반대이기 때문에 시장에 관한 그래프를 읽을 때는 이 점에 유의해야 합니다.

개별수요곡선의 수치를 모두 더해 시장 전체의 수요곡선을 나타낸 것을 시장수요곡선이라고 합니다. 이때도 가격이 세로축, 수요량이 가로축이기 때문에 가로로 곡선들을 더해야 합니다. 앞으로 '수요곡선'이라고 하면 거의 무조건 시장수요곡선을 가리킵니다.

수요의 법칙이 성립하려면 '다른 모든 조건이 동일할 때'라는 단서가 붙어야 합니다. 수요자의 취향이나 경제 수준 등 가격 이외의 요소에 변화가 있다면 더 이상 가격이 상승하면 수요량이 감소한다고 단순하게 이야기할 수 없을 것입니다. 수요의 법칙에 따라서 그려진 수요곡선이 나타낼 수 있는 것은 오직 가격과 수요량의 관계뿐입니다.

가격 이외에 수요량에 영향을 미칠 수 있는 요소가 변하면 수요곡선은 더 이상 그 상태를 유지할 수 없습니다. 어떤 이유로 재화에 대한 수요('수요량'이 아니라 '수요'임에 주의하세요!)가 증가했다면 같은 가격이더라도 그 재화에 대한 인기가 높아진 것을 의미합니다. 즉, 〈그림 2〉와 같이 수요곡선이 오른쪽으로 이동합니다. 반대로 수요가 감소하면 수요곡선이 왼쪽으로 이동합니다.

경제학자들은 가격 변동으로 수요량이 변화하는 것과 가격 이외의 요소로 수요곡선이 이동하는 것을 칼 같이 구분합니다. '수요량'

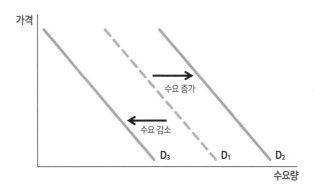

그림 2 ◆ 수요곡선의 이동

이 변했다고 하면 일반적으로 가격 변동에 의해 수요곡선 위에서 점이 이동했다는 뜻이지만, '수요'가 변했다고 하면 수요곡선 자체가 이동했다는 뜻입니다. 이 두 말은 비슷해 보이나 매우 큰 차이가 있습니다.

수요곡선을 이동시키는 요인은 정말 많지만 대표적인 몇 가지만 짚어 보려고 합니다.

첫째, 사람들의 **소득**income이 증가하면 대부분의 경우 재화에 대한 수요가 증가합니다. 소득이 증가하면 수요가 증가하는 재화를 **정상재** normal goods라고 합니다. 간혹 소득이 증가하면 오히려 수요가 감소하는 재화들도 있는데, 이를 **열등재**inferior goods라고 합니다. 예를 들어, 사람들이 전반적으로 소득 수준이 높아지면서 대중교통 대신 자가용을 이용한다면 대중교통은 열등재가 될 수 있습니다.

둘째, **연관재**related goods의 가격도 수요에 영향을 미칩니다. 연관재는 어떤 재화와 특별한 관계를 가지는 재화로, 앞서 살펴본 대체재와 보완재가 모두 연관재입니다. 버터와 마가린, 소고기와 돼지고기같이 서로 대신해 사용할 수 있는 대체재의 경우, 한 재화의 가격이 상승하면 그 재화에 대한 수요량이 감소하는 대신 다른 재화에 대한 수요가 증가합니다. 반면, 치킨과 콜라, 실과 바늘처럼 함께 사용하면 더 좋은 보완재의 경우, 한 재화의 가격이 상승하면 그 재화에 대한 수요량이 감소하면서 다른 재화에 대한 수요도 감소합니다.

셋째, 일반적으로 인구가 증가하면 수요가 증가하고, 인구가 감소하면 수요가 감소합니다.

끝으로, 미래에 대한 기대도 수요에 영향을 미칩니다. 아직 실제로 소득이 증가하지 않았더라도 조만간 소득이 증가할 것이라고 예상되면 더 많은 돈을 써도 괜찮다는 마음에 재화에 대한 수요가 증가합니다. 또는 재화 가격이 상승할 것이라고 예상될 때도 가격이 올라가기 전에 미리 사두려 하기에 수요가 증가합니다.

시장을 움직이는 두 번째 힘: 공급

공급supply이란 판매자가 재화나 서비스를 팔려고 하는 의사와 능력을 말합니다. 공급량quantity supplied은 판매할 의사와 능력이 있는 재화의 구체적인 수량을 의미합니다. 다른 모든 조건이 일정할 때 어떤 상품의 가격이 상승하면 그 상품의 공급량이 증가하고, 가격이 하락하면 공급량이 감소하는 현상을 공급의 법칙law of supply이라고 합니다. 상품 가격이 상승하면 상품을 판매했을 때 더 많은 이익을 얻을 수 있으므로 공급량이 증가하는 것이죠. 〈그림 3〉처럼 우상향하는 개별공급곡선을 그릴 수 있으며, 일반적으로 '공급곡선'이라고 하면 개별공급곡선들을 모두 더한 시장공급곡선을 의미합니다.

공급곡선도 가격 외의 변수가 변하면 곡선 자체가 이동합니다. 공

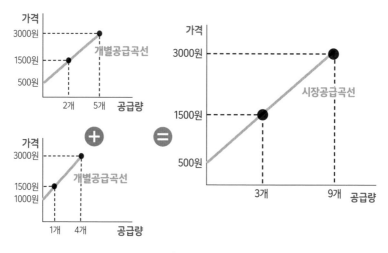

그림 3 ◆ 공급곡선

급곡선은 〈그림 4〉에 나타난 것처럼 공급이 증가하면 오른쪽으로, 공급이 감소하면 왼쪽으로 이동합니다. 이때도 '공급량'의 변화와 '공급'의 변화를 명확히 구분해야 합니다.

공급곡선을 이동시키는 대표적인 요인들은 다음과 같습니다.

첫째, 노동, 토지, 자본과 같은 생산 요소의 가격인 **요소 가격**factor price은 공급에 큰 영향을 미칩니다. 요소 가격이 상승하면 재화를 만드는 비용이 늘어나니 공급이 감소합니다. 반면 요소 가격이 하락하면 재화를 만드는 비용이 덜 들어가기 때문에 공급이 증가합니다.

둘째, 일반적으로 생산 기술이 발전하면 더 싼 값에 재화를 만들 수 있으므로 공급이 증가합니다.

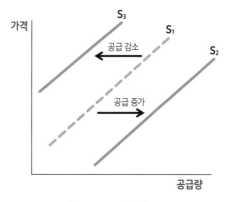

그림 4 ◆ 공급곡선의 이동

셋째, 판매자 수가 증가하면 공급도 증가합니다.

마지막으로, 미래에 대한 기대도 공급에 영향을 미칩니다. 재화 가격이 상승할 것이라고 예상되면 오른 가격으로 판매하는 것이 더 이득이므로 판매자는 재화를 만들어 팔지 않고 기다립니다. 따라서 당장은 공급이 감소하게 됩니다. 반대로 재화 가격이 하락할 것이라고 예상되면 가격이 낮아지기 전에 재화를 얼른 팔아야 하므로 공급이 증가합니다.

✏ 두 힘이 만드는 균형: 시장 균형

지금까지 우리는 시장에 작용하는 두 힘에 대해 알아보았습니다. 하나는 재화를 사려고 하는 힘인 수요

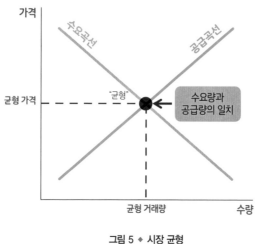

그림 5 ◆ 시장 균형

이고, 다른 하나는 재화를 팔려고 하는 힘인 공급입니다. 이 두 힘이 맞아떨어졌을 때 시장은 균형을 이루게 됩니다.

수요와 공급이 함께 있을 때 일어나는 일을 파악하기 위해 〈그림 5〉와 같이 두 곡선을 함께 그려 볼게요. 세로축은 당연히 가격이고, 가로축은 수요량과 공급량을 동시에 포함할 수 있는 의미로 수량이라고 표시합니다.

수요곡선은 우하향하고 공급곡선은 우상향하기 때문에 두 곡선을 함께 그리면 X자 모양이 됩니다. 이때 두 곡선이 한 점에서 만나게 되는데, 이 점에 해당하는 가격에서는 수요량과 공급량이 정확히 일치합니다. 이 가격에서는 시장에서 재화를 사려는 힘의 크기와 팔려는 힘의 크기가 정확히 맞아떨어진다고 해석할 수 있는 것입니다. 따라서 이 점을 **시장 균형**market equilibrium이라고 볼 수 있습니다. 시장 균형에서의 가격을 **균형 가격**equilibrium price, 거래량을 **균형 거래량**equilibrium quantity이라고 부릅니다. 이처럼 수요곡선과 공급곡선이 만나는 점에서 시장 균형이 형성되는 것을 **수요-공급의 법칙**이라고 합니다.

우리 주변의 수많은 시장에서의 재화 가격과 거래량도 큰 틀에서 수요-공급의 법칙으로 설명할 수 있습니다. 문구점의 연필 가격부터 악기 상가의 피아노 가격까지 전부 사려는 힘인 수요와 팔려는 힘인 공급이 균형을 이룬 결과인 것이지요.

시소 위의 균형:
시장 균형의 안정성과 이동

우리가 일상에서 발견하는 균형들은 대부분 직관적으로 균형임을 인정할 수 있습니다. 물은 중력에 의해 가장 낮은 곳으로 흘러가는데, 이런 설명 없이도 우리는 어릴 때부터 물의 움직임을 봐 왔기에 물은 낮은 곳으로 움직이려 한다는 사실을 잘 알고 있습니다. 그래서 비가 오면 물웅덩이가 고이는 것을 이상하게 생각하지 않습니다. 우리가 봐 온 자연법칙에 따르면 그것은 지극히 자연스러운 균형 상태이기에 별다른 의심 없이 균형이라고 여기는 것이지요.

우리는 보통 균형의 **안정성**stability에 대해서도 많은 생각을 하지 않고 이해할 수 있습니다. 냉장고에 붙어 있는 자석 장식이나 손가락 위에 가만히 놓여 있는 농구공은 모두 그 상태를 유지하며 균형을 이루고 있습니다. 하지만 웬만한 충격으로는 잘 움직이지 않는 자석 장식과는 달리, 손가락 위의 농구공은 작은 바람에도 쉽게 떨어집니다. 같은 균형이지만 자석 장식이 농구공보다 훨씬 안정적인 상태라는 것은 직관적으로도 알 수 있습니다.

외부에서 새로운 힘이 작용하면 균형이 이동할 수 있다는 것도 굉장히 당연해 보입니다. 식탁 위에 컵 하나가 놓여 있습니다. 컵이 혼자서 움직일 수는 없기에 컵은 균형을 이루고 있지요. 그런데 만약 식사하다가 화가 난 사람이 식탁을 엎어 버리면 이는 균형을 깨는 새로운 힘이 되어 컵은 더 이상 같은 자리에 있지 못합니다. 또 간단한 상황에 대해서는 균형이 어떻게 이동할지도 예상할 수 있습니다. 미끄럼틀에 공을 올려놓으면 공이 아래로 굴러 내려가리라는 것은 너무나도 당연해 보입니다.

그러나 일상에서는 균형과 관련해서 매우 당연하게 여겨졌던 사실들이 시장에서는 그리 당연해 보이지 않을 수도 있습니다. 시장에서의 균형은 눈에 보이지 않습니다. 어떻게 그것이 균형이라고 말할 수 있는지, 그 균형은 과연 안정적인지, 그 균형이 어떤 경우에 어떻게 이동하는지를 파악하려면 좀 더 생각해 볼 필요가 있습니다.

균형의 안정성

경제학자들은 보통 시장을 가만히 놓아두면 자연스럽게 균형으로 향하고, 별다른 외부 요인이 작용하지 않는 한 균형 상태가 유지된다고 말합니다. 이런 주장의 이론적 근거가 되는 이야기를 한 사람은 바로 레온 왈라스Léon Walras입니다.

왈라스는 수요나 공급의 과잉은 가격 조정을 통해 자연스럽게 해결되며, 이 때문에 시장 균형이 **왈라스적 안정성**Walrasian stability을 띤다고 주장했습니다. 이 말이 조금 어렵게 들릴 수 있지만 경매의 상황에 비유해 보면 쉽게 이해할 수 있습니다.

몇백 년 만에 발견된 귀한 예술 작품을 두고 경매가 진행되고 있습니다. 이 작품을 파는 사람은 그것을 발견한 단 한 사람뿐이지만, 이를 사고자 하는 사람은 매우 많습니다. 이처럼 수요가 공급을 초과하는 현상을 **초과 수요**excess demand라고 합니다. 하나밖에 없는 예술 작품을 여러 사람이 나누어 가질 수는 없습니다. 사람들은 자신이 예술 작품을 가지려고 더 높은 가격을 부릅니다. 예술 작품의 가격이 올라가면서 돈이 부족하거나 작품 가치가 그 정도까지는 아니라고 생각하는 사람들은 경매를 포기합니다. 결국 단 한 사람만 남게 되면 경매는 끝이 나고, 이때 수요량과 공급량은 정확히 일치합니다.

레온 왈라스(1834~1910)는 프랑스 경제학자로, 사실 레옹 발라로 불러야 하지만 경제학에서는 주로 영어식 발음인 왈라스로 더 많이 쓰고 있기에 혼동을 줄이고자 여기서도 왈라스로 표현했어요! 왈라스는 한계효용이론을 제창하고 일반균형이론을 확립하여 근대경제학 발전에 큰 공적을 남겼어요.

물론 역으로 물건을 사려는 사람이 소수이고 물건을 팔려는 사람이 다수일 때도 비슷한 일이 일어납니다. 공급이 수요를 초과하는 현상을 **초과 공급**excess supply이라고 합니다. 이때 판매자들은 어떻게든 자신의 물건을 팔려고 경쟁적으로 가격을 내립니다. 그 과정에서 더 이상 이득을 볼 수 없다고 느낀 공급자들이 하나둘 판매를 포기합니다. 그러다가 공급량과 수요량이 일치하는 순간 더 이상 가격을 내릴 필요가 없어집니다.

왈라스는 〈그림 6〉의 왼쪽 그래프와 같이 가격 상승이 초과 수요를 해결해 주고, 가격 하락이 초과 공급을 해결해 줄 수 있는 경우라면 시장 균형은 무조건 안정성이 있을 수밖에 없다고 했습니다. 수요곡선이 우하향하고, 공급곡선이 우상향하는 이상 이는 무조건 성

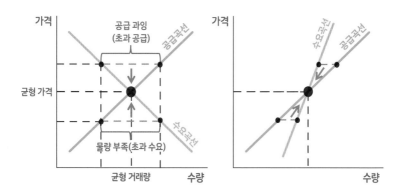

그림 6 ◆ 왈라스적 안정성

립합니다. 따라서 일반적으로 시장 균형은 왈라스적 안정성이 있습니다.

게다가 왈라스의 주장은 〈그림 6〉의 오른쪽 그래프처럼 상상하기 어려운 상황에서의 시장 균형의 안정성까지도 입증할 수 있습니다. 여기서는 일반적인 수요곡선과 달리 수요곡선이 우상향하고 있음에도 불구하고 가격 상승이 초과 수요를 해결해 주고, 가격 하락이 초과 공급을 해결해 줄 수 있으므로 왈라스적 안정성이 있습니다. 우상향하는 수요곡선이 존재할 수 있는지에 대해서는 뒤에서 더 자세히 알아볼 것입니다.

시장을 가만히 놓아두면 가격 조정을 통해 자연스럽게 시장 균형을 이룬다는 것을 수학적 모형으로 설명한 사람은 왈라스였지만, 애덤 스미스는 이보다 한 세기 전에 이 사실을 발견하고 자신의 책《국부론》에 담았습니다. 애덤 스미스는 '재화를 얼마나 생산해야 하는가?'라는 문제는 시장이 스스로 해결할 수 있다고 생각했습니다. 가격은 사람들의 행동을 바꿀 수 있는 강력한 **유인**incentive이고, 시장은 가격이라는 **보이지 않는 손**invisible hand에 의해 정부의 도움 없이도 스스로 효율적으로 운영될 수 있다고 보았지요.

애덤 스미스의 주장은 분업에 대한 주장만큼이나 큰 파장을 일으켰습니다. 그의 주장이 정부는 시장에 간섭할 필요가 없으며, 시장에서 가격이나 거래량을 억지로 조정하는 것이 오히려 보이지 않는 손을 방해할 수 있다는 결론으로 이어질 소지가 있었기 때문입니다. 이런 논리는 후대 경제학자들의 수학적 모형을 통해 더욱 엄밀하게 증명되었습니다. 하지만 이 주장에는 심각한 한계가 있었고, 이에 대해서는 3장과 4장에서 더 자세히 알아보겠습니다.

✏ 균형의 움직임

우리가 이야기하는 시장 균형은 균형 가격과 균형 거래량이라는 두 가지 요소로 이루어져 있습니다. 외부 요인이 작용하면 이 균형도 움직일 것입니다. 단, 이 외부 요인은 가격 이외의 요소로서, 수요곡선이나 공급곡선 그 자체를 움직이는 원인이 되어야 합니다. 균형의 움직임을 파악하는 데 있어 수요곡선과 공급곡선은 매우 유용한 도구입니다.

〈그림 7〉의 왼쪽 그래프를 돼지고기의 수요와 공급이라고 가정해봅시다. 어느 날 소고기와 닭고기 가격이 모두 올랐습니다. 고기반찬을 할 때 돼지고기의 대체재인 소고기와 닭고기의 가격이 상승했다면 돼지고기에 대한 수요가 증가할 것입니다. 이는 수요곡선이 오른쪽으로 이동하는 결과를 낳습니다($D_1 \rightarrow D_2$). 수요곡선이 움직였기 때문에 더 이상 예전의 균형을 유지할 수 없습니다. 새로운 균형은 새로운 수요곡선(D_2)과 공급곡선이 만나는 점에서 형성됩니다. 따라서 돼지고기의 균형 가격은 상승하고, 균형 거래량도 증가합니다.

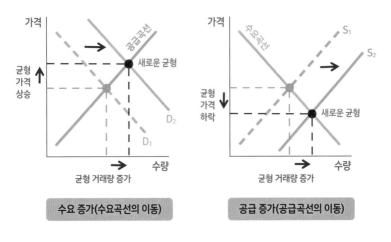

그림 7 ✦ 균형의 이동

〈그림 7〉의 오른쪽 그래프와 같이 공급의 변화도 균형을 움직입니다. 어느 날 돼지 사료 가격이 급격히 하락해 돼지를 키우는 데 드는 비용이 크게 감소했다고 합시다. 이는 돼지고기 생산에 필요한 요소의 가격이 하락한 것이므로 돼지고기 공급이 증가합니다. 이에 따라 공급곡선이 오른쪽으로 이동하게 됩니다($S_1 → S_2$). 수요곡선과 새로운 공급곡선(S_2)이 만나는 교차점에서 새로운 균형이 형성되므로 돼지고기의 균형 가격은 하락하고 균형 거래량은 증가하게 됩니다.

이처럼 어떤 이유로 수요나 공급에 변동이 생기면 균형에 변화가 일어납니다. 균형의 변화는 수요와 공급의 증감에 따라 일정한 규칙을 따릅니다. 수요나 공급이 증가하면 균형 거래량도 증가합니다.

그리고 수요 증가나 공급 감소는 균형 가격의 상승을 일으킵니다. 양쪽 집게손가락을 교차하고 오른쪽 손가락을 수요곡선, 왼쪽 손가락을 공급곡선으로 상상하고 움직여 보면 상황에 따른 균형의 이동을 예측하는 데 도움이 될 것입니다.

◆ ◆ ◆

이로써 우리는 시장 균형이 왜 균형인지, 시장 균형은 안정적인지, 상황에 따라 시장 균형은 어떻게 움직이는지 알게 되었습니다. 이는 시장에 대한 기본적인 이해를 할 수 있게 해 주며 다양한 경제학적 분석을 하는 데 기초가 됩니다.

경쟁 시장에서의 수요-공급의 법칙에 대한 결론을 내리면서 우리는 크게 다음의 세 가지 가정을 별 의심 없이 받아들였습니다. 첫째, 가격이 상승하면 수요량은 감소한다(수요의 법칙). 둘째, 가격이 상승하면 공급량은 증가한다(공급의 법칙). 셋째, 초과 수요나 초과 공급이 가격 조정을 통해 해결되므로 자연스럽게 시장 균형에 도달한다(왈라스적 안정). 이 세 가지 가정은 말만 조금 어려울 뿐, 사실상 너무도 당연한 이야기 같습니다. 과연 정말 그럴까요?

시소의 균형과 달리 시장 균형은 눈에 명확하게 보이지 않습니다. 따라서 지금부터는 이 세 가지 가정에 대해 좀 더 깊게 살펴보면서 가능하다면 증명해 볼 것입니다. 아주 당연해 보이는 것들에 대해 파고드는 과정은, 어쩌면 그것이 항상 당연하지는 않을 수 있다는 사실을 알려 줄지도 모릅니다.

균형을 이루는 첫 번째 힘, 수요

우리는 가격이 상승하면 수요량이 감소한다는 수요의 법칙을 비교적 쉽게 받아들입니다. 당연해 보이는 수요의 법칙을 증명하기 위해 사용할 도구는 1장에서 과제와 여가 시간에 대한 학생의 선택을 설명하는 데 사용했던 소비자 선택 이론입니다. 수요란 재화를 사고자 하는 소비자의 의지와 능력임을 생각하면, 수요에 대해 예측하고 분석하는 데 이보다 더 유용한 도구는 없을 거예요.

소득 증가가 소비에 미치는 영향

지금 우리의 목표는 가격과 수요량의 관계를 살펴보는 것이지만, 그에 앞서 소득이 증가했을 때의 수요 변화부터 살펴보겠습니다. 〈그림 8〉은 소득 증가 시 일어나는 일

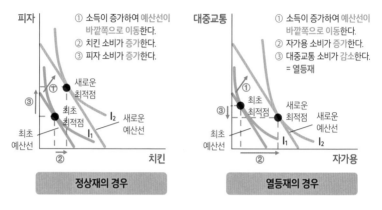

그림 8 ◆ 소득 증가의 효과

을 보여 줍니다. 소득이 느는 것은 소비자의 취향에는 영향을 주지 않지만, 소비자가 객관적으로 소비 가능한 재화의 조합에는 영향을 미칩니다. 따라서 소득 증가는 예산선(예산제약선)을 움직일 것이고, 더 구체적으로 말하면 예산선을 바깥쪽으로 이동시킵니다.

〈그림 8〉의 왼쪽 그래프와 같이 어떤 소비자가 치킨과 피자만 소비하는 상황을 생각해 봅시다. 소득이 증가하면 치킨과 피자를 소비할 수 있는 양이 증가할 뿐 치킨과 피자의 가격이 변한 것은 아니기에 예산선의 기울기는 그대로 유지됩니다. 예산선의 기울기는 치킨과 피자의 상대가격을 나타내기 때문입니다. 소득 증가로 예산선이 바깥쪽으로 이동했으니 새로운 예산선에 접하는 무차별곡선을 찾아야 합니다. 소비자는 더 높은 무차별곡선에 도달할 수 있으며, 이때

의 접점이 새로운 최적점이 됩니다.

왼쪽 그래프는 새로운 최적점에서 치킨과 피자의 소비량이 모두 증가한 결과를 보여 줍니다. 소득이 증가하면 수요가 증가하는 재화를 정상재라고 했었죠? 따라서 이 경우 치킨과 피자는 정상재입니다.

하지만 〈그림 8〉의 오른쪽 그래프를 보면, 소득 증가로 인해 자가용 소비는 증가하는 반면 대중교통 소비는 감소합니다. 자가용은 정상재이지만, 대중교통은 소득이 증가하면 소비가 감소하는 열등재입니다. 이때 재화가 정상재인지 열등재인지 결정하는 것은 무차별곡선의 형태, 즉 소비자의 취향임을 알 수 있습니다.

/ 재화 가격 하락이 소비에 미치는 영향

이번에는 특정 재화의 가격 하락이 소비자의 선택에 어떤 영향을 미치는지 알아보겠습니다.

마찬가지로 치킨과 피자만 소비하는 상황을 가정해 볼게요. 어느 날 피자 가격이 하락했습니다. 이때 치킨 가격은 전혀 변동이 없었으므로 x절편에는 아무런 영향이 없습니다. 하지만 피자 가격이 하락하면서 같은 소득이더라도 더 많은 피자를 살 수 있게 되었으므로 y절편이 위로 이동합니다. 또한 피자 가격이 떨어진 만큼, 치킨 한 마리를 소비하는 것은 더 많은 피자를 포기한다는 것을 의미하게 되었습니다. 즉, 치킨 한 마리의 상대가격은 더 높아졌고 예산선의 기울

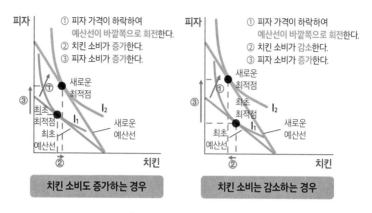

그림 9 ◆ 피자 가격 하락의 효과

기는 더 급해졌습니다. 〈그림 8〉의 예시처럼 재화의 가격은 변함없고 소득이 증가한 경우에는 예산선이 기울기를 유지한 채 바깥쪽으로 이동했었죠? 이와 달리 소득은 변함없고 한 재화의 가격이 하락하면 〈그림 9〉에서처럼 예산선은 한 절편이 고정된 채로 바깥쪽으로 회전하게 됩니다.

예산선에 변화가 생겼으니 새로운 예산선과 접하는 새로운 무차별곡선을 찾아야 합니다. 〈그림 9〉의 왼쪽 그래프는 피자 가격이 하락한 후에 피자 소비량과 치킨 소비량이 모두 증가한 경우를 보여줍니다. 하지만 무차별곡선의 형태에 따라 결과는 얼마든지 바뀔 수 있습니다. 오른쪽 그래프처럼 피자 가격이 하락하자 피자 소비는 늘었지만 상대적으로 비싸진 치킨의 소비는 감소할 수도 있지요.

대체효과와 소득효과

피자 가격이 하락하면 치킨 가격은 그대로임에도 불구하고 두 가지 방식으로 치킨 소비에 영향을 미치게 됩니다. 우선, 소비자 입장에서는 피자 가격이 싸진 만큼 치킨이 상대적으로 예전보다 비싸게 느껴질 수 있습니다. 또한 피자 가격이 싸지면 피자에 지출하는 비용이 줄어드는 것이나 마찬가지이므로 상대적으로 돈이 많아진 것처럼 느껴질 수 있습니다.

첫 번째 효과를 **대체효과**substitution effect라고 합니다. 대체효과란, 같은 만족 수준에서 한 재화에 대한 다른 재화의 상대가격이 변하는

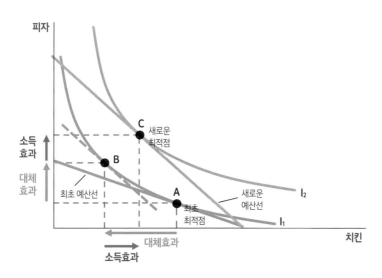

그림 10 ◆ 피자 가격 하락에 따른 대체효과와 소득효과

효과를 의미합니다. 〈그림 10〉에서 피자 가격 하락은 피자와 치킨 사이의 상대가격이 변하는 대체효과를 일으킵니다. 치킨 가격에는 변화가 없었음에도 소비자가 생각하기에 치킨은 상대적으로 더 비싸게 느껴집니다.

대체효과의 정의에는 '같은 만족 수준에서'라는 단서가 있는데, 이는 동일한 무차별곡선상에서 대체효과가 측정된다는 것을 의미합니다. 따라서 대체효과는 초록색 점선처럼 같은 무차별곡선 I_1 위에서 예산선의 기울기만 새로운 상대가격에 맞추어 변한 경우를 의미합니다. 이 가상의 예산선의 기울기는 당연히 새로운 예산선과 같을 것입니다. 이때 우리는 새로운 최적점으로 점 B를 찍을 수 있습니다. 점 A에서 점 B로의 이동은 같은 무차별곡선에서 예산선의 기울기만 변한 경우, 즉 같은 만족 수준에서 상대가격만 변한 대체효과를 분리해서 보여 줍니다. 대체효과의 결과로 피자 소비는 증가하고 치킨 소비는 감소합니다. 대체효과는 피자가 상대적으로 싸고 치킨이 상대적으로 비싸게 느껴지는 것이므로 어찌 보면 당연한 결과입니다.

두 번째 효과는 **소득효과**income effect입니다. 소득효과란, 같은 상대가격에서 소비자의 실질적인 소득이 높아지는 효과를 의미합니다. 피자가 싸졌다는 것은 그만큼 소비자의 주머니 사정이 더 여유로워졌다는 것을 의미합니다. 소비자가 실제로 벌어들인 소득에는 변화가 없지만 피자 가격이 내렸기 때문에 사실상 소득이 늘어난 것과 같은 효과가 있는 것이죠. 이렇게 소비자의 소득이 늘어난 상황은 치킨 소비에도 영향을 미칠 것입니다.

소득효과의 정의에는 '같은 상대가격에서'라는 단서가 있는데, 이는 소득효과가 동일한 기울기를 가지는 두 예산선의 차이로 측정된다는 것을 의미합니다. 〈그림 10〉에 나타난 점 B에서 점 C로의 이동은 소득효과를 보여 줍니다. 점 B와 점 C에 그려져 있는 예산선은 서로 기울기가 같으니까 상대가격에는 변화가 없습니다. 이는 오로지 소득이 늘어났을 때 예산선이 바깥쪽으로 이동하는 것과 같은 움직임을 보이고 있습니다. 점 B에서 최종적 최적점인 점 C로 이동할 때는 피자와 치킨의 소비량이 모두 늘었습니다.

지금까지 한 이야기가 조금 복잡하게 느껴질 수 있습니다. 대체효과와 소득효과는 어떤 재화의 가격이 변화했을 때 일어나는 일들을 명확하게 분리해서 설명하기 위한 개념입니다. 〈그림 11〉을 보며 다시 한번 곱씹어 봅시다.

대체효과는 재화 간의 상대적인 가격이 변화했을 때 나타나는 심리입니다. 피자 가격이 하락하면서 치킨 가격은 그대로인데도 예전보다 비싸게 느껴집니다. 대체효과는 가격이 싸진 피자는 '더' 사도록 하고, 가격이 상대적으로 비싸진 치킨은 '덜' 사도록 합니다.

소득효과는 소비자의 주머니가 넉넉해지면서 나타나는 심리입니다. 피자가 싸지면 소비자는 실질적인 소득이 많아졌다고 느끼게 됩

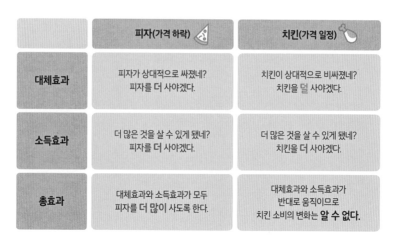

	피자(가격 하락)	치킨(가격 일정)
대체효과	피자가 상대적으로 싸졌네? 피자를 더 사야겠다.	치킨이 상대적으로 비싸졌네? 치킨을 덜 사야겠다.
소득효과	더 많은 것을 살 수 있게 됐네? 피자를 더 사야겠다.	더 많은 것을 살 수 있게 됐네? 치킨을 더 사야겠다.
총효과	대체효과와 소득효과가 모두 피자를 더 많이 사도록 한다.	대체효과와 소득효과가 반대로 움직이므로 치킨 소비의 변화는 **알 수 없다.**

그림 11 ◆ 피자 가격 하락에 대한 소비자의 반응

니다. 그래서 소득효과는 피자와 치킨을 모두 '더' 사도록 합니다.

피자에 대한 대체효과와 소득효과는 모두 피자를 '더' 사도록 만듭니다. 따라서 피자 가격이 하락하면 피자 소비량은 증가합니다. 반면, 치킨의 경우 대체효과와 소득효과의 방향이 반대입니다. 대체효과는 치킨을 '덜' 사도록 하지만, 소득효과는 치킨을 '더' 사도록 합니다. 따라서 이 경우 최종적으로 치킨을 더 사는지 덜 사는지는 알 수 없습니다. 둘 중 어떤 효과가 더 크냐에 따라서 치킨 소비는 증가할 수도, 감소할 수도 있습니다.

소득효과와 대체효과는 수요의 법칙을 정확히 이해하기 위한 결정적인 단서가 됩니다. 어떤 재화의 가격이 변화하면 두 가지 심리가 함께 작용한다는 점을 잘 기억하시기 바랍니다.

✏ 수요의 법칙 증명하기

이렇게 우리는 먼 길을 돌아오기는 했지만, 결국 수요의 법칙을 생각보다 간단하게 증명할 수 있게 되었습니다. 피자 가격이 내려가면 예산선이 바깥쪽으로 회전하면서 피자 소비량이 늘어납니다. 물론 치킨 소비량이 증가할지 감소할지는 알 수 없습니다. 하지만 우리의 관심사는 어디까지나 피자 가격과 피자 수요량의 관계이므로, 중요한 것은 피자 가격이 하락했을 때 피자 소비량이 증가했다는 사실입니다.

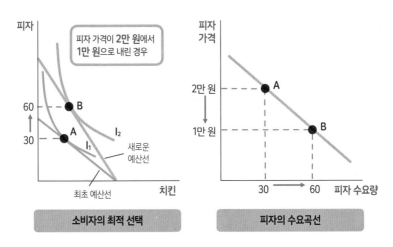

그림 12 ◆ 수요의 법칙 증명

〈그림 12〉와 같이 무차별곡선과 예산선을 통해 얻을 수 있었던 피자 가격과 피자 수요량의 관계를 그래프로 나타내면 우하향하는 수요곡선을 그릴 수 있습니다. 물론 이는 피자를 얼마나 살지 고민하는 개별 소비자 한 사람의 수요곡선입니다. 이런 수요곡선들이 모이고 모여 시장의 수요곡선이 되는 것이죠.

수요의 법칙은 자신의 효용을 극대화하고자 하는 소비자의 심리로부터 나타나는 법칙입니다. 우리는 이 사실을 소비자 선택 이론을 통해 자세히 들여다볼 수 있었습니다.

✎ 수요의 법칙이 틀릴 수도 있을까요?

그러나 위의 증명은 한 부분을 얼렁뚱땅 넘어가 버렸습니다. 어떻게 모든 선호 체계, 즉 모든 무차별곡선의 형태에서 수요의 법칙이 성립한다고 확신할 수 있을까요? 잘 상상되지 않지만, 무차별곡선이 이상하게 생겼다면 수요의 법칙에 반대되는 일이 일어날 수도 있지 않을까요?

소비자 선택 이론에 따른 수요곡선을 도출하는 방식을 받아들일 경우, 〈그림 13〉과 같이 무차별곡선이 특별한 형태를 띠면 수요곡선이 우상향할 수도 있다는 결론을 내릴 수밖에 없습니다. 〈그림 13〉의 왼쪽 그래프는 소비자가 감자와 고기만을 소비한다고 가정했을 때 감자 가격이 하락한 결과를 보여 줍니다. 감자 가격이 하락하면서 감자와 고기에 대한 소비자의 예산선이 바깥쪽으로 회전했습니다. 예산선이 변하면서 최적점은 점 A에서 점 B로 이동했습니다. 그런데 새로운 최적점의 위치가 앞서 보았던 것과는 약간 다릅니다. 새로운 최적점에서 오히려 감자 소비량이 줄어든 것입니다.

감자 가격이 하락했는데 오히려 감자 소비량이 줄었으니, 이 경우 감자에 대한 수요곡선은 우상향하는 이상한 형태를 띠게 됩니다. 이렇게 수요곡선이 우상향하는 재화를 **기펜재**Giffen goods라고 합니다. 앞서 살펴본 대체효과와 소득효과는 모두 가격이 하락한 재화를 '더' 사도록 만들었습니다. 가격이 하락한 재화를 덜 사게 만드는 효과는 없었지요. 그렇다면 〈그림 13〉과 같은 상황은 말도 안 되는 것이 아

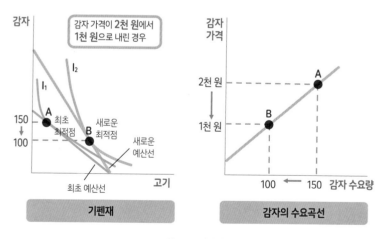

그림 13 ◆ 기펜재

닐까요? 아무런 문제가 없어 보이는 〈그림 13〉의 상황을 어떻게 설명할 수 있을까요?

우리는 수요의 법칙을 증명하면서 소득효과에 대해 제대로 짚고 넘어가지 않았습니다. 소득이 증가했을 때 소비가 증가하는 것은 정상재에 대한 이야기일 뿐입니다. 열등재는 소득이 증가하면 오히려 소비가 감소합니다. 어떤 재화의 가격이 하락했을 때, 대체효과는 상대적으로 싸진 재화를 더 사도록 만듭니다. 하지만 이 재화가 열등재라면 소득효과가 그 재화를 덜 사게 만들기도 할 것입니다. 그 정도가 심하면 소득효과가 대체효과를 능가하고 가격이 하락한 재화를 오히려 덜 사게 할 수도 있습니다.

이론적으로는 이해된다고 해도, 실제로 기펜재가 존재할 수 있다는 것을 받아들이기는 쉽지 않습니다. 그러나 다음과 같은 간단한 상황을 생각해 보면 기펜재의 존재가 꼭 불가능한 것만은 아닙니다.

어떤 나라에는 고기와 감자만 있다고 해 봅시다. 고기는 매우 비싸고 감자는 싼 음식이어서 사람들은 대부분 감자를 주식으로 삼고 고기는 조금만 삽니다. 그런데 어느 날 감자 가격이 폭락했습니다. 이에 사람들은 감자를 더 사고 싶은 마음도 조금은 들 것입니다(대체효과). 하지만 지출의 대부분을 차지하던 감자의 가격이 내려가면서 이제는 고기를 살 여유가 생겼고, 넉넉해진 돈으로 감자 대신 고기를 더 사려는 마음이 들 것입니다(소득효과). 이처럼 극단적인 경우 사람들은 감자 가격이 하락했음에도 감자 소비량을 줄일 수 있습니다.

기펜재의 경우에만 수요의 법칙이 적용되지 않는 것은 아닙니다. 저는 지난여름 물놀이를 하려고 물총 하나를 샀습니다. 당시 물총을 사려고 가게에 들어가니 2천 원짜리, 3천 원짜리, 5천 원짜리 물총이 있었습니다. 사실 세 종류의 물총은 겉보기에는 큰 차이가 없었고, 모두 똑같은 원리로 물을 쏘는 제품이었습니다. 그럼에도 왠지 5천 원짜리 물총이 더 좋을 것 같아서 5천 원짜리 물총을 샀습니다.

저만 이런 경험을 해 본 것은 아닐 것입니다. 사람들은 보통 어떤 물건의 가격이 그 물건의 품질 혹은 그 물건을 만드는 데 들어간 노고를 반영한다고 생각합니다. 정확한 차이를 모르면서도 더 비싸면 당연히 더 좋은 물건이라고 생각하는 경향이 있는 것이지요. 이런 심리는 같은 물건이라도 가격이 조금 더 비싸면 한번 더 돌아보게 만듭니다. 이는 분명 수요의 법칙에 어긋나는 작용을 합니다.

또한 매우 고가의 재화인 경우에는 오히려 가격이 비쌀수록 수요량이 늘어나기도 합니다. 경제학이 만들어 놓은 여러 모형이 지나치게 이상적이라며 비판했던 미국의 사회학자 소스타인 베블런Thorstein Veblen은 사람들의 허례허식 때문에 수요의 법칙은 완벽한 법칙이 될 수 없다고 주장했습니다. 그는 일부 재화의 경우 가격이 높아질수록 이를 구매할 수 있음을 과시하려는 욕심에서 사람들이 그 재화를 더 많이 사게 된다고 했습니다. 이런 재화를 **베블런재**Veblen goods라고 합니다. 가방으로서의 용도를 따지자면 명품 백이나 플라스틱 장바구니나 별반 차이가 없을 수 있지만, 명품 백은 비싸기 때문에 더 높은 사회적 가치를 지닌 것처럼 평가되고, 이 때문에 폭발적인 수요가 일어납니다.

게다가 가격과 수요량의 관계는 항상 일정할 수 없습니다. 사실 사람들의 소비는 다른 사람들의 소비에 지대한 영향을 받습니다. 유명한 맛집에는 어마어마한 사람들이 모여듭니다. 그중에는 물론 음식 맛 때문에 온 사람도 있겠지만, 별생각 없이 호기심 때문에 다른 사람들을 따라가거나 유행에서 소외되지 않으려고 온 사람도 있을 것입니다. 이처럼 다른 사람들의 소비에 편승해 자신도 따라서 소비하는 현상을 **편승 효과** 또는 **밴드왜건 효과**bandwagon effect라고 합니다. 편승 효과는 가격 하락에 의한 수요량의 증가를 심화합니다.

편승 효과와는 반대로, 수요의 법칙에 어긋나는 작용을 하는 효과도 있습니다. 사람들은 다른 사람을 따라서 하려는 심리도 있지만, 자신은 남들과 다르다는 것을 드러내려는 심리도 있습니다. 특정 재화의 수요량이 늘어나는 것을 보고 오히려 그 재화의 소비를 기피해 수요가 감소하는 현상을 **속물 효과**snob effect 또는 **백로 효과**라고 합니다.

재화가 심각한 열등재인 경우, 소비자가 재화의 가격이 그 가치를 반영한다고 믿는 경우, 재화가 베블런재인 경우, 속물 효과가 일어나는 경우 등은 모두 수요의 법칙에 어긋나는 작용을 합니다. 이런 효과들이 복합적으로 작용하거나 그 정도가 심하면 수요의 법칙에 예외적인, 즉 수요곡선이 우상향하는 상황이 발생할 수 있습니다.

그러나 이런 예외적인 상황의 존재 가능성에도 불구하고 수요의 법칙은 거의 언제나 성립합니다. 가격이 내려가면 그 재화를 사려는 사람이 더 많아진다는 일반적인 원리는 대부분의 경우에는 매우 당연한 사실입니다. 그러나 그것이 불변의 진리는 아니라는 것을 기억하는 것 또한 중요한 일입니다.

균형을 이루는 두 번째 힘, 공급

이제 시장의 균형을 이루는 두 번째 힘인 공급에 대해 살펴보려고 합니다. 수요를 움직이는 원동력은 소비자의 취향과 예산이었습니다. 개인마다 천차만별인 심리를 표현하기 위해 우리는 소비자 선택 이론의 모형을 이용해 수요의 법칙을 증명했습니다. 공급의 법칙을 증명하는 일도 간단하지는 않지만, 수요의 법칙을 증명할 때와 비슷한 논리를 사용합니다. 수요를 움직이는 원동력은 효용을 극대화하고자 하는 소비자의 마음이었다면, 공급을 움직이는 원동력은 이윤을 극대화하고자 하는 기업의 마음이기 때문입니다. 앞에서 보았던 TC, AC, MC와 같은 복잡한 기호와 공식들을 다시 보게 되겠지만, 기업 입장에서 차근차근 생각해 보면 그리 어렵지 않습니다. 소비자 선택 이론과는 반대로 기업들이 어떻게 의사 결정을 하는지 연구하는 경제학 분야를 **산업조직론**industrial organization theory이라고 합니다.

기업이 벌어들이는 돈, 수입

기업의 목표는 언제나 이윤 극대화입니다. 이윤은 총수입에서 총비용을 뺀 것입니다. 비용에 관해서는 이미 살펴보았고, 이번에는 기업이 벌어들이는 돈인 수입에 대해 알아보겠습니다.

총비용과 마찬가지로 수입에 대해서도 기업이 벌어들이는 총 금액, 즉 총수입을 정의할 수 있습니다. **총수입**total revenue은 가격과 판매량의 곱입니다. 예를 들어, 500원짜리 연필을 100자루 팔면 총수입은 5만 원이 됩니다. 총수입은 기호로 TR이며, 이를 식으로 나타내면 $TR = P \times Q$입니다. P는 가격, Q는 수량이라는 걸 잊지 않으셨겠죠?

경쟁 시장에서는 소비자도 기업도 시장 가격에 영향력을 행사할 수 없고 주어진 가격을 있는 그대로 받아들여야 합니다. 다른 말로 하면, 경쟁 시장에서 한 시점의 가격은 일정하게 주어진 것이나 마찬가지입니다. 따라서 경쟁 시장에 참여한 기업의 총수입은 거래량에 비례하게 됩니다. 〈그림 14〉는 시장 가격이 5천 원인 어느 경쟁 시장의 기업에 대한 예시입니다. 이 기업이 재화를 몇 개 생산하든지 재화의 가격(P)은 항상 5천 원으로 고정되어 있어요. 따라서 총수입

수량(Q)	가격(P)	총수입(TR)	평균수입(AR)	한계수입(MR)
1	5,000원	5,000원	5,000원	
				5,000원
2	5,000원	10,000원	5,000원	
				5,000원
3	5,000원	15,000원	5,000원	
				5,000원
4	5,000원	20,000원	5,000원	
				5,000원
5	5,000원	25,000원	5,000원	
				5,000원
6	5,000원	30,000원	5,000원	
				5,000원
7	5,000원	35,000원	5,000원	
				5,000원
8	5,000원	40,000원	5,000원	

그림 14 ◆ 경쟁 시장에서 기업의 수입

(TR)은 늘 판매량에 5천 원을 곱한 값으로 결정됩니다.

✎ 평균수입과 한계수입

우리는 앞에서 비용에 대한 분석을 더 잘하기 위해 평균비용(AC), 한계비용(MC)과 같은 개념을 만나 보았습니다. 수입도 마찬가지로 평균수입과 한계수입이 있습니다. 먼저 **평균수입**average revenue은 총수입을 수량으로 나눈 값입니다. 평균수입은 기호로 AR이며, 이를 공식으로 나타내면 AR=TR/Q입니다. 그런데 총수입 공식은 TR=P×Q이므로 평균수입 공식의 TR 자리를 P×Q로 대신하면, AR=TR/Q=(P×Q)/Q=P가 됩니다. 즉, 재화를 생산해서 얻는 평균수입은 말 그대로 시장 가격입니다. 이는 이상적인 경쟁 시장뿐 아니라 모든 시장에 해당되는 원리로, 어떤 재화의 평균수입은 그 재화의 가격과 같습니다. 재화를 1개 팔았을 때 얻는 수입은 곧 그 재화의 가격이니, 평균수입은 재화의 가격과 같을 수밖에 없는 것입니다.

한계수입marginal revenue은 한 단위를 추가로 판매했을 때 얻게 되는 추가적인 수입입니다. 기호는 MR이고, 구하는 공식은 MR=△TR/△Q입니다. △(델타)는 뒤에 있는 것의 변화량을 나타낸다는 것을 기억하실 거예요.

그런데 경쟁 시장에서는 평균수입뿐만 아니라 한계수입도 그 재화의 가격과 같습니다. 재화 1개를 더 팔면 당연히 그 재화의 가격만큼 돈을 더 버는 것이니 한계수입이 재화의 가격과 같아지는 것이지요.

정리해 보면, 모든 종류의 시장에서 평균수입은 재화의 가격과 같습니다. 또, 경쟁 시장에서는 한계수입도 재화의 가격과 같습니다. 〈그림 14〉를 보아도 평균수입과 한계수입이 모두 시장 가격인 5천 원과 같습니다. 훨씬 복잡한 양상을 띠었던 기업의 비용과는 달리, 경쟁 시장에서 기업의 수입은 가격이라는 요소 하나와 매우 밀접한 연관이 있는 것입니다.

✏ 이윤을 극대화하는 법

기업이 이윤을 극대화하기 위해 어떤 고민을 하는지 들여다보겠습니다. 실제 기업의 상황은 훨씬 복잡하겠지만, 기업이 재화의 생산량을 늘려감에 따라 수입과 비용이 어떻게 변하는지 살펴보고 이를 바탕으로 이윤이 극대화되는 지점을 찾아볼 것입니다.

〈그림 15〉는 재화 하나의 가격이 6천 원인 어떤 경쟁 시장에 있는 기업의 수입과 비용을 보여 줍니다. 경쟁 시장에서 한계수입(MR)은 시장 가격과 같으니, 한계수입은 생산량에 상관없이 무조건 6천 원

수량	총수입	총비용	이윤	한계수입	한계비용	이윤의 변화
0	0원	3,000원	-3,000원			
				6,000원	2,000원	4,000원
1	6,000원	5,000원	1,000원			
				6,000원	3,000원	3,000원
2	12,000원	8,000원	4,000원			
				6,000원	4,000원	2,000원
3	18,000원	12,000원	6,000원			
				6,000원	5,000원	1,000원
4	24,000원	17,000원	7,000원			
				6,000원	6,000원	0원
5	30,000원	23,000원	7,000원			
				6,000원	7,000원	-1,000원
6	36,000원	30,000원	6,000원			
				6,000원	8,000원	-2,000원
7	42,000원	38,000원	4,000원			
				6,000원	9,000원	-3,000원
8	48,000원	47,000원	1,000원			

그림 15 ◆ 기업의 이윤 극대화

입니다. 총수입(TR)은 가격에 수량을 곱한 값입니다.

〈그림 15〉에는 생산량에 따른 총비용(TC)과 이로부터 계산할 수 있는 한계비용(MC)도 나와 있습니다. 물론 더욱 현실적이려면 한계비용이 초반에는 감소하다가 증가하도록 해야겠지만, 상황을 단순화하기 위해 한계생산물 체감 현상만을 반영해 한계비용이 생산량 증가에 따라 점점 늘어나는 상황을 살펴봅시다. 이 예시에서 한계비용은 2천 원, 3천 원, 4천 원으로 점점 증가하고 있습니다.

기업의 목표는 이윤을 최대화하는 것입니다. 이윤 행에 있는 숫자들 중 가장 큰 값은 7천 원입니다. 따라서 기업은 이윤이 최대인 7천 원이 되는 수량만큼 생산하고자 할 것입니다.

이윤이 극대화되는 지점을 찾기 위해서는 이윤의 변화량이 0이 되는 지점을 찾으면 됩니다. 이윤은 총수입에서 총비용을 뺀 것이므로 이윤의 변화량 역시 총수입의 변화량에서 총비용의 변화량을 뺀 것으로 계산됩니다. 이는 한계수입에서 한계비용을 뺀 값을 의미합니다. 한계수입에서 한계비용을 뺐을 때 0이라는 것은 한계수입과 한계비용이 같아진다는 것이지요.

한계수입과 한계비용의 의미를 다시 곱씹어 봅시다. 한계수입은 재화 한 개를 더 생산했을 때 얻는 수입이고, 한계비용은 재화 한 개를 더 생산했을 때 잃는 비용입니다. 만약 한계수입이 한계비용보다 크다면, 한 개를 더 생산했을 때 얻는 것이 잃는 것보다 크다는 얘기죠. 따라서 한계수입이 한계비용보다 크다면 조금 더 생산하면 더 많은 이윤을 얻을 수 있습니다. 하지만 반대로 한계수입이 한계비용보다 작다면, 한 개를 더 생산했을 때 얻는 것보다 잃는 것이 크다는 얘기입니다. 따라서 이 경우에는 생산량을 줄여서 이윤의 감소를 막아야 합니다.

〈그림 15〉와 같은 경쟁 시장의 경우 한계수입은 시장 가격으로 일정한데, 한계비용은 점점 증가합니다. 그래서 처음에는 한계수입이 한계비용보다 크지만, 한계비용이 증가하면서 점점 그 격차가 작아져 나중에는 결국 한계비용이 한계수입을 앞지르게 됩니다. 한계수입이 한계비용보다 클 때는 재화 1개를 더 생산했을 때 이윤이 더 커지지만, 한계비용이 한계수입을 앞지르는 순간부터는 이윤이 줄어들게 됩니다. 따라서 이윤을 극대화하려면 한계수입과 한계비용의 격차가 점점 작아지다가 딱 같아지는 순간까지만 생산하면 되는 것입니다. 즉, 이윤이 최대인 **이윤 극대화 지점**은 한계수입과 한계비용이 같은 지점입니다. 〈그림 15〉의 경우에는 한계수입과 한계비용이 6천 원으로 같아질 때가 생산량이 4개에서 5개로 넘어갈 때입니다. 따라서 딱 5개까지 생산했을 때 이윤이 극대화되는 것이지요.

이렇게 기업이 이윤을 극대화하는 원리를 〈그림 16〉처럼 그래프로도 나타낼 수 있습니다. 우리가 도달하려는 최종 목표인 공급곡선과 연결 짓기 위해 이 그래프에서도 공급곡선처럼 세로축을 가격, 가로축을 수량으로 정합니다.

경쟁 시장의 한계수입은 시장 가격과 정확히 같으므로 한계수입 그래프는 시장 가격을 나타내는 수평의 직선(초록색)이 됩니다. 한편 한계비용은 점점 증가하는 우상향의 그래프(노란색)가 되죠. 이윤 극대

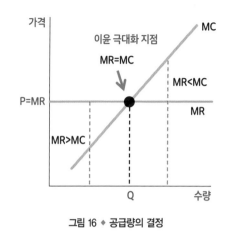

그림 16 ◆ 공급량의 결정

화 지점은 한계수입과 한계비용이 같아지는 지점, 즉 MR=MC인 지점입니다. 따라서 이 그래프 위에서 이윤 극대화 지점을 찾는 것은 어렵지 않습니다. 초록색 그래프와 노란색 그래프가 만나는 점을 찾으면 되는 것이지요.

✎ 공급의 법칙 증명하기

그런데 이 한계비용곡선(MC곡선)의 모양이 어딘가 매우 익숙합니다. 〈그림 17〉과 같이 시장 가격이 P_1에서 P_2로 상승했다고 해 봅시다. 경쟁 시장에서 한계수입은 가격과 같으므로 초록색 한계수입 그래프는 시장 가격을 따라 P_1에서 P_2로 올라갑니다. 그러면 MR과 MC곡선의 교점도 바뀌게 되는데, 가

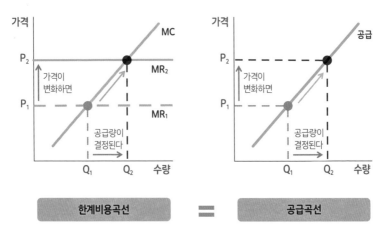

그림 17 ◆ 한계비용곡선과 공급곡선

격이 상승한 만큼 MC곡선을 따라 공급량이 늘어나게 됩니다.

조금만 생각해 보면, 이렇게 가격이 변화할 때 공급량을 결정해 주는 우상향의 그래프가 곧 공급곡선이라는 사실을 알 수 있습니다. 우리가 지금까지 공부했던 공급곡선이 사실은 경쟁 시장에서의 기업의 한계비용곡선이었던 것이지요. 물론 우리는 하나의 기업에 대해서만 분석했기 때문에 이 공급곡선은 시장 전체의 것이 아닌 개별 기업의 공급곡선입니다. 이런 개별공급곡선들이 모여 시장의 공급곡선을 이루게 되는 것입니다.

/ 공급의 법칙이 틀릴 수도 있을까요?

수요의 법칙처럼 공급의 법칙도 경험적으로 만들어진 것이기에 모든 상황에서 무조건 옳다고 할 수는 없습니다. 이는 개별공급곡선이 곧 기업의 한계비용곡선과 같다는 공급의 법칙을 무너뜨릴 수 있는 반박으로 이어질 수 있습니다. 앞서 현실적인 한계비용곡선은 대부분 초기에 우하향하는 구간을 가지고 있어 전체적으로 찌그러진 U자 형태를 띤다는 것을 확인했습니다. 처음부터 한계생산물 체감 현상이 일어나지 않고 오히려 처음에는 시너지 효과가 일어나기 때문이지요. 그런데 한계비용곡선이 공급곡선과 같다면, 공급곡선에 우하향하는 부분이 있다고 주장할 수 있는 것이 아닐까요?

사실 이런 반박은 공급곡선이 한계비용곡선과 완전히 똑같은 것이라는 오해 때문에 발생합니다. '방금 전에 공급곡선과 한계비용곡선은 똑같은 것이라고 하지 않았나요?'라는 의문이 들 수 있습니다. 하지만 위에서는 한계비용곡선을 매우 단순화된 우상향하는 형태로 생각했기 때문에 공급곡선과 똑같이 취급할 수 있었습니다.

MC곡선이 〈그림 18〉처럼 U자형을 띨 때는 이야기가 조금 달라집니다. 만약 시장 가격이 P_2로 주어져 있어서 MR(시장 가격)과 MC가 일치하는 점(점 C)이 한 개밖에 없는 경우에는 이윤 극대화 지점이 그냥 점 C가 되므로 고민할 것이 없습니다.

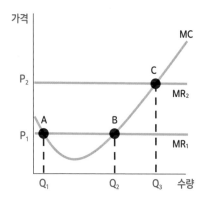

그림 18 ◆ 현실적인 MC곡선에서의 이윤 극대화

하지만 만약 시장 가격이 P_1으로 주어져 MR과 MC의 일치점이 두 개(점 A와 점 B)가 생기는 경우에는 둘 중 점 B만이 진정한 이윤 극대화 지점이 될 수 있습니다. 아무것도 생산하지 않는 상황에서 점 A까지 도달하는 모든 과정에서는 노란색 MC곡선이 항상 시장 가격, 즉 초록색 MR_1곡선보다 위에 있습니다. 이는 한계비용이 한계수입보다 크다는 이야기지요. 즉, 이 경우 기업은 아무런 이윤을 얻지 못하고 오히려 손실을 보는 것입니다.

그러나 점 A에서 계속 생산량을 늘려 점 B에 도달하게 되면 점 A와 B 사이에서는 노란색 MC곡선보다 초록색 MR_1곡선이 더 위에 있으므로 계속해서 이윤을 낼 수 있고, 이윤의 변화량이 0이 될 때까지 생산해야 한다는 기존의 논리를 적용할 수 있습니다. '이윤을 극대화하려면 이윤의 변화량이 0이 될 때까지 생산해야 한다'라는 원칙은 한계수입이 한계비용보다 큰 상황에서만 적용할 수 있는 것이지요. 만약 반대로 한계비용이 한계수입보다 크다면 오히려 '손실을 극대화하려면 손실의 변화량이 0이 될 때까지 생산해야 한다'라는 괴상한 원칙이 생기게 됩니다. 이런 의미에서 점 A는 이윤 극대화 지점은커녕 오히려 '손실 극대화 지점'이 되고 마는 것입니다.

따라서 한계비용곡선이 공급곡선과 완전히 같은 것은 아닙니다. 한계비용곡선을 이용해 공급의 법칙을 증명하는 방식은 오로지 한계비용곡선에서 우상향하는 구간에만 적용할 수 있습니다. 즉, 점 B나 점 C는 공급곡선에 포함될 수 있지만, 점 A는 공급곡선에 포함될 수 없습니다. 그러므로 한계비용곡선의 현실적인 모양을 고려한다고 해서 공급의 법칙을 반박할 수 있는 것은 아닙니다.

그렇다면 공급의 법칙이 틀린 경우에는 무엇이 있을까요? 한계수입이 시장 가격과 일치하지 않는 경우에는 한계수입곡선을 가격선과 같은 것으로 생각했던 우리의 증명은 틀린 게 되고 말 것입니다. 우리의 가정대로 이윤을 극대화하는 데만 급급한 기업이라면, 한계수입은 말 그대로 상품을 팔았을 때 얻게 되는 돈, 즉 그 상품의 가격이 될 것입니다. 그렇다면 한계수입과 가격이 일치하지 않는 상황은 상상하기 어려워 보입니다.

하지만 공급의 법칙의 주인공이 기업이 아니라면 이야기가 조금 달라집니다. 예를 들어 노동자가 자신의 노동을 제공하는 상황이라면 어떨까요? 노동자는 비록 기업은 아니지만 정해진 시장 가격인 임금을 받고 자신의 생산물인 노동을 파는 주체이므로 공급의 법칙을 적용해 볼 수 있습니다. 노동자에게 공급의 법칙이 성립한다면,

노동자는 임금이 상승할수록 노동에 더 많은 시간을 쏟을 것입니다.

하지만 노동자에게 공급의 법칙이 성립한다고 말하기는 어려워 보입니다. 물론 돈을 더 많이 받으면 더더욱 워커홀릭이 되어 자신의 시간을 모두 일에 쏟는 사람도 있을 것입니다. 하지만 임금을 많이 받을수록 일하는 시간을 줄이고 여가 시간을 확보하는 것도 충분히 납득할 만한 상황입니다. 우리 사회에서도 저임금을 받기에 오히려 더 많은 시간을 들여 일하는 사람과 조금만 일해도 천문학적인 액수의 돈을 벌기에 일하지 않고 놀러 다니는 사람들을 쉽게 볼 수 있습니다. 국가 단위에서도 마찬가지입니다. 세계 각국의 지표를 살펴보면 최저임금이 높은 나라일수록 대체로 평균 일일 노동 시간이 적은 것을 관찰할 수 있는데, 이 또한 공급의 법칙과는 크게 어긋나는 양상입니다. (물론 높은 임금이 적은 노동 시간에 영향을 미친 것인지, 그 반대인지를 규명하는 것은 매우 어려운 일입니다. 이 둘 사이에는 명확한 인과관계가 없다고 보는 편이 더 합당합니다.)

이는 우리의 증명의 기반이 되었던 시장 가격이 한계수입과 같다는 가정과는 달리, 노동자가 고려하는 이득에는 임금만 있는 것이 아니기 때문입니다. 생산을 해야만 이득을 얻을 수 있는 기업과는 달리, 노동자는 일하면 임금을 얻지만 일하지 않으면 쉬는 시간으로부터 정신적인 이득을 얻을 수 있습니다. 여가나 취미 생활을 즐기면서 얻는 행복감, 가족과 함께 보내는 즐거운 시간 등도 엄연히 고려해야 할 이득입니다. 따라서 이득이라고 하면 오로지 판매한 상품의 가격만을 떠올리게 되는 기업과는 달리, 노동자에게는 공급의 법칙을 쉽게 적용할 수 없는 것입니다.

그런데 기업은 이윤 극대화만을 좇는다는 가정을 버리면, 기업에서도 노동자와 비슷한 면모를 발견할 수 있습니다. 물론 대부분의 기업들에 가장 중요한 것은 역시 재화를 팔았을 때 얻는 돈입니다. 하지만 현실의 기업은 우리의 가정과는 달리 사람들로 구성되어 있기 때문에 매우 복잡한 성격을 가집니다. 기업은 장기적인 이득이나 브랜드 이미지를 고려해 지금의 이득을 포기할 수도 있으며, 환경 보호나 인권 보장과 같은 신념을 가지고 운영될 수도 있습니다. 기업 행동에 영향을 미치는 '수입'이라는 단어가 기업에 돌아오는 모든 종류의 이득을 의미한다면, 그것을 단순히 돈에 국한할 수는 없을 것입니다. 따라서 모든 기업이 언제나 공급의 법칙을 따른다고 확신할 수는 없습니다.

하지만 공급의 법칙은 대부분의 상황에 적용되며, 경제학에서는 우상향하는 공급곡선을 다양하고 방대한 분석의 기반으로 삼고 있습니다. 그리고 공급의 법칙은 시장의 다양한 모습을 이해하는 데 있어 아주 중요한 역할을 합니다.

균형으로 가는 길:
균형의 안정성

지금까지 우리는 양팔 저울의 각 팔에 올려놓은 추처럼, 시장에서 가격과 거래량에 영향을 미치는 두 힘에 대해 알아보았습니다. 허공에 벽돌을 놓으면 아래로 떨어지는 것이 자연의 법칙이듯이, 수요와 공급에도 비록 완벽하다고 할 수는 없지만 거의 확신할 수 있는 경험적 법칙이 있었습니다. 이제는 시장의 두 힘이 만났을 때 일어나는 일을 살펴볼 것입니다. 시소를 양쪽에서 누르면 시소는 곧바로 수평을 이루며 정지할 수도 있지만, 여러 번 갸우뚱갸우뚱하다가 점점 궤적이 작아지면서 비로소 균형에 다다를 수도 있습니다. 시소가 균형에 이르는 경로가 있는 것처럼 시장이 균형에 다다르는 경로도 많은 경제학자들의 관심사였습니다.

✎ 왜 가격이 세로축일까요?: 마셜적 안정성

우리는 앞서 가격 조정을 통해 초과 수요나 초과 공급이 해결되어 시장 균형에 도달한다는 왈라스적 안정성에 대해 살펴보았습니다. 왈라스적 안정성은 대부분의 경우 시장 균형에 이르는 과정을 매우 논리적으로 설명해 줍니다.

그런데 균형에 대한 왈라스의 설명은 어떤 상황에는 잘 적용되지 않을 수도 있습니다. 왈라스적 안정성이 성립하려면, 가격이 변했을 때 바로바로 수요량과 공급량이 바뀌어서 그 둘을 일치시킬 수 있어야 합니다. 매일 수천, 수만 개가 생산되는 상품의 경우에는 그때그때 가격 변화에 따라 수요량과 공급량이 빠르게 반응할 수 있습니다. 하지만 우리가 관심을 가지는 집이라면 어떨까요? 집을 새로 사는 것도, 살던 집을 파는 것도 모두 매우 어려운 결정입니다. 집값이 조금 변했다고 해서 섣불리 정해 버릴 수 있는 문제가 아닙니다. 이 경우 가격 변동을 통해 주택 시장의 수요량과 공급량이 맞아떨어진다는 설명은 약간 허술해 보입니다.

주택 시장의 경우, 오히려 현재 생산량이나 소비량이 가격 형성에 영향을 미친다는 설명이 더 적합할 것입니다. 주택 시장뿐만 아니라 대부분의 시장에서 이같이 거래량의 변화가 가격의 안정화를 이룬다고 주장한 사람이 바로 앨프리드 마셜입니다. 가격 변동이 수요량과 공급량에 영향을 미쳐 균형을 이룬다는 오늘날의 일반적인 인식

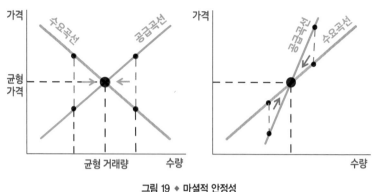

그림 19 ◆ 마셜적 안정성

과는 달리 마셜은 거꾸로 수량이 가격에 영향을 미치는 시장 모형을 생각했습니다. 그리고 최초로 수요-공급의 법칙을 수식과 그래프를 이용해 제대로 사용한 사람이 마셜이기에 수요-공급곡선은 지금까지도 가로축이 수량, 세로축이 가격입니다. 마셜의 머릿속에서는 수량이 원인, 가격이 결과였기 때문이지요.

마셜은 어떤 시장에서 거래되는 재화의 양이 늘어났을 때 소비자가 그 재화에 매기는 가치(가격)는 떨어지는 반면, 생산자가 매기는 가치(가격)는 높아지는 상황에서는 안정적으로 시장 균형을 이룰 수 있다고 주장했습니다. 이런 경우 만약 재화에 대해 소비자가 매기는 가치가 생산자가 매기는 가치보다 높은 상황이라면 거래량의 증가를 통해 이를 해소할 수 있다고 보았지요. 〈그림 19〉의 왼쪽 그래프와 같이 일반적인 수요-공급곡선이 이루는 시장 균형은 **마셜적 안정**

성Marshallian stability을 가집니다. 그리고 〈그림 19〉의 오른쪽 그래프와 같이 수요곡선이 우상향하는 이상한 형태를 띠더라도 균형의 오른쪽에서 수요곡선이 공급곡선보다 아래에 있다면 시장 균형이 마셜적 안정성을 가집니다.

✏ 배추 파동이 일어나는 이유: 거미집 모형

그런데 균형에 대한 왈라스와 마셜의 설명만으로는 충분하지 않은 상황도 있습니다. 바로 수요와 공급의 반응이 시간 차이가 있을 때입니다. 공급은 대부분의 경우 수요보다 반응이 느립니다. 소비자들은 어떤 물건을 살지 말지를 시시각각으로 결정할 수 있지만, 생산자들은 어떤 물건을 생산하는 데 더 많은 시간이 필요하기 때문입니다. 그러나 매일 몇백 개, 몇천 개씩 만들며 생산량을 조절할 수 있는 공산품이라면 그 차이를 무시하더라도 큰 문제가 발생할 것 같지는 않습니다. 그러나 생산하여 팔기 위해서는 대개 1년 정도의 시간이 필요한 농작물의 경우에는 이야기가 조금 달라집니다. 왈라스적 균형과 마셜적 균형은 시간이라는 요소를 크게 고려하지 않은 **정적 균형**static equilibrium입니다. 이제부터 우리는 시간을 고려한 **동적 균형**dynamic equilibrium을 살펴볼 것입니다.

〈그림 20〉은 어느 마을 양파 시장의 수요-공급곡선입니다. 2019년 이 마을에서 양파 가격은 한 박스에 1만 원이었습니다(P_{2019}). 2020년

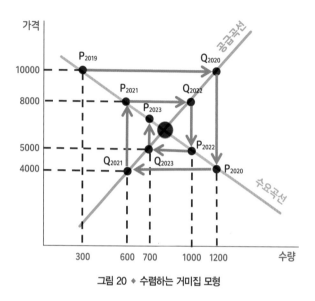

그림 20 ◆ 수렴하는 거미집 모형

의 양파 생산자들은 작년과 양파 가격이 같을 것으로 예측하고, 이때의 공급량인 1,200박스를 생산합니다(Q_{2020}). 그러나 1만 원의 가격에서 소비자들의 수요량은 300박스에 불과합니다. 따라서 1,200박스를 모두 팔려면 수요량이 1,200박스가 될 때까지 가격을 내려야 합니다. 결국 양파 가격은 4천 원까지 하락하게 됩니다(P_{2020}).

2021년의 양파 생산자들은 다시 4천 원의 가격을 기준으로 의사결정을 합니다. 4천 원의 가격에서 생산자들은 600박스의 양파를 생산할 의향이 있습니다(Q_{2021}). 그런데 막상 600박스를 생산하고 보니 4천 원에서의 수요량에 비해 양파 수량이 너무 적습니다. 따라서 생산자들은 양파 한 박스의 가격을 8천 원까지 올려서 수요량을 줄입니다(P_{2021}).

이제 2022년의 양파 생산자들은 다시 2021년의 양파 가격을 기준으로 생산량을 결정하고(Q_{2022}), 이 생산량을 모두 처리하기 위해 수요에 맞추어 가격이 변동됩니다(P_{2022}). 여러 해에 걸쳐 이런 과정을 거치면서 결국 양파 시장의 가격과 거래량은 〈그림 20〉과 같이 시장 균형에 가까워지게 됩니다. 이때 가격과 공급량을 나타내는 점을 이으면 그 모양이 거미집과 비슷하다고 하여 이를 **거미집 모형**cobweb model이라고 부릅니다.

〈그림 20〉의 수요-공급곡선의 형태를 자세히 살펴보면 공급곡선의 기울기가 수요곡선의 기울기보다 조금 더 가파르다는 것을 알 수 있습니다. 이처럼 수렴하는 거미집 모형의 과정에 의해 시장 균형에 도달하려면 공급곡선의 기울기가 수요곡선의 기울기보다 커야 합니다. (더 정확히 말하자면 수요의 가격탄력성이 더 커야 하는데, 탄력성이라는 개념에 대해서는 3장에서 자세히 알아볼 것입니다.)

〈그림 21〉처럼 수요곡선의 기울기가 공급곡선의 기울기보다 가파르면, 즉 수요곡선의 기울기가 더 크면 오히려 시간이 지날수록 가격과 거래량의 변동이 커지며 발산하는 형태를 띠게 됩니다. 이런 경우에는 해가 갈수록 가격과 거래량이 안정되기는커녕 균형으로부터 점점 멀어집니다.

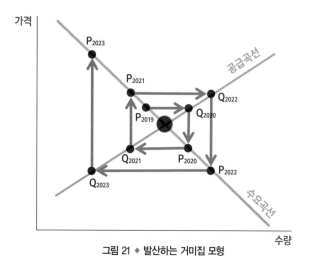

그림 21 ◆ 발산하는 거미집 모형

거미집 모형은 '배추 파동', '무 파동'과 같은 농작물 파동 현상이 일어나는 이유를 이론적으로 보여 줍니다. **농작물 파동**이란 농작물 수급(수요와 공급)의 불일치로 가격이 폭락 혹은 폭등하거나, 농작물 공급에 공백이 생기는 등의 현상을 의미합니다. 농작물은 가격에 대한 공급의 반응이 느린 편이기 때문에 매해 가격이 들쑥날쑥한 것입니다. 이런 문제를 피하기 위해 생산자들은 근시안적으로 작년의 가격만 가지고 값을 결정하기보다는 치밀하게 생산 계획을 세우고, 정부도 수급 일치를 위해 다양한 노력을 기울이고 있습니다. 하지만 이런 노력이 반드시 완벽하게 효과적인 것은 아니기에 지금도 농작물 파동에 관한 뉴스를 심심찮게 볼 수 있는 것입니다.

말랑말랑 피구공 같이:
시장의 장기 균형

　놀이터에서 한 아이가 말랑말랑한 피구공을 가지고 놀고 있습니다. 심심해진 아이는 잠시 피구공을 깔고 앉았다가 일어납니다. 피구공은 꽤 오랜 시간 찌그러진 모양을 그대로 유지합니다. 찌그러진 채로 변하지 않는 피구공은 잠깐의 균형을 이루고 있습니다. 하지만 시간이 지나면서 피구공은 서서히 다시 부풀어 올라 원래의 동그란 모양이 됩니다. 피구공의 진정한 균형 상태는 완벽한 원형을 이룬 그 순간입니다. 변형을 가했을 때 잠시 모양을 유지하며 균형을 이룰 수는 있어도, 더 많은 시간이 주어지면 공의 모양은 더 완벽한 균형으로 돌아갑니다.

　이상적인 경쟁 시장에 대해 분석하던 경제학자들은 경쟁 시장에서도 이와 비슷한 현상이 일어남을 깨달았습니다. 지금까지 우리가 살펴본 시장 균형은 단기적인 것에 불과하고, 결국 시장에는 장기적으로 안정적인 균형점이 있다는 것이지요. 지금부터는 시장이 장기적으로 보았을 때 어떤 균형에 이르게 되는지 살펴보겠습니다.

시장의 장기적인 균형에서 결정적 역할을 하는 것은 경쟁 시장의 세 가지 조건에서 단서를 얻을 수 있습니다. 경쟁 시장은 무수히 많은 소비자와 생산자가 있어서 모두 가격 수용자여야 하고, 기업들이 생산하는 제품 간에는 차이가 거의 없어야 하며, 기업이 언제든지 자유롭게 드나들 수 있어야 합니다. 이제부터 마지막 조건인 기업의 자유로운 진입과 퇴출이 이루어지는 시장에서는 어떤 일이 벌어지는지 알아보겠습니다.

／ 다양한 기호와 공식 돌아보기

지금까지 우리가 살펴본 다양한 기호와 공식들이 〈그림 22〉에 나타나 있습니다. 처음에는 머릿속에 모두 집어넣기가 쉽지 않을 수도 있지만, 한번 외우고 나면 기업의 행동을 이해하는 데 큰 도움이 될 것입니다.

또한 기업의 장기적인 의사 결정을 이해하려면 매몰비용의 개념도 다시 떠올려 봐야 합니다. 매몰비용은 이미 사용해 버려서 더 이상 회수할 수 없는 비용입니다. 즉, 의사 결정을 할 때 매몰비용을 고려해서는 안 됩니다. 매몰비용을 빼고 생각하는 것은 기업의 선택에

기호 **TR**=총수입, **TC**=총비용, **VC**=가변비용, **AR**=평균수입,
     ATC=평균총비용, **AVC**=평균가변비용
     P=가격, **Q**=수량, **MC**=한계비용

공식 **TR=P×Q**, 총수입=가격×수량
     AR=TR/Q=P, 평균수입=총수입/수량=가격
     ATC=TC/Q, 평균총비용=총비용/수량
     AVC=VC/Q, 평균가변비용=가변비용/수량
     이윤=총수입-총비용=**TR-TC**

그림 22 ◆ 시장과 관련된 다양한 기호와 공식

관해서도 매우 중요한 문제입니다.

✏️ 나 이제 생산 안 할래!

기업은 상황에 따라서 생산을 그
만두기로 결정할 수 있습니다. 시장 상황이 악화되어 일시적으로 아
무것도 생산하지 않는 단기적 의사 결정을 **조업 중단**shut down이라고
합니다. 반면, 아예 문을 닫고 시장에서 나가 버리는 장기적 의사 결
정을 **퇴출**exit이라고 합니다. 둘은 비슷해 보이지만 엄연히 다릅니다.
단기적으로 조업 중단을 결정할 때 고정비용은 매몰비용입니다. 잠
시 문을 닫는 것일 뿐이기에, 문을 닫더라도 기본적으로 고정비용은

계속 발생하기 때문입니다. 따라서 조업 중단을 결정할 때 기업은 고정비용을 매몰비용으로 간주하고 의사 결정에 반영하지 않습니다. 하지만 장기적으로 퇴출을 결정할 때는 고정비용이 더 이상 매몰비용이 아닙니다. 영원히 문을 닫는 것이므로 고정비용도 지출하지 않을 수 있기 때문입니다. 고정비용을 고려하느냐 하지 않느냐의 차이로 인해 조업 중단과 퇴출은 약간 다른 상황을 가져옵니다.

기업이 단기적으로 의사 결정을 할 때는 고정비용이 매몰비용이므로 총비용(TC)에서 고정비용(FC)을 뺀 가변비용(VC)만 따지게 됩니다. 기업은 이윤을 남길 수 있는 경우에만 생산하려고 하므로 총수입(TR)이 가변비용보다 클 경우에만 생산하고자 할 것입니다(총비용이 아니라 가변비용인 이유는 어차피 고정비용은 단기적으로 매몰비용이기 때문입니다).

총수입이 가변비용보다 작으면 생산을 중단해야 합니다. 매몰비용인 고정비용을 제외하고도 얻는 것보다 잃는 것이 많다는 것이므로 단기적 조업 중단을 결정해야 합니다. 이때 기업이 조업 중단을 하기로 해도 고정비용이 계속해서 발생하기 때문에 기업은 손해를 봅니다. 하지만 조업 중단을 하지 않으면 더 큰 손해를 보기 때문에 손해를 줄이기 위해서라도 조업 중단을 해야 합니다.

이를 다시 한번 차근차근 정리해 봅시다. 기업은 가변비용이 총수입보다 클 때, 즉 VC 〉TR일 때 단기적으로 생산을 중단합니다. 이

부등식에서 양변을 Q로 나누면 VC/Q 〉 TR/Q입니다. 이때 평균가
변비용과 평균수입의 정의를 따르면 AVC=VC/Q이고, AR=TR/Q
이므로 이 부등식은 AVC 〉 AR로 나타낼 수 있습니다. 여기서 평균
수입은 가격과 같으므로(AR=P) 기업은 AVC 〉 P일 때, 즉 평균가변비
용이 가격보다 커질 때 조업 중단을 결정한다고 정리할 수 있습니다.

〈그림 23〉에는 ATC, AVC, MC곡선이 그려져 있습니다. 우리는
앞서 우상향하는 MC곡선은 곧 경쟁 시장에서 기업의 공급곡선과
같음을 확인했습니다. 하지만 이는 어디까지나 기업이 조업 중단을
하지 않고 제품을 생산할 때의 이야기입니다. 만약 가격이 평균가변
비용보다 낮다면 기업은 손해를 줄이기 위해 단기적으로 아무것도
생산하지 않는 조업 중단을 결정하게 됩니다. 따라서 기업의 공급곡
선도 가격이 평균가변비
용 이상일 때만 의미가
있게 됩니다.

MC곡선이 AVC곡선보
다 아래에 있으면 조업을
중단하여 어차피 생산량
이 0이므로 이 부분은 기
업의 공급곡선에 포함할
필요가 없습니다. 따라서

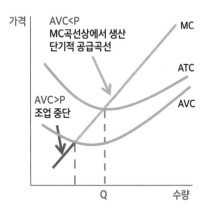

그림 23 ◆ 경쟁 시장의 단기적 공급곡선

단기적으로 경쟁 시장에서 기업의 공급곡선은 〈그림 23〉에서 MC곡선의 갈색 부분을 제외한 노란색 부분만 해당합니다.

그런데 장기적으로 보면 기업에 퇴출이라는 선택지가 생기게 됩니다. 이 경우 고정비용은 더 이상 매몰비용이 아닙니다. 따라서 기업이 장기적 의사 결정을 할 때는 고정비용을 포함한 총비용(TC)과 총수입(TR)을 비교해서 결정합니다.

장기적으로 총수입이 총비용보다 크면 당연히 계속 생산해야 합니다. 하지만 총수입이 총비용보다 적으면 퇴출하는 것이 합리적입니다. 이를 기호로 표현하면, 기업은 TC 〉TR일 때 퇴출을 결정합니다. 이 부등식의 양변을 Q로 나누면 TC/Q 〉TR/Q입니다. 이때 TC/Q=ATC, TR/Q=AR이므로 이 부등식은 다시 ATC 〉AR이라고 표현할 수 있습니다. AR=P 이므로 이는 곧 ATC 〉P와 같습니다. 정리하면, 기업은 평균총비용이 가격보다 커질 때 퇴출을 결정합니다.

〈그림 24〉는 이 같은 사실을 보여 줍니다. 기업은 단기적으로는 가격이 AVC보다 높으면 생산을 계속합니

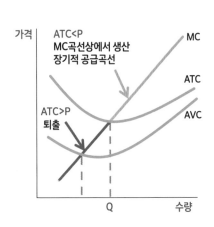

그림 24 ◆ 경쟁 시장의 장기적 공급곡선

다. 하지만 장기적으로는 고정비용의 개념 자체가 성립할 수 없으므로 가격이 AVC뿐만 아니라 ATC보다 높아야만 계속 생산할 수 있습니다. 따라서 MC곡선 중 공급곡선으로 포함할 수 없는 갈색 부분이 ATC곡선까지 늘어나게 됩니다. 그러므로 기업의 장기적 공급곡선은 MC곡선이 ATC곡선보다 위에 있는 노란색 부분만 해당합니다.

장기적으로는 기업이 아예 시장에서 퇴출할 수 있듯이, 새로운 기업이 시장에 진입할 수 있습니다. 새롭게 진입할 조건은 당연히 퇴출 조건과 정반대입니다. 평균총비용보다 가격이 높을 때, 즉 ATC 〈 P일 때 새로운 기업이 시장에 진입할 유인이 생기는 것입니다.

그래프로 나타낸 이윤

우리의 최종 목표인 시장의 장기적 균형을 찾기 위해 기업이 어떤 상황에서 시장을 나가거나 들어오게 되는지 살펴보았습니다. 이번에는 기업이 의사 결정을 하는 가장 중요한 원동력인 이윤을 그래프상에 나타내 보려고 합니다.

이윤은 총수입에서 총비용을 뺀 것이므로, 기호로 나타내면 TR − TC입니다. 이것을 Q로 나누고 다시 Q를 곱해도 상관없으므로 TR − TC=(TR/Q − TC/Q)×Q와 같이 나타낼 수 있습니다. 이때 평균수입과 평균총비용의 정의에 따라 TR/Q=AR=P, TC/Q=ATC입니다. 따라서 이윤은 (P − ATC)×Q라는 식으로 표현할 수 있습니다.

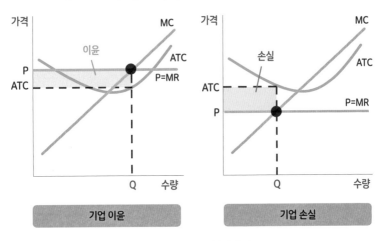

이윤=TR-TC=(TR/Q-TC/Q)×Q=(P-ATC)×Q

그림 25 ◆ 기업의 이윤과 손실

군이 이윤을 나타내는 식을 이같이 변형한 것은 그래프상에서 이윤을 나타내기 위해서입니다. 우선 시장에서 가격은 이미 주어진 요소입니다. 기업은 주어진 가격선이 MC곡선과 만나는 곳에서 생산량을 결정합니다. 기업이 생산량을 결정하면, 그 생산량이 요구하는 평균총비용(ATC)이 결정됩니다.

〈그림 25〉는 이를 그래프로 나타낸 것입니다. 왼쪽 그래프에서 시장 가격이 P로 결정되면 가로로 가격선을 쭉 그을 수 있습니다. 이 가격선은 곧 한계수입(MR)을 나타내기도 하므로 기업은 가격선과 MC곡선이 만나는 점에서 생산량을 결정합니다. 생산량이 결정되면

우리는 그 생산량에 해당하는 ATC를 찾을 수 있습니다.

이때 이윤은 $(P-ATC) \times Q$이므로 기업이 결정한 생산량(Q)을 가로로 하고 P와 ATC 사이, 즉 $P-ATC$를 세로로 하는 직사각형의 넓이가 곧 이윤입니다. 즉, 왼쪽 그래프에서 기업이 얻은 이윤은 연두색 직사각형의 넓이만큼이 됩니다.

이는 오른쪽 그래프와 같이 이윤이 마이너스인 경우, 즉 손실이 생길 때도 마찬가지로 적용됩니다. 오른쪽 그래프에서는 주어진 생산량에서 P가 ATC보다 낮으므로 $(P-ATC)$가 음수입니다. 따라서 이 기업은 하늘색 직사각형의 넓이만큼 손실을 봅니다. 이처럼 P〈ATC인 상황이 지속되면 기업은 계속 손실을 보기 때문에 결국 시장에서 퇴출합니다.

〃 가격은 돌아오는 거야!: 경쟁 시장의 장기 공급곡선

경쟁 시장이 되기 위한 세 가지 조건 중 '시장을 자유롭게 드나들 수 있음'이라는 조건은 경쟁 시장의 모습이 단기냐 장기냐에 따라 달라지도록 합니다. 단기적으로는 새로운 기업이 진입하거나 기존 기업이 퇴출하는 일이 없습니다. 즉, 시장에 있는 기업의 수가 변하지 않습니다. 따라서 상황에 따라 기업 수가 변하는 것을 고려할 필요 없이 〈그림 26〉처럼 그냥 개별 기업들의 공급곡선을 하나하나 합치면 됩니다.

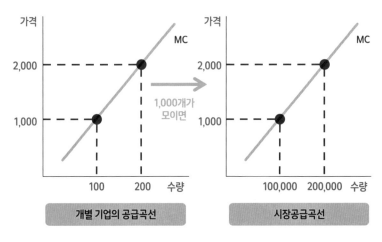

그림 26 ◆ 경쟁 시장의 단기 공급곡선

　각 기업의 개별 공급곡선이 모두 우상향하므로 시장 전체의 단기 공급곡선도 우상향의 그래프입니다. 이는 우리가 시장 균형을 찾는 데 사용했던 익숙한 형태의 우상향 공급곡선입니다. 그러나 경쟁 시장의 장기 공급곡선은 새로운 기업의 진입과 기존 기업의 퇴출을 고려해야 하기에 단기 공급곡선처럼 간단하게 그릴 수 없습니다.

　기업의 진입과 퇴출을 따져 보기 위해 중요한 것은 이윤의 부호입니다. 이윤을 구하는 공식인 (P − ATC)×Q에서 Q(수량)는 항상 양수입니다. 따라서 이윤의 부호를 결정하는 것은 P와 ATC입니다.

　P가 ATC보다 높다면 이윤은 양수가 되고, 이는 기업의 시장 진입 조건이기도 합니다. 이윤이 존재한다면 그 이윤을 얻으려는 새로운

기업들이 시장에 들어오기 때문입니다. 그러면 기업 수가 증가하면서 공급이 증가합니다.

공급 증가는 시장 가격의 하락으로 이어집니다. 수요곡선과 공급곡선이 X자를 이루고 있는 형태에서 공급곡선이 오른쪽으로 움직인 것이니까 균형이 오른쪽 아래로 이동하면서 가격이 하락합니다.

하지만 가격이 하락하더라도 계속 이윤이 존재한다면 이는 또 다른 기업이 시장에 진출할 유인이 됩니다. 따라서 계속 새로운 기업이 진출하고, 시장 가격이 낮아지는 것이 반복됩니다. 이렇게 가격이 계속 하락하다가 어느 순간 평균총비용과 일치하면 P−ATC=0, 즉 이윤이 0이 됩니다. 그러면 더 이상 새로운 기업이 진입하지 않습니다.

반대로 P가 ATC보다 낮다면 이윤은 음수가 되어 손실이 생기고, 이는 기업의 시장 퇴출 조건이기도 합니다. 이 경우에는 기존에 있던 기업들이 손실을 피하려고 시장에서 퇴출하기 시작합니다. 그러면 기업 수가 감소하면서 공급이 감소합니다.

공급 감소는 시장 가격의 상승으로 이어집니다. 공급곡선이 왼쪽으로 이동하는 것이므로 균형이 왼쪽 위로 움직이면서 가격이 상승합니다.

하지만 가격이 상승해도 계속해서 손실이 존재한다면 시장에서 계속 기업이 퇴출하고 시장 가격은 점점 높아지는 것이 반복됩니다. 가격이 계속 오르다가 어느 순간 평균총비용과 일치하면 그때 이윤

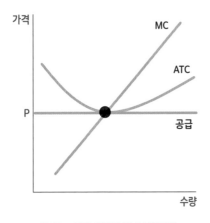

그림 27 ◆ 경쟁 시장의 장기 공급곡선

은 0이 되고 더 이상 기업들이 퇴출하지 않고 모든 순환이 멈춥니다.

결론적으로, 어떠한 상황에서 시작했든지 간에 가격은 평균총비용과 같아질 때까지 변동되고, 그러다 이윤(손실)이 0이 되는 상황에 이르게 됩니다. 따라서 경쟁 시장의 장기 공급곡선은 〈그림 27〉과 같이 ATC곡선의 최저점을 지나는 수평선이 됩니다. 장기적으로는 공급량의 변동만 있을 수 있고, 기업의 진입과 퇴출에 의해 가격이 정해진 곳으로 다시 돌아오기 때문입니다. 그런데 왜 하필 ATC곡선의 최저점, 혹은 ATC곡선과 MC곡선의 교점을 지나는 것일까요?

그 이유는 생각보다 간단합니다. 이윤을 극대화하기 위한 공급량은 언제나 P=MC인 지점에서 결정됩니다. 그런데 장기적으로는 P=ATC라는 조건을 만족해야 합니다. 따라서 자연스럽게 장기적으로 P=MC=ATC가 성립하게 되고, MC곡선과 ATC곡선의 교점이 곧 ATC곡선의 최저점이므로 여기서 가격이 결정되는 것입니다. 따라서 언젠가는 원래 모양으로 돌아오는 피구공처럼, 이상적인 경쟁 시장에서는 평균총비용이 최저인 지점으로 가격이 돌아오게 됩니다. 놀랍게도 이 장기 균형에서 가격과 평균수입 그리고 평균총비용이 모두 일치하게 됩니다(P=AR=ATC).

시장의 장기 균형에 대한 설명이 약간 혼란스러울 수도 있습니다. 다음의 몇 가지 의문점을 짚어 보면 좀 더 잘 이해할 수 있을 거예요.

의문 1: "그럼 수요-공급의 법칙은 어떻게 되는 건가요?"

가격에 따라 공급량이 변한다는 원리로 그려진 우상향하는 공급 곡선에 비해, 지금 우리가 살펴본 수평의 공급곡선은 선뜻 받아들여지지 않습니다. 기존에 알던 공급곡선과는 달리 이 장기 공급곡선은 가격과 공급량 사이의 인과관계를 보여 주는 그래프가 아니라, 충분한 시간이 주어졌을 때 경쟁 시장에서의 가격과 공급량의 상태를 보여 주는 그래프라고 생각하는 것이 좋습니다.

〈그림 28〉은 장기 공급곡선으로 어떻게 시장을 설명할 수 있는지 보여 줍니다. 시장에 아무 일이 없다면, 단기 수요와 단기 공급 그리고 장기 공급이 모두 일치하는 완벽한 균형(P_1, Q_1)을 이루고 있을 것입니다. 그런데 그 상태에서 수요가 증가하면($D_1 \rightarrow D_2$), 단기적으로는 수요-공급의 법칙에 의해 가격과 거래량이 모두 증가하게 됩니다 (P_2, Q_2).

그런데 이렇게 가격이 상승하면 단기적으로 이윤이 발생하게 되

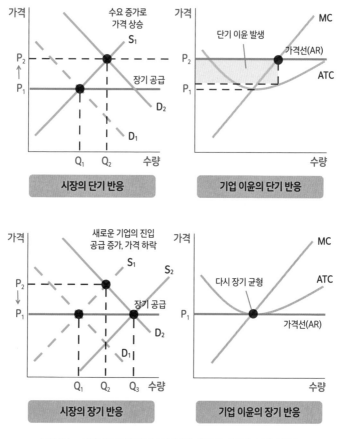

그림 28 ◆ 경쟁 시장에서의 수요 증가에 대한 단기 반응과 장기 반응

고, 이 이윤을 차지하기 위해 새로운 기업들이 시장에 진출합니다. 기업의 수가 증가하면 단기 공급이 증가하는 상황($S_1 \rightarrow S_2$)이 나타납 니다. 이 과정은 이윤이 0이 될 때까지, 즉 가격이 ATC곡선의 최저

점으로 돌아올 때까지 계속됩니다. 결국 시장은 새로운 장기 균형(P_1, Q_3)에 도달하게 됩니다. 결과만 놓고 보면, 이는 새로운 수요곡선(D_2)과 수평인 장기 공급곡선의 교점과 같습니다.

즉, 장기 공급곡선은 수요가 변동했을 때 단기 공급이 반응한 결과를 모두 반영해 궁극적인 결과만을 담은 그래프입니다. 단기적인 중간 과정을 생략하고, 수요 변화에 따른 장기적인 결과만 얻고 싶을 때는 새로운 수요곡선과 수평인 장기 공급곡선의 교점만 찾으면 되는 것이지요. 가격이 일정한 값으로 돌아오기는 하지만, 결국 수요와 공급이 일치하는 곳에서 균형이 형성된다는 점에서 수요-공급의 법칙은 여전히 적용 가능합니다.

의문 2: "이윤이 0인데도 생산하는 게 말이 되나요?"

시장의 장기 균형에 대한 설명에서 이상한 점이 한 가지 있었을 것입니다. 바로 궁극적으로 경쟁 시장의 모든 기업의 이윤이 0이 된다는 것인데, 이윤이 0인데도 계속 생산하는 것은 그리 합리적으로 보이지 않습니다.

그러나 이는 회계학적 이윤과 경제학적 이윤의 차이를 간과한 오해입니다. 지금까지 우리가 '이윤이 0'이라고 이야기한 것은 경제학적 이윤이 0임을 말한 것입니다. 이윤은 총수입에서 총비용을 뺀 것이니까 이윤이 0이라면 총수입과 총비용이 같다는 얘기인데, 여기에서의 총비용은 경제학 관점에서의 '기회비용'을 의미합니다. 즉, 여기서 말하는 총비용에는 실제로 돈으로 나간 비용뿐만 아니라 재화를 생산했을 시간에 다른 것을 했으면 벌었을 금액, 즉 암묵적 비용도 포함되는 것이지요. 따라서 이윤이 0이라는 말은 생산을 통해 얻은 수입이 명시적 비용과 암묵적 비용까지 정확히 보상한다는 이야기이지, 회계장부에 이윤이 0으로 찍힌다는 이야기가 아닙니다.

아직 감이 잘 오지 않는다고요? 예를 들어, 어떤 아이스크림 생산자가 아이스크림을 만드는 데 2천만 원이 든다고 해 봅시다. 이것은 아이스크림 생산에 대한 명시적 비용입니다. 아이스크림을 생산하는 대신 사업비를 저축해서 이자를 얻고, 다른 사업을 해서 얻을 수 있는 금액이 3천만 원이라고 해 봅시다. 이것은 아이스크림 생산에 대한 암묵적 비용이 되죠. 이때 장기적으로 이윤이 0이 되었다는 것은 이 아이스크림 생산자가 명시적 비용 2천만 원과 암묵적 비용 3천만 원을 더한 5천만 원만큼의 수입을 벌었다는 이야기입니다. 명시적 비용만 고려하는 회계학적 시선으로 본다면 3천만 원을 번 것이 되는 것이지요.

따라서 이윤이 0이라는 말은 돈을 못 벌었다는 것이 아닙니다. 기업이 번 돈이 명시적 비용에 암묵적 비용을 더한 것, 즉 생산 활동 과정에서 실제로 지불한 금액에 다른 선택을 했을 때 벌 수 있었을 최대의 금액을 더한 것과 일치한다는 것입니다.

의문 3: "모든 기업의 평균총비용이 같을 수가 있나요?"

수평의 장기 공급곡선을 보면서 또 다른 의문이 들 수 있습니다. 장기 공급곡선은 평균총비용의 최저점에서 가격이 결정된다고 했습니다. 그런데 모든 기업의 평균총비용이 같지 않을 텐데, 정확히 무슨 평균총비용을 따른다는 것일까요?

사실, 엄밀히 말하면 우리는 모든 기업의 평균총비용이 같다는 전제하에 개념을 살펴보았습니다. 기업들이 생산하는 제품 간에는 차이가 없다는 가정은 곧 그 제품을 만드는 데 드는 비용에도 차이가 없음을 함축하고 있는 것이기 때문입니다. 하지만 현실에서는 아무리 경쟁 시장이라고 해도 모든 기업의 평균총비용이 같을 거라고 기대할 수는 없습니다. 기업마다 운영 방식과 생산 과정이 완전히 같을 수는 없기에 평균총비용도 제각각일 가능성이 큽니다.

또한 생산에 필요한 생산 요소가 한정되어 있다면, 시장에 기업이 많아질수록 각 기업이 생산하기 위해 들여야 하는 비용이 점점 커집니다. 예를 들어 한 마을에서 농사지을 수 있는 토지는 한정되어 있습니다. 이 마을에 농부가 많아지면 많아질수록 토지는 부족해질 수밖에 없고, 한 농부의 입장에서 같은 양을 생산하고 싶어도 그에 대한 비용은 증가할 수밖에 없습니다. 이처럼 장기적으로 기업의 수가 늘어나면서 생산량이 증가하면 더 많은 평균총비용을 감당해야 하는 경우가 많습니다.

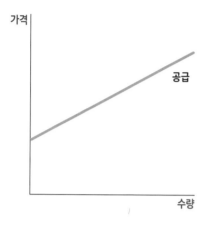

그림 29 ◆ 우상향하는 장기 공급곡선

이런 현실적인 상황을 반영했을 때 실제로 경쟁 시장의 장기 공급곡선은 〈그림 29〉처럼 완전 수평이 아니라 약간 우상향할 것입니다.

공급량이 늘어날수록 가격이 상승해야 한다는 것은 더 효율적으로 생산할 수 있는 기업부터 순차적으로 시장에 진입한다는 의미가 되기도 합니다. 적은 공급량에서는 낮은 가격도 감당 가능한, 생산 비용이 비교적 적게 드는 효율적 기업들이 시장에 들어올 것입니다. 하지만 수요 증가 등 공급량이 증가할 이유가 생기면, 장기적으로도 가격이 완전히 원상 복귀되지 않고 원래보다 약간 높게 형성되어야 합니다. 이미 시장에 존재하는 기업들은 가장 효율적인 기업들이므로 가격이 원상 복귀된다면 더 이상 시장에 진출할 기업이 없기 때문입니다. 따라서 가격이 조금 더 높게 형성되어야 생산 비용이 조금 더 드는 기업들이 시장에 진출할 수 있게 됩니다.

장기 공급곡선이 수평이 아니더라도 시장이 장기적으로 균형을 찾아오는 과정에는 차이가 없습니다. 피구공을 꾹 누르면 잠시 그 상태를 유지하다가 원래 상태로 돌아오듯이, 단기적인 수요 변화가 있으면 순간적으로 수요-공급의 법칙에 의해 가격이 변동되지만, 곧 기업이 진출하거나 퇴출하여 균형이 장기 공급곡선 위로 돌아오게 되는 것이지요. 결국 장기적으로 가격은 크게 변동하지 않는 모습을 보이게 됩니다.

주요 개념 되짚어 보기!

- ◆ 가격 수용자 시장에서 주어진 가격을 그대로 받아들이는 소비자나 판매자

- ◆ 경쟁 시장 동일한 상품에 대해 수많은 소비자와 판매자가 있어서 모든 사람이 가격 수용자이며 진입과 퇴출이 자유로운 시장

- ◆ 수요 소비자들이 값을 치르고 재화를 사려는 의사와 능력

- ◆ 수요량 소비자들이 구매할 의사와 능력이 있는 재화의 구체적인 양

- ◆ 수요곡선 특정 재화의 가격과 수요량이 어떤 관계가 있는지 보여 주는 그래프

- ◆ 수요의 법칙 다른 모든 조건이 동일할 때, 어떤 재화의 가격이 상승하면 수요량이 감소하고, 가격이 하락하면 수요량이 증가하는 현상

- ◆ 정상재 다른 조건이 동일할 때, 소득이 증가하면 수요가 증가하는 재화

- ◆ 열등재 다른 조건이 동일할 때, 소득이 증가하면 오히려 수요가 감소하는 재화

- ◆ 공급 판매자가 재화나 서비스를 팔려고 하는 의사와 능력

- ◆ 공급량 판매자가 판매할 의사와 능력이 있는 재화의 수량

- ◆ 공급의 법칙 다른 모든 조건이 동일할 때, 어떤 재화의 가격이 상승하면 공급량이 증가하고, 가격이 하락하면 공급량이 감소하는 현상

- ◆ 공급곡선 특정 재화의 가격과 공급량의 관계를 보여 주는 그래프

- ◆ 시장 균형 수요량과 공급량이 일치하는 시장 가격에 도달한 상태

- ◆ 균형 가격 수요량과 공급량을 일치시키는 가격

- ◆ 수요-공급의 법칙 수요량과 공급량이 일치하는 상태(수요곡선과 공급곡선이 만나는 점)에서 시장 가격과 거래량이 결정되는 것

- ◆ 왈라스적 안정성 초과 수요나 초과 공급이 가격 변동을 통해 해소되어 시장 균형에 도달하는 것

- ◆ 대체효과 같은 만족 수준에서 한 재화에 대한 다른 재화의 상대가격이 변하는 효과

◆ 소득효과 같은 상대가격에서 소비자의 실질적인 소득이 높아지는 효과

◆ 기펜재 소득효과에 의해 가격이 하락하면 오히려 수요가 감소하는 재화

◆ 베블런재 가격이 오를수록 이를 구매할 수 있음을 과시하려는 소비자의 심리로 인해 수요가 증가하는 재화

◆ 편승 효과(밴드왜건 효과) 다른 사람들이 많이 소비하는 재화를 따라서 소비하는 현상

◆ 속물 효과(백로 효과) 특정 재화를 소비하는 사람들이 늘어남에 따라 그 재화의 구매를 기피해 오히려 수요가 감소하는 현상

◆ 총수입 재화를 판매하여 벌어들인 총 금액으로, 재화의 가격에 판매량을 곱한 것

◆ 평균수입 재화 한 단위를 팔아서 평균적으로 얻는 수입으로, 총수입을 판매 수량으로 나눈 값

◆ 한계수입 재화 한 단위를 추가로 판매했을 때 발생하는 총수입의 변화분

◆ 이윤 극대화 지점 한계수입과 한계비용이 같은 지점

◆ 마셜적 안정성 시장의 불균형 상태가 거래량의 변화로 조정되어 가격이 균형 가격으로 이동하여 시장 균형을 이루는 것

◆ 거미집 모형 부동산이나 농산물 시장에서처럼 재화의 가격 변동에 대해서 수요는 즉시 반응하지만 공급은 시차를 두고 대응하는 과정을 설명하는 모형

3장

놀이공원에서 떠올린 경제학:
모험의 나라 구석구석

놀이공원은 그야말로 꿈과 모험의 세계입니다. 놀이공원에 들어서는 순간, 일상과는 동떨어진 환상적인 세상이 펼쳐집니다. 반짝이는 불빛과 각양각색의 구경거리에 둘러싸이면 마치 동화 속 주인공이 된 듯합니다. 아름답고 화려하게 꾸며진 모습과 절로 '와' 소리가 나게 하는 놀이기구는 우리의 기억 속에 놀이공원을 즐겁고 행복한 곳으로 남게 합니다.

그러나 방문객이 너무 많은 날에는 놀이공원을 충분히 즐기지 못하게 됩니다. 1분짜리 롤러코스터를 타려고 1시간 이상 줄을 서다 보면 몸과 마음이 지칩니다. 수많은 사람이 한정된 공간에서 부대끼는 놀이공원은 마치 각자의 이기심에 따라 움직이는 사람들로 구성된 이 사회의 축소판 같습니다.

게다가 놀이공원은 아름다운 불빛 장식, 스릴 넘치는 놀이기구, 맛있는 간식거리, 살아 움직이는 듯한 캐릭터 인형과의 만남을 무상으로 제공하는 것이 아닙니다. 놀이공원은 어디까지나 돈의 논리에 의해 움직입니다. 약간 냉소적인 시각일지도 모르겠으나, 환상과 모험으로 가득한 놀이공원은 어찌 보면 시장경제가 만들어 낸 가장 복잡하고 화려한 산물 중 하나일지 모릅니다. 물론 놀이공원이 본질적으로 상행위의 공간이라는 주장으로 놀이공원이 우리에게 주는 감동을 폄하하려는 것은 아닙니다. 다만 우리가 그 감동을 얻기 위해 언제나 일정한 대가를 지불하고 있음을 상기하자는 것뿐입니다.

작은 공간에 수많은 사람들이 모여 엄청난 규모의 시장에 참여하고 있는 놀이공원은 다양한 경제 현상을 관찰하기에 딱 좋은 곳입니다.

이번 장에서는 놀이공원에서 흔히 발견할 수 있는 몇 가지 현상을 살펴보면서 그 현상에 내포된 경제 법칙을 알아볼 것입니다. 예를 들어, 놀이공원에서는 같은 물건도 놀이공원 밖에서보다 훨씬 높은 가격에 판매합니다. 놀이공원 입장권 가격 자체도 일반적인 물가 수준에 비해 비싸다고 느끼는 사람이 많습니다. 또 놀이공원에서는 돈을 내고 간단한 도박을 해서 상품을 받는 게임을 하거나, 특별한 패스권을 가지고 줄 맨 앞으로 새치기하는 비일상적인 경험을 할 수도 있습니다. 또한 놀이공원에서 쓰는 다양한 전략도 경제학적으로 살펴볼 가치가 있습니다. 예를 들어, 입장권과 자유이용권을 구분해서 파는 것이나, 각종 캐릭터를 이용해 광고하는 등의 모습은 이윤을 극대화하려는 기업의 행태를 이해하는 데 좋은 사례가 됩니다.

이 장을 읽고 나면 이런 일들이 일어나는 과정을 보다 명확하게 이해할 수 있을 것입니다. 자, 지금부터 놀이공원이 제공하는 환상과 모험 뒤에서 합리적인 인간들 간의 상호 작용이 어떻게 일어나고 있는지 들여다볼까요?

왜 놀이공원에서는 모든 것이 더 비쌀까요?:
수요와 공급의 탄력성

놀이공원에서 파는 것들 대부분은 시중에서보다 더 비싸게 팔립니다. 물이나 김밥, 머리띠처럼 놀이공원 밖에서도 흔히 살 수 있는 물건임에도 두 배 정도의 가격을 지불한 경험이 있을 것입니다. 이에 대해 어떤 사람들은 놀이공원 방문자들의 마음과 상황을 악용해 폭리를 취하는 것이라고 주장하기도 합니다. 아예 틀린 말이라고 하기는 어렵지만, 그렇다고 해서 놀이공원이 불법적인 수단을 동원해 이익을 챙겼다고 할 수는 없습니다. 이는 옳고 그름의 문제를 떠나서 경제학에서 가정하는 기업의 모습, 즉 이윤을 극대화하려고 고군분투하는 모습이라는 것은 분명해 보입니다.

놀이공원을 벗어날 수 없으므로 당장 눈앞에 있는 물을 사는 것 말고는 선택의 여지가 없는 소비자에 비해 놀이공원에서 물을 파는 생산자는 분명히 유리한 위치에 있습니다. 이는 놀이공원에서 물값이 올라가는 결과로 이어지게 됩니다. 이처럼 소비자와 생산자 사이의 미묘한 우위의 차이는 경제 현상에 큰 영향을 미칩니다.

탄력성이란?

놀이공원에서 생산자가 소비자보다 유리한 위치에 있다는 말은 사실 그렇게 엄밀한 표현은 아닙니다. 경제학자들은 경제 주체들의 유리함과 불리함을 설명하기 위해 '탄력성'이라는 개념을 사용합니다.

탄력성elasticity이란 하나의 결정 변수의 변동에 따라 수요량이나 공급량이 얼마나 변하는지를 나타내는 지표입니다. 만일 소비자에게 해당 재화가 꼭 필요하다면 어떤 결정 변수가 변하더라도 수요량이 크게 변하지 않을 것입니다. 그러나 소비자에게 해당 재화가 별 필요가 없다면 어떤 결정 변수가 변했을 때 수요량이 매우 쉽게 변할 것입니다.

'결정 변수'라는 표현이 애매하게 느껴질지도 모릅니다. 사실 결정 변수의 자리에는 수요량이나 공급량에 영향을 줄 수 있는 구체적인 요소가 들어가야 합니다. 가장 많이 사용되는 결정 변수는 바로 '가격'입니다.

가격탄력성price elasticity은 가격에 대한 수요량 혹은 공급량의 탄력성을 의미하는 것으로, 가격 변화에 대해 수요량이나 공급량이 얼마나 예민하게 반응하느냐를 나타냅니다. 만약 가격 변동에 따라 수요량이나 공급량이 크게 변하면 탄력적이라고 하고 탄력성이 높다고 표현합니다. 가격탄력성이 높은 재화일수록 사람들의 소비나 생산이 가격에 민감하게 반응한다고 생각하면 됩니다.

탄력성에 영향을 미치는 것들

가격탄력성에 영향을 미치는 요인에는 여러 가지가 있습니다.

첫째, 밀접한 대체재가 많이 존재할수록 수요의 가격탄력성이 높습니다. 마가린이라는 대체재가 있는 버터의 경우 값이 올라가면 사람들이 버터 대신 마가린을 구매할 수 있기 때문에 수요량이 쉽게 줄어듭니다. 따라서 버터는 비교적 가격탄력성이 높습니다. 하지만 마늘의 경우 마늘값이 올라가도 대신해서 살 대체재가 거의 없기 때문에 수요량이 크게 줄지 않습니다. 대체재가 거의 없는 마늘의 수요는 대체재가 존재하는 버터의 수요에 비해 비탄력적인 것입니다.

둘째, 사치품은 필수품보다 수요의 가격탄력성이 높습니다. 예를 들어 맹장 수술은 맹장이 터졌을 때 반드시 받아야 하는 필수적인 서비스이기 때문에 수술비가 올라가도 맹장 수술에 대한 수요량은 크게 줄어들지 않습니다. 반면, 미용을 위한 성형 수술은 하면 좋지만 대부분의 경우 안 해도 그만인 꼭 필요하지 않은 사치품에 가깝습니다. 따라서 성형 수술 비용이 크게 올라가면 수요량이 크게 줄어들 가능성이 큽니다. 즉, 맹장 수술은 가격에 대해 비탄력적이고, 성형 수술은 탄력적입니다.

셋째, 시장이나 재화의 범위를 어떻게 설정하느냐에 따라 수요의 가격탄력성이 변합니다. 아이스크림의 가격탄력성을 따져 본다면, 아이스크림은 마땅한 대체재가 별로 없으므로 탄력성이 낮다고 할 수 있습니다. 그러나 초콜릿 아이스크림으로 재화의 범위를 더 축소해서 가격탄력성을 따져 본다면 딸기 아이스크림, 바닐라 아이스크림 등 다양한 종류의 아이스크림이 대체재가 될 수 있으므로 탄력성이 높아집니다. 이처럼 재화의 범위를 좁게 잡을수록 대체재가 많아지기 때문에 탄력성이 높아집니다.

넷째, 생산의 유연성이 높으면 공급의 가격탄력성이 높습니다. 즉, 어떤 재화를 더 생산하고 덜 생산하는 것이 자유로울수록 탄력성이 높아집니다. 연필은 더 생산하거나 덜 생산하는 것이 비교적 자유로운 재화입니다. 따라서 가격 변동에 따른 공급량의 변화가 일어나기 쉬운 탄력적인 재화입니다. 반면 주택이라는 재화는 상황에 따라 그때그때 더 생산하거나 덜 생산하는 것이 용이하지 않은 재화입니다. 따라서 가격에 따라 공급량이 쉽게 변하지 않는 비탄력적인 재화입니다.

마지막으로 시간의 차원을 어떻게 설정하느냐에 따라 수요와 공급의 가격탄력성이 변합니다. 예를 들어 휘발유는 값이 올라가도 단기적으로는 어쩔 수 없이 사야 하는 꼭 필요한 재화이므로 탄력성이 낮습니다. 그러나 가격이 계속 올라가 있다면 장기적으로는 사람들이 점차 휘발유를 덜 소모하는 자동차를 구매하거나 대중교통을 이용하게 될 것입니다. 따라서 장기적으로 보았을 때는 휘발유에 대한 가격탄력성이 높아집니다.

가격과 마찬가지로 다른 결정 변수에 대해서도 탄력성을 정의할 수 있습니다. 예를 들어 수요의 소득탄력성은 소득이 증가하거나 감소할 때 그에 따라 수요량이 얼마나 변화하는지를 알려 줍니다. 치킨 수요의 피자 가격탄력성은 피자 가격이 증가하거나 감소할 때 치킨의 수요량이 얼마나 변화하는지를 보여 줍니다.

탄력성은 어떤 재화의 거래에 관해 소비자나 생산자가 지닌 힘 혹은 시장에서의 협상 능력을 의미하기 때문에 매우 중요한 개념입니다. 어떤 재화에 대한 수요의 가격탄력성이 낮다는 것은 가격이 올라가도 어쩔 수 없이 울며 겨자 먹기로 그 재화를 살 수밖에 없다는 의미입니다. 어떤 재화에 대한 공급의 가격탄력성이 낮다는 것은 가격이 내려가도 어쩔 수 없이 그 재화를 팔아야 한다는 것이고요. 수요나 공급이 비탄력적이라는 것은 그 재화를 반드시 사거나 팔아야 하기에 많은 것을 참고 감수해야 한다는 의미가 됩니다.

탄력성 계산하기

탄력성은 조금 특별한 방식으로 계산됩니다. 어떤 그래프의 기울기를 측정할 때 우리는 '변화량 분의 변화량'을 계산합니다. 그러나 탄력성은 '변화율 분의 변화율'을 계산해야 합니다. 정확히 말하면 가격탄력성을 다음과 같이 정의할 수 있습니다.

$$\text{가격탄력성} = \frac{\text{수요량이나 공급량의 변화율}}{\text{가격의 변화율}}$$

예를 들어 가격이 10% 상승했을 때 수요량이 20% 감소했다면 수요의 가격탄력성은 20/10=2가 되는 것입니다. 또, 가격이 1,000원에서 1,200원이 되었을 때 수요량이 100에서 70으로 감소했다면, 가격이 20% 상승할 때 수요량이 30% 하락했으므로 수요의 가격탄력성은 30/20=1.5가 됩니다.

그런데 이때 수요량과 가격이 움직이는 방향이 반대니까 수요의 가격탄력성은 음수가 되어야 하지 않을까 하는 의문을 가질 수 있습니다. 하지만 수요량과 가격이 반대 방향으로 움직인다는 것은 수요의 법칙에 의해 너무나도 명확하게 제시되어 있기 때문에 탄력성에 있어서 부호는 별로 중요하지 않습니다. 이는 공급의 가격탄력성의 경우에도 마찬가지입니다. 그래서 가격탄력성을 구할 때는 부호를 떼고 절댓값을 취합니다.

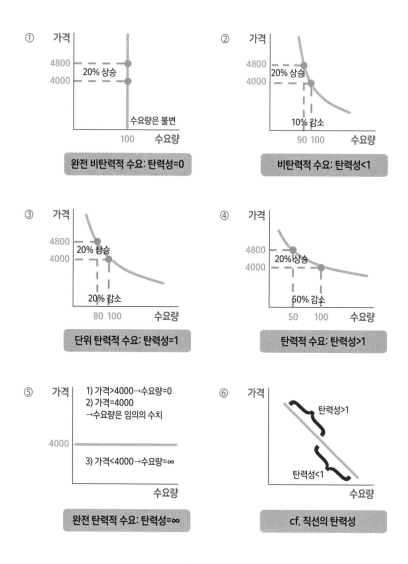

그림 1 ◆ 가격탄력성에 따른 수요곡선의 형태

〈그림 1〉은 가격탄력성에 따른 다양한 형태의 수요곡선을 보여 줍니다. ②~④번은 가장 일반적인 형태의 수요곡선들입니다. 탄력성은 변화율 분의 변화율로 계산되기 때문에 기울기와는 달리 눈대중으로 탄력성을 예상하기가 쉽지 않습니다. 하지만 기울기와 어느 정도 비슷한 경향성을 가지므로 기울기를 파악하면 탄력성도 대략적으로 파악할 수 있습니다. ②~④번 그래프를 살펴보면 가격탄력성이 높을수록 수요곡선의 기울기가 완만해지는 것을 볼 수 있습니다. 즉, 정확한 것은 아니지만 기울기가 완만할수록 더 탄력적이 된다고 생각하면 됩니다.

②번 그래프처럼 탄력성이 1보다 작은 경우에는 그 재화를 **비탄력적**inelastic이라고 표현합니다. 반면 ④번 그래프처럼 탄력성이 1보다 큰 경우 그 재화는 **탄력적**elastic입니다. ③번 그래프처럼 탄력성이 정확히 1이면 그 재화는 **단위 탄력적**unit elastic이라고 합니다.

탄력성이 0이거나 무한대인 극단적인 경우를 살펴보면 이런 경향성이 더욱 두드러지게 나타납니다. 탄력성이 0이라는 것은 가격이 아무리 변해도 수요량이 꿈쩍도 하지 않는다는 것입니다. 이런 경우 수요량이 일정하므로 ①번처럼 수직선이 그려지며, 이를 **완전 비탄력적**이라고 표현합니다. 반대로 탄력성이 무한대이면 가격이 아주 살짝만 변해도 수요량이 무한대의 변화를 보입니다. 이는 사실상 가격이 변할 수 없다는 의미가 됩니다. 즉, 가격이 일정하므로 ⑤번처럼 수평선이 그려집니다. 탄력성이 무한대인 경우에는 **완전 탄력적**이라고 표현합니다. (수요가 완전 '비'탄력적이면 하늘에서 '비'가 오듯 수직선인 수요곡선이 그려지고, 수요가 완전 '탄'력적이면 총을 '탕' 쏜 듯 수평선인 수요곡선이 그려진다고 외우면 쉬워요!)

직선 그래프의 경우 그래프 위의 어떤 점에서나 기울기가 일정합니다. 하지만 그래프가 곡선이면 그래프 위의 점에 따라 기울기가 달라집니다. 이는 탄력성의 경우에도 마찬가지입니다. 탄력성이 일정한 그래프도 있지만 일정하지 않은 그래프도 있습니다.

탄력성이 일정한 그래프는 대표적으로 유리함수($y = \frac{n}{x}$) 형태의 수요곡선이나 양의 기울기를 가지는 원점을 지나는 직선 형태의 공급곡선 등이 있습니다. 이런 몇몇 경우를 제외하면, 하나의 그래프 위에서도 점의 위치에 따라 탄력성이 변할 수 있습니다. 예를 들어 ⑥번 그래프는 하나의 수요곡선에서 탄력성이 1보다 큰 구간과 1보다 작은 구간이 나누어져 있는 것을 보여 줍니다. 이는 다시 말해, 같은 재화라도 가격 수준에 따라 탄력성의 크기가 바뀔 수 있다는 것입니다.

〈그림 2〉처럼 공급곡선도 탄력성에 따라 다양한 형태를 보입니다. 공급곡선도 수요곡선과 마찬가지로 곡선의 기울기가 가파른 편이면 비탄력적이고, 완만한 편이면 탄력적이라고 눈대중으로 파악할 수 있습니다.

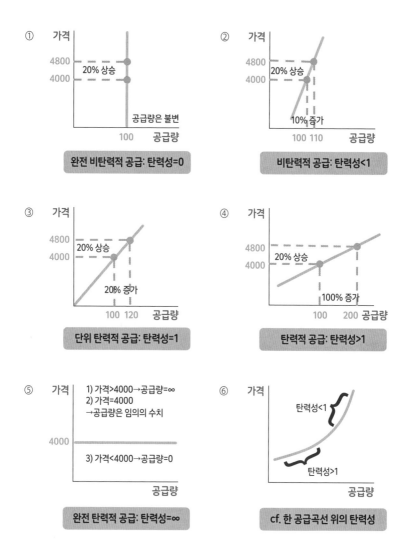

그림 2 ◆ 가격탄력성에 따른 공급곡선의 형태

②번 그래프처럼 탄력성이 1보다 작은 재화는 공급이 비탄력적인 재화이고, ④번 그래프처럼 탄력성이 1보다 큰 재화는 공급이 탄력적인 재화입니다. 또 ③번 그래프처럼 탄력성이 1인 재화는 공급이 단위 탄력적이라고 합니다.

또한 특수한 형태의 극단적인 공급곡선도 상상해 볼 수 있습니다. ①번처럼 위아래로 수직인 공급곡선은 탄력성이 0으로, 완전 비탄력적입니다. 이 경우 가격이 아무리 변해도 공급량이 변하지 않습니다. 즉, 가격이 공급량에 아무런 영향을 미칠 수 없습니다. 반면 ⑤번처럼 가로로 수평인 공급곡선은 탄력성이 무한대로, 완전 탄력적입니다. 가격이 조금만 변해도 공급량이 무한히 변화한다는 것이므로, 사실상 가격이 변하지 않는다고 생각하면 됩니다. 우리가 2장에서 살펴보았던 경쟁 시장의 장기 공급곡선이 바로 이 같은 완전 탄력적인 형태였습니다.

탄력성이 놀이공원과 무슨 상관일까요?

자, 지금까지 탄력성이 무엇인지 살펴보았습니다. 그런데 도대체 이 탄력성이 놀이공원의 물가와 무슨 관련이 있다는 걸까요?

앞서 탄력성은 소비자나 생산자가 시장 거래와 관련해서 가진 힘 혹은 협상 능력을 대변한다고 이야기했습니다. 수요의 가격탄력성이 높다는 것은 재화의 가격이 올랐을 때 소비자들이 그 재화의 소비를 크게 줄일 수 있다는 것입니다. 수요의 탄력성이 높다는 것은 그 재화를 사도 그만, 사지 않아도 그만이라는 이야기지요. 따라서 수요의 탄력성이 높은 재화에 대해서는 소비자의 시장 협상 능력이 그만큼 높다는 것입니다.

반대로 수요의 가격탄력성이 낮다는 것은 재화의 가격이 올라도 쉽게 소비량을 줄일 수 없다는 의미입니다. 값이 비싸져도 어쩔 수 없이 그 재화가 필요해서 사야 하는 소비자들은 그 재화에 대해서 생산자에 비해 시장 협상 능력이 낮은 것입니다.

기업이 가격에 어느 정도 영향력을 행사할 수 있는 경우, 기업은 이를 교묘히 이용해 이익을 극대화할 수 있습니다. 〈그림 3〉은 기업이 버는 총수입을 그래프 위에 나타낸 것입니다. 어떤 수요곡선에서

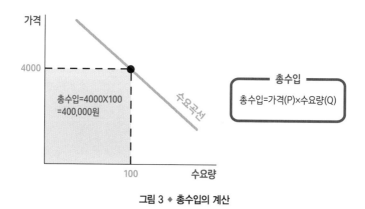

그림 3 ◆ 총수입의 계산

가격이 4천 원일 때 수요량이 100이라고 해 봅시다. 이때 기업이 가격을 4천 원으로 설정하면 재화가 100개 팔릴 것이므로 기업은 총 40만 원을 벌 수 있습니다.

이처럼 총수입은 가격(P)과 수요량(Q)의 곱이므로 수요곡선 위의 어떤 점과 원점을 두 꼭짓점으로 하는 직사각형의 넓이로 나타낼 수 있습니다.

기업이 이윤을 극대화하기 위해서는 총수입뿐만 아니라 총비용까지 따져야겠지만 여기서는 이야기를 단순화하여 기업이 총수입을 최대화하려는 경우를 살펴보고자 합니다. 가격에 대해 어느 정도 결정권이 있는 기업이 취할 전략은 재화가 탄력적이냐 비탄력적이냐에 따라 다릅니다.

〈그림 4〉의 왼쪽 그래프처럼 수요가 비탄력적이면 가격을 올려도

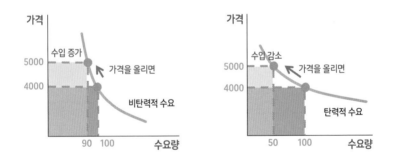

그림 4 ✦ 탄력성에 따른 가격 상승의 효과

수요량이 별로 줄지 않습니다. 가격을 올려도 고객이 많이 빠져나가지 않으니 가격을 인상함에 따라 수입도 증가합니다. 수요곡선의 점에서 그린 직사각형의 넓이는 총수입을 나타냅니다. 수요가 비탄력적인 경우 가격이 상승하면 높아진 가격으로 늘어난 수입(노란색 직사각형)이 판매량 감소로 줄어드는 수입(파란색 직사각형)의 크기보다 크다는 것을 확인할 수 있습니다.

반대로 오른쪽 그래프와 같이 수요가 탄력적인 재화는 가격을 올리면 수요량이 크게 줄어듭니다. 가격은 올랐지만 그 효과를 능가할 만큼 고객이 많이 빠져나가니 수입은 감소합니다. 이 또한 수요곡선에서 직사각형을 그려 보면 높아진 가격으로 늘어난 수입(노란색 직사각형)이 판매량 감소로 줄어드는 수입(파란색 직사각형)의 크기보다 작다는 것을 알 수 있어요.

정리해 보면, 수요가 비탄력적인 재화는 가격을 올렸을 때 총수입이 증가하고, 수요가 탄력적인 재화는 가격을 올렸을 때 총수입이 감소합니다. 따라서 기업은 재화의 탄력성에 따라 전략을 잘 세워 총수입을 늘릴 수 있습니다.

그렇다면 놀이공원은 어떨까요? 놀이공원은 모든 면에서 수요가 매우 비탄력적이 되는 곳입니다. 우선 놀이공원 안에 들어온 이상 밥과 간식은 반드시 놀이공원 안에서 해결해야 합니다. 다른 대안이 없기에 놀이공원에 있는 식당에 대한 수요는 매우 비탄력적입니다. 또 놀이공원에서 파는 머리띠나 인형 등 각종 기념품도 놀이공원 내부에서만 판매하거나 놀이공원 안에서만 의미가 있는 경우가 대부분입니다(놀이공원 밖에서 놀이공원 머리띠를 하는 경우는 거의 없을 테니까요).

놀이공원을 운영하는 사람들도 이 사실을 잘 알고 있습니다. 이들은 놀이공원에서 파는 것들의 가격을 올리더라도 방문자들이 다른 대안을 선택할 수 없다는 점을 이용하여 이윤을 극대화합니다. 그 결과 놀이공원에서 파는 모든 것의 물가는 비정상적으로 높게 형성됩니다.

여기까지는 시장에서 일어나는 일에 대한 매우 객관적인 분석입니다. 하지만 이런 현상이 공정한지를 따지는 것은 또 다른 문제입니다. 소비자 입장에서는 이런 처사가 불공정하게 느껴질 수도 있습니다. 밖에서 3천 원에 살 수 있는 것을 5천 원에 사면 당연히 손해를 본 것 같은 기분이 듭니다. 그러나 기분이 나쁘다고 해서 반드시 그것이 불공정하다고 말할 수는 없습니다.

소비자와 생산자가 지닌 힘 혹은 시장 협상 능력의 차이에 따라 가격이 결정되는 것도 시장에서 일어나는 하나의 메커니즘입니다. 모든 재화에 대해 소비자와 생산자의 탄력성이 같기를 기대하는 건 사실상 불가능하며, 가격은 이런 힘의 불균형을 조정해 주는 역할을 할 수 있습니다. 그러나 두 주체 간의 힘의 차이가 너무 크게 나거나 한쪽이 다른 쪽의 힘을 강제로 제한하여 이득을 취하는 경우엔 문제가 될 수 있습니다.

놀이공원에서 비싼 밥을 먹어야 하는 것은 놀이공원 방문자들의 음식 수요에 대한 탄력성이 매우 낮기 때문에 나타나는 현상입니다. 그렇다면 이 현상은 과연 공정할까요? 2003년 우리나라 공정거래위원회는 이에 대해 불공정한 부분이 있다는 입장을 보였습니다. 당시 우리나라의 놀이공원에서는 환경을 깨끗하게 유지한다는 명목으로 음식을 반입하지 못하게 하고 있었습니다. 그러나 공정거래위원회는 이런 규정이 방문자의 선택의 폭을 줄여 놀이공원에 있는 식당의 이득을 취하려는 것이라고 판단해 놀이공원 내 음식물 반입을 허용하도록 했습니다.

그러나 이런 조치 후에도 여전히 놀이공원 안에서의 물가는 비쌉니다. 아마도 놀이공원에 음식을 싸 가는 것은 귀찮은 일이기 때문인가 봅니다. 놀이공원의 밥값을 낮추고 싶으면 소비자들이 스스로 놀이공원 내 상품에 대한 탄력성을 높이는 방법도 있습니다. 가격이 지나치게 높아지면 적극적으로 불매하는 것과 같이 말입니다. 하지만 비싸다며 볼멘소리를 하면서도 놀이공원 안에서 간식을 사 먹는 것은 그 가격을 수용할 수 있음을 인정하는 행위입니다. 가격은 때로는 불공평하게 형성되기도 하지만, 대부분 사고자 하는 마음과 팔고자 하는 마음 간의 균형을 반영하여 형성됩니다.

놀이공원의 입장료는
어떻게 정해지는 걸까요?:
독점 시장

우리는 2장에서 완벽한 경쟁 시장에서는 어떻게 가격이 결정되는지 살펴보았습니다. 완전 경쟁 시장에서는 소비자와 생산자가 너무 많아서 가격에 대한 결정권이 전혀 없습니다. 따라서 가격은 순수하게 수요와 공급 사이의 균형에 의해 결정됩니다.

그런데 이런 의문이 생길 수 있습니다. 정말로 가격에 대한 결정권이 전혀 없는 생산자가 있을까요? 우리의 실생활 속에서는 생산자가 가격을 결정하고 소비자는 그 가격을 받아들이고 살지 말지만 결정하는 경우가 더 많다고 느껴지기도 합니다.

물론 어떤 시장들은 거의 완벽한 경쟁 시장입니다. 우리가 쉽게 특정 기업이나 브랜드를 떠올릴 수 없는 시장들은 경쟁 시장에 가깝습니다. 유명한 브랜드랄 게 거의 없는 농산물 시장이나 수많은 기업이 주식을 파는 주식 시장 등은 완전 경쟁 시장에 가깝습니다. 하지만 우리가 살면서 마주치는 대부분의 시장은 경쟁 시장이 아닙니다. 몇 십 개의 브랜드를 쉽게 떠올릴 수 있는 의류 시장, 패스트푸드 시장, 편의점 시장 등은 모두 가격에 대해 어느 정도 영향력을 가지는 기업들로 구성되어 있습니다. 그뿐만 아니라 모든 기업이 판매하는 제품이 거의 비슷해야 한다는 경쟁 시장의 전제와 달리 대부분의 기업들은 서로 조금씩 다른 제품을 팔고 있습니다. 아이스크림이나 과자 시장에 있는 상품들은 서로 완전히 다르다고 보아도 될 정도입니다.

이런 시장들에서는 경쟁 시장의 논리를 그대로 적용하기가 어렵습니다. 물론 수요-공급 법칙의 기본 원리를 어느 정도 따르는 부분은 있지만, 시장에 대한 완벽한 설명이 되지는 못합니다. 가장 큰 문제는 공급의 법칙을 적용할 수 없다는 점입니다. 공급의 법칙에 의하면 생산자들이 가격에 따라 공급량을 결정해야 합니다. 그런데 생산자가 가격 자체에 손댈 수 있는 경우 공급의 법칙은 생산자의 행동에 대한 충분한 설명이 될 수 없습니다.

경제학자들은 완전 경쟁 시장에서 벗어나 다양한 시장에 대해 분석하며 이 문제를 해결하고자 했습니다. 하지만 이 세상에 존재하는 수많은 시장에 맞추어 경제 모형을 만드는 것은 불가능합니다. 그래서 경제학자들은 완전 경쟁 시장처럼 극단적이지만 분석이 쉬운 몇 가지 시장에 대한 이론을 먼저 정립한 후, 이런 시장의 특성을 적절히 조합

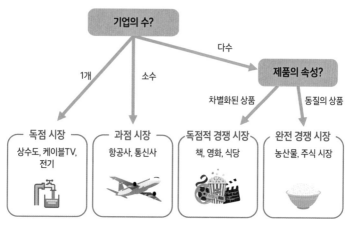

그림 5 ◆ 시장의 종류

해 중간적인 성격의 시장들을 설명하는 방법을 사용했습니다.

미시경제학에서 기본적으로 다루는 시장의 종류는 〈그림 5〉와 같습니다. 고전적으로 경제 모형의 대상이 된 시장은 크게 세 가지로, 기업이 하나뿐인 **독점 시장**monopoly market, 소수의 기업이 존재하는 **과점 시장**oligopoly market, 수많은 기업이 존재하는 **완전 경쟁 시장**입니다. 이후 미국의 경제학자 에드워드 체임벌린Edward Chamberlin이 책 시장, 외식 시장 등 상당수의 시장이 기업 수는 많지만 각 기업이 서로

에드워드 체임벌린(1899~1967)은 현실적인 시장은 완전 경쟁과 완전 독점이라는 극단적인 시장이 혼합된 중간적인 형태의 독점적 경쟁 시장이라고 규정했어요.

차별화된 상품을 판매하는 특성을 지니고 있음을 지적했습니다. 기업의 수가 많다는 점에서는 경쟁 시장과 비슷하지만, 각 기업이 서로 차별화된 상품을 판다는 점에서 어느 정도 독점 기업과 같은 지위도 있다는 것입니다. 체임벌린은 이런 시장을 설명하기 위해 독점 시장과 완전 경쟁 시장의 특성을 모두 가진 **독점적 경쟁 시장**monopolistically competitive market이라는 개념을 제시했습니다. 대표적으로 책이나 영화 시장은 서로 비슷하지만 다른 상품을 판다는 점에서 독점적 경쟁 시장에 해당합니다.

그렇다면 놀이공원 시장은 어떤 시장에 해당할까요? 우선 완전 경쟁 시장이 아닌 것은 분명합니다. 우리나라에 놀이공원의 수는 별로 많지 않기 때문에 과점 시장이라고 할 수 있을 것입니다. 그런데 제대로 된 과점 시장이 되려면 기업 간에 판매하는 상품이 동일해야 합니다. 그런 점에서 위치나 놀이기구의 종류가 놀이공원마다 다른 놀이공원 시장은 완벽한 과점 시장은 아닙니다. 오히려 서로의 제품이 차별화되어 있다는 점에서 독점적 경쟁 시장에 가까울지도 모릅니다. 한편 지역에 따라서는 주변에 제대로 된 놀이공원이 하나뿐인 곳도 많습니다. 이런 곳에서의 놀이공원 시장은 독점 시장입니다.

놀이공원의 입장권 가격은 분명 완전 경쟁 시장에서와는 다른 과정을 거쳐 결정됩니다. 여기서 우리는 놀이공원 시장을 대표할 수 있는 여러 시장 종류 중 독점 시장에 대해 살펴볼 것입니다. 독점 기업은 유일한 생산자이므로 엄청난 **시장 지배력**market power을 가집니다. 주어진 가격을 받아들이는 경쟁 시장의 기업과는 달리, 가격을 설정할 수 있는 **가격 결정자**price maker가 되는 것이지요. 지금부터 놀이공원 입장권 가격이 어떻게 결정되는지 파헤쳐 봅시다. 또한 가격을 인위적으로 설정할 수 있는 독점 시장의 구조가 보이지 않는 손이 작동해 가격을 결정하는 경쟁 시장과 어떤 차이가 있는지 살펴보겠습니다.

🖊 놀이공원은 왜 독점 시장이 되었을까요?

가장 근원적인 질문에서 출발해 볼게요. 놀이공원은 왜 독점 시장이 되었을까요? 그러니까 왜 우리 지역 근처에는 한 개(혹은 단 몇 개)의 놀이공원밖에 없을까요? 경쟁 시장의 장기 균형에 대해 이야기하면서 어떤 기업이 이윤을 내고 있으면 새로운 기업이 시장에 진출할 유인이 생긴다는 것을 살펴보았습니다. 따라서 보통의 경우라면 처음에 독점 시장이었더라도 독점 기업이 계속 이윤을 내고 있다면 새로운 기업이 시장에 진출할 것이고, 곧 시장은 여러 기업으로 바글바글해질 것입니다.

그런데 놀이공원 시장은 오랫동안 큰 변동 없이 기업의 수가 유지되어 왔습니다. 그동안 우리나라의 놀이공원 개수는 큰 변화가 없었고, 심지어는 야심만만하게 운영을 시작했다가 폐장을 면치 못한 놀이공원도 있었습니다. 놀이공원 시장은 왜 경쟁 시장보다는 독점 시장과 가까운 형태로 유지되는 것일까요?

독점 시장이 생겨나고 유지되는 이유에는 크게 세 가지가 있습니다.

첫째, 한 기업이 중요한 생산 요소를 독점하는 경우 독점 시장이 형성됩니다. 특정 상품을 생산하는 데 필요한 자원이나 노동력, 설비 등을 한 기업이 독점하고 다른 기업이 사용하지 못하도록 할 경우에는 어쩔 수 없이 독점 기업이 나타나게 됩니다. 다이아몬드 회사인 드비어스De Beers는 남아프리카공화국에 있는 다이아몬드 광산 대부분을 사들였는데, 이를 기반으로 전 세계 다이아몬드 시장의 80% 이상을 지배하며 거의 독점 기업과 마찬가지가 되었습니다.

둘째, 정부에 의해 인위적으로 독점이 발생하기도 합니다. 특정 기업의 기술에 특허권이나 저작권을 부여해 보호해 주어야 한다고 판단될 경우에는 경쟁을 억제하는 부작용이 있더라도 독점권을 인정해 주기도 합니다. 삼성전자와 애플의 끝없는 특허권 싸움은 특정 기술에 대한 독점권을 인정받기 위해서입니다. 또 새로운 신약이 발명되었을 때도 정부는 일정 기간 해당 제약 회사의 독점권을 인정해 줍니다.

마지막으로, 자연 독점이라는 현상에 의해 독점 시장이 나타나기도 합니다. **자연 독점**natural monopoly이란 여러 생산자가 있는 것보다 하나의 생산자가 있는 것이 더 효율적이어서 자연스럽게 기업의 수

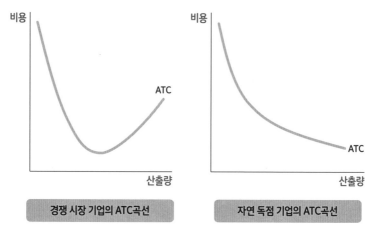

| 경쟁 시장 기업의 ATC곡선 | 자연 독점 기업의 ATC곡선 |

그림 6 ◆ 경쟁 시장과 독점 시장에서의 기업의 ATC곡선

가 줄어들어 하나만 남는 경우를 말합니다.

1장에서 일반적인 평균총비용(ATC)곡선은 〈그림 6〉의 왼쪽 그래프처럼 U자형을 띤다는 것을 살펴보았습니다. 생산량을 계속 늘리다 보면 한계생산물 체감 현상으로 인해 언젠가는 비용이 기하급수적으로 늘어나는 지점이 오기 때문입니다. 이때 비용이 하락하는 부분을 '규모의 경제', 비용이 상승하는 부분을 '규모의 비경제'라고 부르며 구분했던 것 기억하시나요?

그런데 어떤 산업에서 극단적으로 규모의 경제만 나타날 경우, 〈그림 6〉의 오른쪽 그래프처럼 ATC곡선이 끝없이 우하향합니다. 이 경우에는 계속해서 생산량을 늘려도 평균총비용, 즉 한 단위당 생산

비용이 점점 줄어듭니다. 많이 생산할수록 평균총비용을 줄일 수 있다면 여러 기업이 조금씩 나누어 생산하는 것보다 한 기업이 생산하는 것이 이득입니다. 따라서 규모의 경제에서는 자연스럽게 하나의 기업만이 남게 됩니다.

자연 독점이 일어나는 재화의 특징은 큰 고정비용이 드는 데에 비해 가변비용이 별로 들지 않는다는 것입니다. 1장에서 살펴보았던 재화의 네 유형, 즉 사적 재화, 클럽재, 공유자원, 공공재 중에 자연 독점이 일어날 가능성이 가장 큰 것은 바로 클럽재입니다. 클럽재는 배제성이 있어서 돈을 내지 않으면 사용할 수 없게 제한할 수 있습니다. 그런데 경합성은 없어서 많은 사람이 동시에 소비해도 고갈되지 않는 특성이 있습니다. 따라서 처음 생산하는 데 큰 고정비용이 들지언정, 일단 생산해 놓고 나면 추가 비용을 거의 들이지 않고 무한정으로 많은 사람에게 팔 수 있습니다. 이런 클럽재의 특성으로 인해 자연스럽게 독점 시장이 형성됩니다.

자연 독점이 일어나는 클럽재에는 대표적으로 상하수도가 있습니다. 상하수도는 누군가가 소비한다고 해서 다른 사람이 소비하지 못하는 것이 아니기에 경합성이 없는 클럽재입니다. 그런데 상하수도를 여러 기업이 나누어서 생산한다면 어떻게 될까요? 기업마다 마을 전체를 관통하는 상하수도를 설치해야 하므로 어마어마한 비용이 들 것입니다. 하지만 한 기업만 상하수도를 생산하면, 처음 설치하는 데 드는 고정비용을 부담하고 난 후에는 매우 적은 가변비용만 지출하며 수많은 사람에게 상하수도를 제공할 수 있습니다. 결국 상하수도 시장에는 자연스럽게 하나의 기업만 남을 수밖에 없습니다.

그러나 시장 규모가 커지고 수요의 종류가 다양해지면 클럽재도 점점 그 특성을 잃어버리고 자연 독점이 깨질 수 있습니다. 앞서 언급한 상하수도의 예시에 극단적인 각색을 해 볼게요. 어떤 마을의 인구가 몇십 배 늘어나고, 수도관에서 수돗물뿐만 아니라 여러 종류의 과일 주스가 나왔으면 좋겠다는 수요자들이 대거 생겼다고 해 봅시다. 이제 상하수도 사업은 더 이상 한 기업이 감당할 수 없게 됩니다. 더 많아지고 다양해진 수요에 맞추어 엄청난 수도관을 만들 필요가 생겼기 때문입니다. 이렇게 시장 규모가 커지고 수요의 양상이 다양해지면 자연 독점이 더 이상 유지되지 못합니다.

이제 다시 본론으로 돌아와 봅시다. 놀이공원 시장은 어째서 독점 시장이 된 것일까요? 우선 놀이공원을 만드는 데 필요한 아이디어나 자원, 노동력을 누군가가 독점하고 있는 것은 아닙니다. 그렇다고 정부가 놀이공원의 저작권이나 특허를 인정한 것도 아닙니다(물론 일부 놀이기구 설계 기술의 독점이나 놀이공원 테마에 대한 저작권은 분명 있을 것입니다). 그렇다면 놀이공원은 자연 독점에 해당한다는 설명이 가장 합당할 것입니다.

놀이공원은 클럽재의 성격을 매우 강하게 띱니다. 놀이공원을 개장하기까지 드는 고정비용은 어마어마합니다. 이런 엄청난 고정비용 때문에 새로운 기업은 쉽게 놀이공원 시장에 뛰어들지 못합니다. 또한 일단 개장한 후에는 상대적으로 적은 비용만 지출하며 거의 무한정으로 입장권을 찍어내 판매할 수 있습니다. 입장권을 사야만 놀이공원에 들어갈 수 있으니 배제성이 있으며, 놀이공원 입장권은 무한정 찍어낼 수 있으니 입장권 구입에 경합성이 있다고 보기도 어렵습니다. 이런 클럽재로서의 특징 때문에 놀이공원 시장은 경쟁 시장이될 수 없는 것입니다.

놀이공원이 수익을 내는 방법

이제 놀이공원이 왜 독점 기업인지는 알게 되었습니다. 그렇다면 놀이공원의 입장권 가격이 결정되는 원리는 무엇일까요? 앞에서도 언급했듯이 독점 시장에서는 공급의 법칙이 애초에 논의될 수 없으므로 수요와 공급의 균형으로 가격이 결정된다는 논리는 바로 적용할 수 없습니다. 여기서 우리는 독점 기업이 가격 결정의 권한을 갖는다는 점에 주목해야 합니다. 독점 기업은 유일한 생산자이므로 이득을 더 얻기 위해 마음대로 가격을 올릴 수 있습니다. 하지만 가격을 너무 많이 올리면 수요의 법칙에 의해 수요량이 줄어들 것이므로 오히려 손해를 볼 수도 있습니다. 이 미묘한 상황에서 독점 기업은 어떻게 이윤을 극대화할까요?

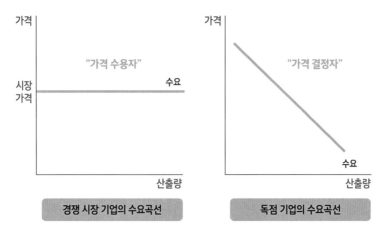

그림 7 ◆ 경쟁 시장의 기업과 독점 기업의 수요곡선

경쟁 시장과의 비교를 통해 독점 기업의 입장을 헤아려 보겠습니다. 경쟁 시장에서 각 기업은 가격에 영향을 줄 수 없는 가격 수용자입니다. 경쟁 시장에서는 주어진 가격에서 생산량만 결정할 수 있고, 수많은 기업이 수요량을 나누고 있으므로 상대적으로 매우 작은 한 기업이 생산량을 조금 바꾸어도 모두 팔릴 거라고 예상하는 것이 자연스럽습니다. 따라서 경쟁 시장의 기업은 〈그림 7〉의 왼쪽 그래프와 같이 수요가 완전 탄력적이라고 받아들입니다.

그런데 독점 기업은 시장의 유일한 공급자이므로 직접적으로 시장 가격을 결정할 수 있습니다. 따라서 독점 기업이 받아들이는 수요는 우리가 익숙하게 알고 있는 시장의 수요곡선과 다르지 않으니다. 독점 기업은 〈그림 8〉과 같이 수요곡선 위에서 가격과 수요량의 조합을 마음대로 선택할 수 있습니다. 독점 기업이 선택한 가격과 수요량의 조합에 따라 총수입(TR)이 결정됩니다. 총수입은 가격과 수량의 곱이기 때문입니다.

수요의 법칙에 의하면 가격이 하락할 때 수요량은 증가합니다. 예를 들어 〈그림 8〉에서 독점 기업은 (1개, 1000원), (2개, 900원), (3개, 800원), … 등의 수량과 가격의 조합을 택할 수 있습니다. 오른쪽 표에 나타난 각각의 점(조합)에 대한 총수입을 보면, 수량이 5개가 될 때까지는 총수입이 점차 늘어납니다. 그런데 수량이 5개를 넘어가면 총수입이 다시 감소합니다.

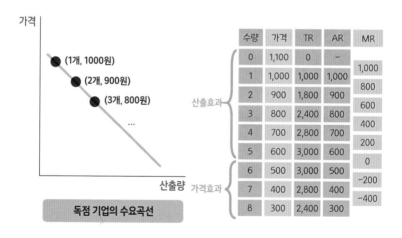

그림 8 ◆ 독점 기업의 총수입, 평균수입, 한계수입

이처럼 독점 기업이 판매량을 늘릴 때는 총수입이 증가할 수도 있고 감소할 수도 있습니다. 우선 판매량이 늘어나서 총수입이 증가하는 효과를 **산출효과**output effect라고 합니다. 반대로 판매량을 늘리기 위해 가격을 내리면서 총수입이 감소하는 효과를 **가격효과**price effect 라고 합니다. 해당 시점에서 산출효과와 가격효과 중 어느 것이 더 강하게 작용하느냐에 따라 판매량 증가로 인해 총수입이 늘 수도 있고 줄 수도 있는 것이지요.

경쟁 시장의 경우 시장에서 방출되지 않는 이상 판매량이 증가하면 반드시 총수입이 증가합니다. 즉, 가격효과는 없고 산출효과만 있는 셈입니다. 하지만 독점 기업의 경우 산출효과와 가격효과가 모두 존재하기 때문에 판매량을 늘리다 보면 어느 순간 오히려 수입이 감소하는 때가 옵니다. 그래서 독점 기업이 무한히 이윤을 증가시킬 수 없는 것입니다.

이번에는 독점 기업의 평균수입(AR)과 한계수입(MR)을 살펴보겠습니다. 독점 시장에서의 수입 개념이 경쟁 시장에서와 어떻게 다른지 이해하는 것은 독점 시장의 가격 결정 원리를 이해하는 데 매우 중요한 연결 고리가 될 것입니다.

경쟁 시장에서 평균수입은 가격과 같습니다. 이는 독점 시장에서도 마찬가지입니다. $AR=TR/Q=(P \times Q)/Q=P$라는 식은 시장의 종류에 상관없이 항상 성립하기 때문입니다.

반면, 한계수입은 조금 다릅니다. 한계수입은 상품을 하나 더 팔았을 때 얻을 수 있는 수입입니다. 경쟁 시장의 경우 수요곡선이 수평이고 재화 가격이 일정하기 때문에 한 개를 더 팔기 위해 가격을 바꾸는 일은 없습니다. 따라서 한계수입은 시장 가격 그 자체로 계속해서 일정합니다.

하지만 독점 시장은 그렇지 않습니다. 판매량을 한 단위 늘리려면 그만큼 시장 가격을 내려야 하므로 한계수입을 계산하기가 더 복잡해집니다. 따라서 한계수입이 가격과 일치한다고 섣불리 이야기할 수 없습니다.

〈그림 8〉의 표에서 한계수입(MR)에 해당하는 숫자들을 살펴봅시다. 처음에는 판매량을 늘려감에 따라 산출효과에 의해 총수입이 점점 증가하기 때문에 MR이 계속해서 양수입니다. 하지만 어느 순간 MR이 0이 되었고, 가격효과가 산출효과를 능가하게 되면서 MR이 음수가 되었습니다. 이 시점부터는 판매량을 늘리면 오히려 총수입이 감소하기 때문에 MR이 음수가 된 것입니다.

그리고 독점 기업의 한계수입이 가지는 중요한 특징이 하나 더 있습니다. 바로 한계수입이 항상 가격, 즉 평균수입보다 작다는 것입니다. 예를 들어 어떤 독점 기업이 물건을 1,000원에 팔면 1개를 팔 수 있다고 해 봅시다. 같은 상황에서 판매량을 2개로 늘리려면 가격을 900원으로 내려야 합니다. 가격이 1,000원일 때는 총수입이 1,000원이고, 가격이 900원일 때는 총수입이 1,800원입니다. 이때 한계수입은 1,800-1,000=800원으로, 시장 가격인 900원에 미치지 못합니다.

✎ 놀이공원은 어떻게 이윤을 극대화할까요?

놀이공원과 같은 독점 기업의 판매량이 점점 증가할 때 한계수입(MR)은 언제나 가격(P), 즉 평균수입(AR)보다 작으며 점차 감소한다는 것을 살펴보았습니다. 수량과 가격을 나타내는 것은 수요곡선이므로 독점 기업의 MR곡선은 수요곡선 아래에 그려집니다. 또한 MR곡선은 수요곡선보다 가파르게 우하향합니다. 이는 〈그림 9〉의 왼쪽 그래프에 나타나 있습니다.

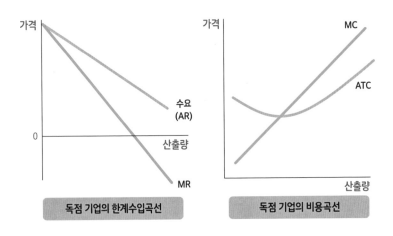

그림 9 ◆ 독점 기업의 한계수입곡선과 비용곡선

반면 〈그림 9〉의 오른쪽 그래프처럼 독점 기업의 비용곡선은 경쟁 시장에 있는 기업의 비용곡선과 똑같은 형태를 띱니다. 시장이 독점 시장인지 경쟁 시장인지는 판매에만 영향을 미치고 생산에는 영향을 주지 않기 때문입니다.

독점 기업이 이윤을 극대화하는 방법도 경쟁 시장의 기업과 비슷합니다. 우리는 2장에서 공급의 법칙을 증명하는 과정을 거치면서 한계비용(MC)과 한계수입(MR)이 일치하는 지점에서 이윤이 극대화된다는 것을 배웠습니다. 독점 기업도 마찬가지로 한계비용곡선과 한계수입곡선이 만나는 지점에서 이윤이 극대화됩니다. 기업은 언제나 이윤 극대화가 목적이라고 가정했으므로 MR=MC인 지점에서 생산량을 결정하게 됩니다.

여기까지는 독점 기업이 어떻게 생산량을 결정하는지에 관한 내용입니다. 놀이공원으로 따지면 입장권을 몇 장 팔지를 결정하는 과정인 것이지요. 그런데 지금 우리의 관심사는 놀이공원의 입장권 가격이 어떻게 결정되느냐 하는 것입니다. 독점 기업은 가격에 대한 결정권이 있기 때문에 경쟁 시장의 기업과는 조금 다른 방식으로 가격을 결정합니다. 경쟁 시장에서는 P=MR입니다. 생산량에 따라 가격을 결정할 수 있는 것이 아니라, 주어진 시장 가격에 따라 생산량을 결정합니다. 반면 독점 기업의 경우 수요곡선과 MR곡선이 일치하지 않습니다. 즉, P〉MR입니다. 따라서 한계수입과 한계비용이 일치

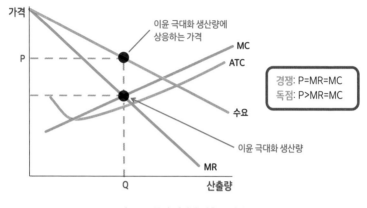

그림 10 ◆ 독점 기업의 이윤 극대화

하는 지점에서 생산량을 결정한다고 해도 가격은 이때의 한계수입
보다 더 높게 설정할 수 있습니다.

독점 기업이 이윤을 극대화하기 위한 가격을 결정하는 과정을 〈그
림 10〉을 보면서 찬찬히 이해해 보세요. 먼저, MR=MC일 때 이윤이
극대화되므로 MR곡선과 MC곡선의 교점에서 생산량을 결정합니
다. 생산량이 결정되면 해당 생산량을 판매할 수 있는 가격을 수요곡
선상에서 찾습니다. 정해진 생산량에서 세로로 쭉 직선을 그렸을 때
수요곡선과 만나는 점에서 상품 가격이 결정되는 것이지요.

정리해 보면, 경쟁 시장과 독점 시장에서 모두 기업은 이윤을 극대
화하기 위해 MR=MC인 지점에서 생산량을 결정합니다. 이때 가격
에 대한 결정권이 없는 경쟁 시장의 기업은 가격도 P=MR=MC로,

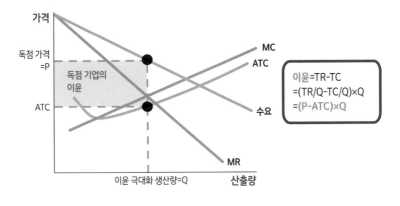

그림 11 ◆ 독점 기업의 이윤

한계수입 및 한계비용과 같습니다. 하지만 가격에 대한 결정권이 있는 독점 기업은 가격을 P〉MR=MC로 한계수입보다 높게 책정할 수 있습니다.

경쟁 시장의 기업은 장기적으로 이윤이 0이지만, 독점 기업은 양(+)의 이윤을 낼 수 있는 것은 바로 이 때문입니다. 경쟁 시장의 장기 균형에 대해 살펴보면서 이윤을 (P-ATC)×Q로 계산했던 것 기억하시나요? 즉, 독점 기업의 이윤은 〈그림 11〉에 나타난 연두색 직사각형의 넓이와 같습니다.

놀이공원은 독점적 지위를 확보하고 있기 때문에 한계비용보다 높은 가격으로 입장권을 판매합니다. 놀이공원에 가려는 소비자에게는 다른 선택지가 많지 않기에 입장권이 조금 비싸더라도 살 수밖에 없기 때문입니다. 그 덕분에 놀이공원은 양(+)의 이윤을 얻을 수 있는 것입니다. 우리가 놀이공원 입장권이 일반적인 물가에 비해 비싸다고 느끼는 것은 이처럼 독점적 성격을 지닌 놀이공원이 일반적인 경쟁 시장에서보다 높은 가격을 책정하기 때문이지요.

왜 내 동생은 나보다 싸게 놀이공원을 갈까요?:
가격차별

놀이공원에서는 연령에 따라서 입장권 가격을 다르게 판매하는 경우가 많습니다. 어린이나 청소년, 노인 등은 일반 성인보다 싼 가격에 입장권을 살 수 있습니다. 대학생에게는 할인가로 판매하기도 하고, 입장만 할 수 있는 입장권과 놀이기구를 무제한으로 이용할 수 있는 자유이용권을 구분해서 각기 다른 가격에 판매하기도 합니다.

대체 왜 이런 식으로 가격을 달리하여 입장권을 파는 것일까요? 성인은 어린이에 비해 놀이기구를 많이 탈 수 있기 때문에 더 비싼 값을 치르도록 하는 것일까요? 하지만 놀이공원 측에서 성인과 어린이의 차이를 헤아려 줄 이유가 있을까요? 사실 대부분의 경우 놀이기구를 타는 사람 수에 상관없이 매일 거의 똑같은 횟수만큼 놀이기구를 운행해야 합니다. 그리고 그에 드는 비용은 거의 동일하다고 보는 것이 합당합니다. 이기적이고 합리적인 기업이 어린이들이 놀이 기구를 덜 탄다고 해서 더 저렴한 입장권으로 이들을 배려해 줄 이유는 전혀 없습니다.

놀이공원에서 입장권을 다양한 가격으로 판매하는 이유는 그것이 이윤을 극대화하는 하나의 전략이기 때문입니다. 특히 독점 기업이나 독점적 경쟁 시장의 기업과 같이 어느 정도의 독점적 지위가 확보된 경우 이러한 전략을 사용하면 이윤을 높일 수 있습니다. 이처럼 동일한 상품인데도 구매자에 따라 다른 가격을 받는 전략을 **가격차별** price discrimination이라고 합니다.

가격차별은 애초에 상품 가격을 책정할 권한이 있어야 성립할 수 있는 전략입니다. 따라서 주어진 가격을 그대로 받아들여야 하는 경쟁 시장의 가격 수용자 기업들은 시도할 수 없습니다. 즉, 어느 정도 시장 지배력이 있는 가격 결정자인 기업만이 가격차별을 할 수 있는 것이지요.

✎ 왜 가격차별을 하는 건가요?

기업들은 왜 본질적으로 차이가 없는 상품을 소비자에 따라 다른 가격으로 파는 가격차별 전략을 사용할까요?

다시 놀이공원 입장권이라는 주제로 돌아가 보겠습니다. 놀이공원에서 가장 무섭다는 롤러코스터까지 모든 놀이기구를 탈 수 있는 당신에게 놀이공원은 매우 큰 행복감을 줄 것이 분명합니다. 이에 비해 키가 작아서 대부분의 놀이기구를 탈 수 없는 당신의 어린 동생에게는 놀이공원이 훨씬 덜 즐거운 곳으로 느껴질 것입니다. 또 틈틈이 아르바이트하여 돈을 벌 수 있는 당신과는 달리, 동생은 얼마 안 되는 용돈을 받아서 겨우 군것질하는 정도의 상황입니다.

당신과 동생이 놀이공원 방문으로부터 얻는 만족감의 차이와 경제적 여유의 차이는 놀이공원 입장권에 대한 지불용의에도 차이가 나게 할 것입니다. 당신은 놀이공원에 가기 위해 5만 원까지 지출할 의향이 있지만, 당신의 동생은 2만 원 이상은 낼 생각이 없습니다. 당신의 부모님이 입장권을 모두 사 준다고 해도 상황은 크게 달라지지 않습니다. 놀이공원에 가고 싶어 안달하는 당신을 위해 부모님은 5만 원까지 지출할 의향이 있습니다. 하지만 놀이공원에 가도 놀이기구도 별로 타지 못하고 피곤하기만 할 가능성이 큰 당신의 동생을 위해서는 2만 원 이상 지출할 생각이 없습니다.

만약 놀이공원에서 가격차별 전략을 취하지 않고 입장권 가격을 전부 동일하게 판매하면 어떻게 될까요? 놀이공원 측은 두 가지 선택을 할 수 있습니다. 먼저, 한 명의 소비자를 포기하더라도 높은 가격을 매길 수 있습니다. 입장권 가격을 3만 원으로 한다면 당신은 입장권을 사겠지만 당신의 동생은 사지 않을 것입니다. 이 경우 놀이공원이 얻는 수입은 3만 원입니다.

아니면 두 명의 소비자를 모두 잡기 위해 낮은 가격을 매길 수도 있습니다. 입장권 가격을 1만 5천 원으로 할 경우 당신과 당신의 동생 모두 입장권을 살 것입니다. 하지만 가격이 낮다 보니 놀이공원이 얻는 수입은 마찬가지로 3만 원입니다.

하지만 당신과 당신의 동생을 구분하여 서로 다른 가격으로 입장권을 판다면 이윤을 극대화할 수 있습니다. 예를 들어 입장권을 당신에게는 3만 원에, 동생에게는 1만 5천 원에 판매한다면 놀이공원은 두 소비자를 모두 놓치지 않으면서 더 많은 돈을 벌 수 있습니다.

가격차별은 이처럼 독점 기업의 이윤을 늘려 주는 합리적인 선택입니다. 지불용의가 높은 사람에게는 더 높은 금액을 받아내면서, 지불용의가 낮은 사람에게는 낮은 가격을 제시하여 수요를 확보할 수 있기 때문입니다.

가격차별을 하려면 어떻게 해야 할까요?

놀이공원에서 어린이와 성인의 입장권을 구분해서 파는 것은 이윤을 극대화하기 위한 검증된 전략입니다. 그러나 같은 상품을 구매자에 따라 다른 가격으로 판매하는 것이 쉬운 일은 아닙니다. 제대로 된 가격차별 전략을 취하려면 어떻게 해야 할까요?

먼저, 기업이 수요자를 지불용의에 따라 구분할 수 있어야 합니다. 지불용의가 높은 소비자에게는 높은 가격을, 낮은 소비자에게는 낮은 가격을 제시해야만 가격차별이 의미가 있습니다. 만약 지불용의가 서로 다른 소비자들을 구분할 방법이 없다면 가격차별 전략을 취할 수 없습니다. 놀이공원에서는 어린이들의 입장권에 대한 지불용의가 성인보다 낮다고 판단한 것입니다. 물론 이것은 언제나 들어맞는 완벽한 분석은 아닙니다. 하지만 놀이공원 측은 어린이들이 성인에 비해 지불용의가 낮다는 대강의 경향성을 파악하고 이를 가격차별에 적극적으로 활용한 것입니다.

둘째, 차익거래가 발생하지 않도록 방지해야 합니다. **차익거래** arbitrage trading란 가격이 낮은 시장에서 물건을 사서 가격이 높은 시장에서 되팔아 이익을 얻는 행위를 의미합니다. 예를 들어 어떤 어린이가 1만 5천 원에 놀이공원 입장권을 산 뒤 이를 어른에게 2만 원에 되판다고 생각해 봅시다. 이같이 차익거래가 가능하다면 사람들은 이를 이용해 입장권을 더 싸게 사려고 하지, 기업이 가격차별 전략을 취해 제시한 높은 가격에 입장권을 사려고 하지 않을 것입니다. 그리하여 놀이공원에서는 차익거래를 방지하고자 어린이용 입장권과 성인용 입장권의 모양이나 디자인을 구분해서 판매합니다. 입장권에 '어린이용' 혹은 '성인용'이라고 명확히 표시해 놓음으로써 어린이용 입장권을 사서 성인에게 싸게 판매하는 것을 방지하는 것이지요.

가격차별은 기업의 이윤을 극대화하는 전략이지만 소비자에게도 도움이 될 수 있습니다. 놀이공원처럼 서로 크게 다른 지불용의를 가진 사람들이 함께 어울려 소비해야 하는 재화의 경우 소비자에게 돌아오는 이득은 더욱 커질 수 있습니다. 만약 놀이공원에서 연령에 따라 다양한 가격을 제시하지 않고 획일적으로 비싼 가격을 제시한다면 어린아이를 데리고 놀이공원에 가는 가족은 별로 없을 것입니다. 놀이공원은 지불용의가 다른 계층에 따라 상이하게 합리적인 가격을 제시함으로써 가족 단위의 방문자를 더 많이 유치할 수 있습니다.

우리 주변의 가격차별

놀이공원에서는 연령에 따라 입장권 가격의 차등을 두는 것 외에도 다양한 방식으로 가격차별을 합니다. 예를 들어, 성인이지만 소득이 적어서 놀이공원에 대한 지불용의가 상대적으로 낮은 대학생들을 대상으로 종종 할인 이벤트를 진행합니다. 또 놀이기구를 잘 타지 못해서 놀이공원에 대한 지불용의가 낮은 사람들도 유치하기 위해 놀이기구 이용이 포함되지 않은 입장권을 자유이용권과 구분해 더 싸게 판매합니다.

이보다 더 교묘한 방식의 가격차별도 합니다. 놀이공원은 환상의 세계라는 이미지를 이용하여 기상천외한 이벤트를 열 때가 많습니다. '이름에 O자가 들어가는 사람 할인', '돼지띠인 사람 할인', '교복을 입고 오면 할인' 등과 같이 특정한 특징을 가진 사람에 대해 할인해 주는 이벤트를 여는 것입니다. 이것도 그냥 재미를 위해서가 아니라 일종의 가격차별입니다.

사실 이런 이벤트에 참여하는 것은 다소 귀찮은 일입니다. 우선 입장권 구매 전에 이벤트에 대해 알고 있어야 하며, 매표소에서 자신의 이름이나 나이를 공개해야 하고, 이 과정에서 주민등록증을 확인하는 등의 번거로움도 감수해야 합니다. 이미 놀이공원에 대한 지불용의가 높은 사람은 이런 이벤트에 대해 알아볼 생각도 없이 그냥 원가를 주고 입장권을 구매할 확률이 높습니다. 그런데 지불용의가 원가의 언저리에 있는 사람에게는 약간의 귀찮음을 감수해서라도 할인가로 놀이공원에 가는 것이 이득입니다. 따라서 놀이공원 측은 이벤트에 참여하는 약간의 귀찮음을 장애물로 해서 놀이공원에 대한 지불용의가 높은 사람과 낮은 사람을 구분하는 것입니다. 이처럼 놀이공원에서는 SNS 등을 통해 다양한 이벤트를 적극적으로 홍보하여 애매한 지불용의를 가진 사람들을 끌어들입니다.

우리 주변에서 볼 수 있는 가격차별 전략은 다음의 세 유형으로 나눌 수 있습니다.

제1급 가격차별은 모든 소비자의 지불용의를 파악하여 일대일 맞춤형으로 제각기 다른 가격을 매기는 가장 강력한 가격차별입니다. 이렇게 하면 이윤을 최대로 극대화할 수는 있겠으나, 상품을 대량으로 판매하는 기업이 이를 실행하는 것은 거의 불가능합니다. 예를 들어 일대일로 학생의 상황을 파악할 수 있는 전문 과외의 경우, 제1급 가격차별에 가까운 정도로 학생마다 상이한 과외비를 받을 수는 있을 것입니다. 제1급 가격차별을 하면 〈그림 12〉에 나타나 있듯이 수요곡선 밑의 모든 공간을 이윤으로 얻을 수 있습니다. 특정 가격에서 형성되는 직사각형만을 이윤으로 얻는 한계에서 벗어나 모든 소비자의 최대 지불용의만큼의 금액을 얻어 낼 수 있기 때문입니다.

제2급 가격차별은 수요층이 명확하게 구분되지 않는 경우에 상품에 여러 버전을 만들어서 인위적으로 수요층을 나누어 가격차별을 하는 것입니다. 놀이공원 입장권을 단순 입장권과 자유이용권으로 나누어 파는 것이 이에 해당합니다. 이 외에도 상품에 약간의 차등을 두는 가격차별이 여기에 포함됩니다. 항공권을 비즈니스 클래스와 이코노미 클래스로 구분하여 판매하는 것, 같은 책을 소프트커버와 하드커버로 구분 제작해 판매하는 것도 제2급 가격차별입니다.

할인 쿠폰과 같이 약간의 귀찮음을 동반하는 장애물을 이용해 의도적으로 수요층을 나누는 경우도 제2급 가격차별에 해당합니다. 동네 카페나 미용실 등에서 방문할 때마다 주는 스티커를 일정 개수만큼 모으면 할인 혜택을 제공하는 경우를 본 적이 있을 것입니다. 이또한 지불용의가 높아서 굳이 스티커를 모으지 않는 사람과 지불용의가 비교적 낮아서 약간의 귀찮음을 감수하고서 스티커를 모아 할

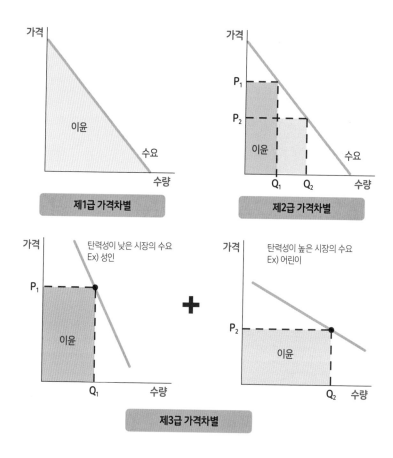

그림 12 ◆ 가격차별 유형에 따른 독점 기업의 이윤

인받는 사람을 구분하기 위한 전략입니다. 할인 혜택을 준다는 것은 사실상 더 낮은 가격에 제품을 팔겠다는 것임을 생각하면, 이 또한 분명히 가격차별의 일종입니다.

또 제2급 가격차별에 속하는 중요한 전략 중 하나는 수량 할인입니다. **수량 할인**quantity discount이란 같은 상품을 더 많이 샀을 때 가격을 할인해 주는 것입니다. 일반적으로 어떤 상품에 대한 소비를 늘리면 늘릴수록 그것이 주는 효용이 줄어드는데, 이를 '한계효용 체감의 법칙'이라고 합니다. 같은 상품이라도 두 번째, 세 번째 살 때는 처음 살 때보다 낮은 지불용의를 가지게 됩니다. 이를 고려하여 여러 개의 재화를 사는 사람에게는 할인해 주는 것도 상이한 지불용의를 고려한 가격차별에 속합니다. 마트에서 많이 하는 1+1, 2+1 행사 등도 모두 이 같은 맥락에서 만들어진 전략입니다.

제3급 가격차별은 같은 상품을 서로 다른 특성을 가지는 소비자 그룹에 각기 다른 가격으로 판매하는 것입니다. 제2급 가격차별과 비슷하면서도 중요한 차이점이 두 가지 있습니다. 첫째, 제3급 가격차별을 할 때는 원칙적으로 상품 간의 차별화가 없습니다. 둘째, 제3급 가격차별은 인위적인 장애물을 이용한 가격차별이 아니라 명확하게 구분되는 시장 간의 가격차별입니다.

놀이공원에서 똑같은 입장권을 서로 다른 연령대에 각기 다른 가격으로 판매하는 것은 제3급 가격차별에 해당합니다. 같은 맥락에서 청소년 할인을 해 주는 대중교통이나 찜질방, 미용실 등도 제3급 가격차별 전략을 취하고 있는 것입니다. 또, 대학에서 제공하는 저소득층 장학금도 소득에 따라 대학 교육에 대한 수요를 구분하여 제공한다는 점에서 제3급 가격차별입니다. 가계 소득이 낮아 대학 교육에 대한 지불용의가 낮은 학생에게 사실상 낮은 가격으로 대학 교육을 제공하는 것이지요.

제2급 가격차별과 제3급 가격차별을 구분하는 것이 사실상 무의미하다고 생각할지도 모릅니다. 하지만 경제학에서는 관행적으로 이둘을 서로 다른 방식으로 분석해 왔습니다. 제2급 가격차별은 〈그림 12〉에 나타나 있듯이 하나의 시장 안에서 수요층을 구간으로 분리해 이윤을 얻으려는 전략입니다. 즉, 높은 가격을 감수할 의향이 있는 Q_1까지의 수요에 대해서는 P_1의 높은 가격을 부과하고, 그보다는 지불용의가 낮은 $Q_1 \sim Q_2$의 수요에 대해서는 P_2의 낮은 가격을 부과하는 것입니다. 반면 제3급 가격차별은 수요층이 여러 개의 시장으로 분리될 때 각 시장의 특성에 따라 가격을 매기는 방식입니다. 〈그림 12〉에 나타나 있듯이 제3급 가격차별을 할 때는 명백하게 분리되는 두 개 이상의 시장에서 각각의 수요의 탄력성에 따라 가격을 다르게 매깁니다. 예를 들어 비교적 소득이 높은 성인들은 수요의 가격탄력성이 낮은 편이므로 높은 가격을 책정하는 반면, 용돈을 받아서 생활하는 아이들은 수요의 가격탄력성이 높은 편이므로 낮은 가격을 책정하는 것처럼 말입니다. 이는 탄력성에 따라 가격을 올리거나 내림으로써 이윤을 극대화할 수 있다는 원리를 이용한 것입니다.

놀이공원에서는 두 유형의 가격차별을 모두 활용하여 입장권을 구분해 판매하고 있습니다. 하지만 가격차별은, 특히 장애물을 이용하는 제2급 가격차별은 완벽할 수 없다는 점을 기억해야 합니다. 놀이공원 측은 각종 할인 이벤트를 진행하면서 지불용의에 따라 수요층을 나누고, 그로부터 이윤이 극대화되었는지 점검하는 과정을 거쳐야 합니다. 만일 의도했던 대로 되지 않았다면 더 이상 그 전략을 사용해서는 안 됩니다.

풍선을 맞히고 인형을 받으세요!:
불확실성하의 선택

놀이공원은 롤러코스터, 바이킹 같은 놀이기구를 타며 평상시에는 경험할 수 없는 스릴감을 맛볼 수 있는 공간인 동시에 다양한 오락거리를 즐길 수 있는 공간이기도 합니다. 그중에는 풍선 터트리기나 사격 게임처럼 일정 금액을 지불하고 게임을 해서 좋은 성적을 거두면 상품을 받는 형식의 놀이가 있습니다. 놀이공원에서 매우 단순한 수준의 도박을 즐길 수 있는 것입니다.

사실 우리는 인생의 많은 순간에서 도박을 해야 합니다. 결과를 정확히 예측하고 내리는 선택이란 있을 수 없기 때문입니다. 선택에 따른 결과를 정확히 예측할 수 없는 상황을 **불확실성**uncertainty 혹은 **위험**risk이라고 합니다.

경제학자들은 불확실성하에서 예상되는 여러 상황으로부터 오는 효용을 이용해 인간이 어떤 선택을 하는지 설명하고자 했습니다. 놀이공원에서 풍선 터트리기 게임을 하는 상황을 예시로 관련된 몇 가지 경제 모형을 살펴보겠습니다.

첫 번째 경제 모형: 조건부 상품

불확실성하의 선택을 설명하는 첫 번째 방법은 조건부 상품을 선택하는 상황으로 치환해 보는 것입니다. **조건부 상품**contingent commodities이란 상황에 따라 달라지는 상품입니다. 놀이공원에서 돈을 걸고 풍선을 터트리는 게임에 참여하는 것 자체도 하나의 조건부 상품입니다. 운 좋게 풍선을 맞히면 낸 돈을 1.5배로 돌려준다고(혹은 그에 상당하는 경품을 준다고) 해 봅시다. 그러나 풍선을 맞히지 못하면 돈을 잃게 됩니다. (여기서는 논의의 편의를 위해 게임에 참여하는 것에서 오는 즐거움은 생각하지 않기로 합니다.)

이 풍선 게임 부스 앞에 서 있는 당신에게는 5만 원이 있습니다. 합리적인 당신은 평소의 던지기 능력과 집중력, 풍선의 크기와 재질, 다트의 모양 등을 복합적으로 살펴봅니다. 그리고 나서 게임에 참여했을 때 풍선을 맞힐 확률은 1/3, 맞히지 못할 확률은 2/3라는 결론에 도달합니다. 이 결론이 정확하다고 가정해 봅시다.

이제 당신은 불확실한 상황에서 선택을 해야 합니다. 극단적인 두 가지 경우를 생각할 수 있습니다. 먼저 게임에 5만 원을 모두 걸 수

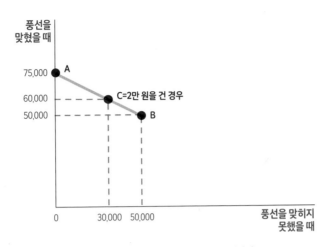

그림 13 ◆ 풍선 게임에 참여하려는 사람의 예산선

있습니다. 이 경우 풍선을 맞히면 7만 5천 원을 돌려받을 수 있습니다. 그러나 반대로 풍선을 맞히지 못하면 빈털터리가 됩니다. 아니면 그대로 게임 부스를 지나쳐 버릴 수도 있습니다. 이 경우에는 5만 원을 안전하게 확보할 수 있으나 돈을 더 벌 수는 없습니다.

이런 상황을 〈그림 13〉의 점 A와 B로 나타낼 수 있습니다. 그래프의 세로축은 풍선을 맞혔을 경우 최종적으로 가지게 될 돈을, 가로축은 풍선을 맞히지 못했을 경우 최종적으로 가지게 될 돈을 보여 줍니다. 점 A는 모든 돈을 게임에 걸었을 경우로, 게임에 참여한 후의 두 가지 결과인 (0원, 75,000원)을 좌표로 가집니다. 점 B는 게임에 참여하지 않은 경우로, 풍선을 맞히든 맞히지 않든 5만 원의 돈을 그대로 갖게 되므로 (50,000원, 50,000원)을 좌표로 가집니다. 물론 엄밀히 말하자면 게임에 참여하지 않으면 다트를 던질 일도 없으므로 풍선을 맞힌 것도 맞히지 않은 것도 아닙니다. 하지만 일관성 있는 설명을 하기 위해 풍선을 맞히든 맞히지 않든 5만 원의 돈을 갖게 되는 상황으로 본다고 해서 문제가 되지는 않습니다.

물론 당신은 극단적이지 않은 선택을 할 수도 있습니다. 예를 들어 점 C와 같이 5만 원 중 2만 원만 건다면 그에 따른 결과는 바뀌게 됩니다. 만약 풍선을 맞히면 걸지 않은 돈 3만 원에 더해 상금 3만 원까지 벌게 되므로 당신이 가진 돈은 6만 원이 됩니다. 하지만 풍선을 맞히지 못하면 2만 원을 날리는 셈이므로 3만 원만 남게 됩니다. 이는 점 C의 좌표인 (30,000원, 60,000원)으로 나타납니다.

당신에게는 이 외에도 수많은 선택지가 있습니다. 4만 원을 걸 수도 있고, 재미 삼아 천 원만 걸 수도 있습니다. 이 모든 경우를 그래프에 표시하면 점 A와 B 사이의 선분이 됩니다. 이를 증명하는 것은 어렵지 않습니다. 당신이 건 돈을 M이라고 하면, 걸지 않은 돈은 $(50,000-M)$이 됩니다. 풍선을 맞히지 못했을 때의 최종 금액을 x라고 할 때, 이는 곧 건 돈을 모두 잃은 것과 같으므로 $x=50,000-M$입니다. 반면, 풍선을 맞혔을 때의 최종 금액을 y라고 하면, 이는 걸지 않은 돈과 상금을 더한 것과 같으므로 $y=(50,000-M)+1.5M=0.5M+50,000$이 됩니다. 이때 여러분은 아주 쉽게 $x+2y=(50,000-M)+2$

(0.5M+50,000)=150,000임을 찾을 수 있을 것입니다. 그리고 이는 곧 점 A와 B를 잇는 직선의 그래프입니다. 물론 당연히 M은 0보다 작거나 50,000보다 클 수 없습니다. 이런 제약 때문에 〈그림 13〉에 나타난 그래프는 무한한 직선이 아니라 가장 극단적인 경우인 점 A와 B 사이의 선분입니다.

〈그림 13〉은 당신이 풍선 게임과 관련해 객관적으로 선택할 수 있는 모든 상황의 조합입니다. 어딘가 익숙하지 않나요? 이는 소비자가 선택할 수 있는 모든 상품의 조합을 나타냈던 소비자 선택 이론의 예산선과 매우 유사합니다. 따라서 〈그림 13〉의 그래프도 일종의 예산선으로 볼 수 있습니다.

이쯤 되면 우리가 다시 소비자 선택 이론의 방법론을 사용할 것임을 짐작할 수 있을 것입니다. 불확실한 두 상황의 조합에 대한 당신의 선호에 따라서 무차별곡선을 그릴 수 있습니다. 예를 들어 재산이 1/3의 확률로 10만 원이 되는 것과 2/3의 확률로 2만 원이 되는 상황이, 확실하게 5만 원을 가지는 상황과 동일한 만족감을 준다고 생각할 수 있습니다. 이때 이 두 점은 같은 무차별곡선 위에 있을 것입니다. 이런 식으로 당신의 선호에 대한 정리가 끝나면 가장 합리적인 선택을 찾는 것은 어려운 일이 아닙니다. 예산선에 접하는 무차별곡선을 찾고, 그 접점에 해당하는 선택을 하면 되기 때문입니다. 예를 들어 〈그림 14〉에서는 무차별곡선 I_2가 예산선에 접하고, 이때의 접

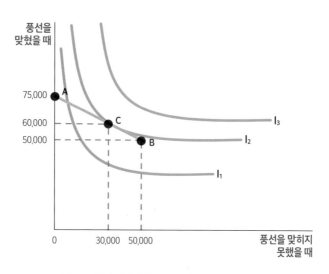

그림 14 ◆ 풍선 게임에 참여하는 상황에서의 최적 선택

점이 C임을 알 수 있습니다. 당신의 선호 체계가 〈그림 14〉와 같다면 당신은 풍선 게임에 2만 원을 거는 선택을 할 것입니다.

　그런데 이 모형은 중요한 한계점이 있습니다. 선택에 따라 예상되는 경우가 두 가지를 넘어가면 이 모형을 이용하기가 쉽지 않다는 것입니다. 우리는 지금 풍선 게임에 일정 금액을 걸고 단 한 번의 게임 참여를 통해 풍선을 맞히거나 맞히지 않는 두 가지 경우만을 고려했습니다. 하지만 실제로 놀이공원에 가 보면 상황이 조금 더 복잡합니다. 보통 풍선 게임에 원하는 만큼의 돈을 거는 것이 아니라 정해진 액수(예를 들면 5천 원)를 걸어야 합니다. 그리고 한 번의 게임에 대해서 풍선을 맞힌 경우에 정해진 경품이 있습니다. 이때 모든 돈을 탕진할 때까지 게임을 시도할 수도 있고, 게임을 10번만 할 수도 있고, 3번만 할 수도 있습니다. 그리고 각각의 경우에 대해서도 결과의 숫자는 무한정 많아집니다. 예를 들어 게임을 3번 한다고 했을 때 3번다 성공할 수도 있고, 2번만 성공할 수도 있고, 1번만 성공할 수도 있으며, 아예 성공하지 못할 수도 있습니다. 이런 모든 경우의 수를 헤아리기엔 조건부 상품을 이용한 모형은 적절하지 않습니다.

✏ 두 번째 경제 모형: 효용곡선과 기대효용

요한 루트비히 폰 노이만Johann Ludwig von Neumann과 오스카어 모르겐슈테른Oskar Morgenstern은 이를 해결하기 위해 **기대효용**expected utility이라는 개념에 주목했습니다. 기대효용은 불확실한 상황에서 평균적으로 얻을 것으로 예상되는 효용으로, 합리적인 인간은 기대효용을 극대화하는 선택을 한다는 것이 기대효용 이론의 핵심입니다.

폰 노이만(1903~1957)은 어릴 때부터 수학적 재능이 뛰어났고 불과 20대에 양자역학, 함수해석학, 집합론, 컴퓨터 과학, 위상수학, 통계학 등 여러 분야에서 다양한 업적을 이루었다고 해요. 오늘날 거의 모든 컴퓨터 설계의 기본이 되는 에드박(EDVAC)이라는 새로운 개념의 컴퓨터를 만든 사람이기도 해요.

기대효용을 계산하려면 우선 기준이 되는 두 개의 지점이 있어야 합니다. 예를 들어 10만 원을 벌었을 때의 효용을 100, 3만 원을 잃었을 때의 효용을 0이라고 해 봅시다. 이 숫자에는 사실 큰 의미가 없습니다. 3만 원을 잃으면 효용이 0이 아니라 마이너스여야 하지 않냐고 물을 수도 있습니다. 원한다면 음수로 설정하셔도 좋습니다. 그러나 둘 다 양수로 설정하든 음수로 설정하든 사실 아무런 상관이 없습니다. 효용은 절대적인 숫자에 의미가 있는 것이 아니라, 서로 다른 효용의 크기를 비교할 때만 의미가 있는 개념입니다. 따라서 중요한 것은 10만 원을 벌었을 때의 효용이 3만 원을 잃었을 때의 효용보다 크다는 사실입니다. 여기서는 이 두 숫자를 모든 경우의 효용 수준을 계산하는 기준으로 삼을 것입니다. 이 두 경우는 〈그림 15〉의 그래프에서 점 A와 B로 나타납니다.

 이제 이 사이의 금액에 대해서도 효용을 결정할 수 있습니다. 우리는 선호 체계를 파악하려는 사람에게 다음과 같이 질문할 수 있습니다. "당신 앞에 두 개의 상자가 놓여 있습니다. 빨간 상자를 열면 무조건 2만 원을 주고, 파란 상자를 열면 50%의 확률로 10만 원을 주고 50%의 확률로 3만 원을 빼앗아 갑니다. 당신은 어떤 상자를 고르시겠습니까?" 이때 파란 상자가 주는 기대효용은 '0.5×(10만 원이 주는 효용)+0.5×(−3만 원이 주는 효용)'으로 계산할 수 있습니다. 따라서 파란 상자의 기대효용은 0.5×100+0.5×0=50이 됩니다.

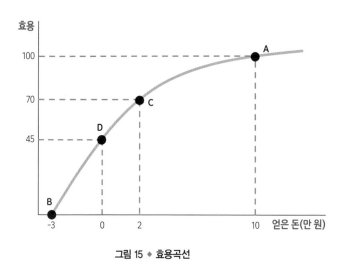

그림 15 ◆ 효용곡선

이때 답변자가 "저는 빨간 상자를 고를래요!"라고 말했다면, 이 사람은 기대효용이 50이 되는 파란 상자를 저버리고 무조건 2만 원을 주는 빨간 상자를 고른 것입니다. 즉, 이 사람에게 2만 원은 50 이상의 효용을 줍니다.

이번에는 파란 상자를 열면 80%의 확률로 10만 원을 주고 20%의 확률로 3만 원을 빼앗아 가는 것으로 바꾸어 보겠습니다. 이 경우 파란 상자의 기대효용은 0.8×100+0.2×0=80입니다. 이번에는 답변자가 파란 상자를 고릅니다. 그러면 빨간 상자 속의 2만 원이 주는 효용은 80보다 작은 셈이 됩니다.

이런 식으로 반복해서 질문하다 보면 언젠가 빨간 상자든 파란 상자든 상관없는 순간이 올 것입니다. 그때 파란 상자의 기대효용과 2만 원이 주는 효용이 같다고 이야기할 수 있습니다. 예를 들어 파란 상자를 열면 70%의 확률로 10만 원을 주고 30%의 확률로 3만 원을 빼앗아 갈 때 답변자가 두 상자 간의 차이를 전혀 느끼지 못한다고 해 봅시다. 그러면 2만 원이 주는 효용을 70이라고 할 수 있게 됩니다. 이는 〈그림 15〉의 점 C에 해당합니다.

이와 같이 −3만 원과 10만 원 사이의 모든 금액에 대해서 같은 과정을 반복하면 각 금액에 대한 효용 수준을 알 수 있습니다. 이 모든 점을 이어서 〈그림 15〉처럼 하나의 그래프로 나타낼 수 있는데, 이를 **효용곡선**utility curve이라고 합니다.

모두가 그렇다고 단언할 수는 없으나, 대부분의 경우 효용곡선은 〈그림 15〉에 나타난 것처럼 처음에는 빠르게 증가하다가 점점 증가세가 줄어들 것이라고 예상할 수 있습니다. 이는 우리가 1장에서 살펴보았던 한계효용 체감 현상 때문입니다. 같은 금액이라도 계속해서 받다 보면 그것이 주는 효용이 점점 작아지기 때문에 효용곡선은 점점 증가세가 줄어드는 형태를 띨 것입니다.

이렇게 효용곡선을 도출하는 것은 불확실한 상황에서 사람들이 어떤 선택을 하는지 파악하는 데 큰 도움이 됩니다. 예를 들어, 어떤 사람이 아까와 똑같은 풍선 터트리기 게임에 세 번 참여할지 말지를 결정하는 상황이라고 해 봅시다. 이 게임은 5천 원을 내고 참가해야 하는데 1/3의 확률로 풍선을 맞히면 5천 원을 돌려받고 상금 5천 원을 추가로 받습니다. 반면 2/3의 확률로 풍선을 맞히지 못하면 아무것도 얻지 못합니다.

풍선 게임에 세 번 참여했을 때 얻을 수 있는 최종 금액의 경우의 수는 네 가지입니다. 세 번 모두 풍선을 맞히고 1만 5천 원 이득을 볼 수도 있고, 세 번 모두 풍선을 맞히지 못해 1만 5천 원을 잃을 수도 있습니다. 또 두 번만 풍선을 맞혀 5천 원 이득을 볼 수도 있고, 한 번만 풍선을 맞혀 5천 원을 잃을 수도 있습니다.

우리는 이 네 경우의 수가 주는 효용과 각 경우의 수가 일어날 확률을 이용해 풍선 게임에 세 번 참여하는 것의 기대효용을 계산할 수 있습니다. 네 경우의 수에 대한 효용은 참가자의 주관적 가치에 따라 결정될 것이고, 풍선을 3번 다 맞힐 확률은 $(1/3)^3$, 2번만 맞힐 확률은 $3 \times (1/3)^2 \times (2/3)^1$ … 과 같이 계산할 수 있을 거예요. 이때 예컨대 기대효용이 20이 나왔다고 해 볼게요. 〈그림 15〉와 같은 효용곡선을 가진 사람이라면 절대 풍선 게임을 세 번 하지는 않을 것입니다. 점 D를 보면 얻은 돈이 0원일 때, 즉 아무런 이득이나 손해를 보지 않았을 때의 효용은 45입니다. 아무것도 하지 않았을 때의 효용이 더 크니, 풍선 게임을 세 번 하지는 않는 것이 합리적입니다.

점점 기울기가 작아지는 효용곡선의 형태는 사람들의 선호에 관한 중요한 사실을 알려 주는데, 〈그림 16〉은 이를 그래프상에서 나타낸

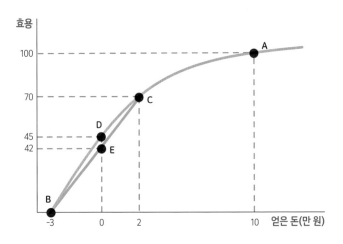

그림 16 ◆ **위험 기피적인 사람의 효용곡선**

것입니다. 40%의 확률로 3만 원을 잃고 60%의 확률로 2만 원을 얻는 게임에 참가할 때 기댓값은 0.4×(−3만 원)+0.6×2만 원=0원입니다. 그리고 이 게임에서의 기대효용은 0.4×0+0.6×70=42입니다. (선호 체계가 〈그림 15〉의 경우와 같다고 해 봅시다.) 그런데 돈을 얻지도 잃지도 않았을 때의 효용은 〈그림 16〉에서 확인해 보면 45입니다. 즉, 아무 일도 일어나지 않은 경우와 게임에 참여했을 경우 모두 돈의 기댓값은 0원임에도 불구하고, 〈그림 16〉처럼 볼록한 효용곡선을 가진 사람은 도박을 하기보다는 안정적으로 돈을 얻지도 잃지도 않는 선택을 한다는 것입니다.

이는 많은 사람에게서 나타나는 성향인데, 이를 '위험 기피적'이라고 합니다. 물론 세상에 위험을 즐기는 사람이 없는 것은 아닙니다. 그런 사람들은 '위험 선호적'이라고 하며, 효용곡선도 다른 형태를 띨 것입니다.

어쨌든 어떤 사람의 위험에 대한 선호 체계만 알아내면 기대효용 이론은 복잡한 상황에서의 불확실한 선택도 설명할 수 있는 강력한 도구가 됩니다. 그런데 이렇게 완벽해 보이는 기대효용마저도 현실적인 반박에 부딪히고 말았습니다.

✏ 인간은 합리적이지 않다: 알레의 역설

인간은 합리적이라는 경제학의 기본 가정을 고수했을 때 기대효용 이론은 빈틈이 없어 보입니다. 그러나 프랑스의 경제학자 모리스 알레Maurice Allais는 평소 논리적이고 상식적인 선택을 하는 사람들에게서도 일관성 없는 모습이 나타난다는 것을 발견했습니다.

A		B		C		D	
확률	상금	확률	상금	확률	상금	확률	상금
19%	550만 원			19%	550만 원	20%	500만 원
80%	500만 원	100%	500만 원	81%	0원	80%	0원
1%	0원						

그림 17 ◆ 알레의 역설

한 연구에서 참가자들에게 〈그림 17〉과 같은 선택지를 제시하고, A와 B 그리고 C와 D 중 각각 더 선호하는 것을 선택하도록 했습니다. 그 결과 A와 B 중에서는 대부분의 사람들이 B를 선택했습니다. A를 선택할 경우 상금의 차이는 미미하나 상금을 아예 못 받을 가능성이 있으므로 100% 확실하게 상금을 받을 수 있는 B가 낫다는 것이지요. 그렇다면 C와 D 중에서는 어떤 것을 선택했을까요? 두 선택지에서 확률의 차이는 거의 무의미해 보입니다. 따라서 상금을 조금이라도 더 받을 수 있는 C를 선택하는 사람이 많았습니다.

지금부터 550만 원이 주는 효용을 U(550만 원)과 같이 나타내 봅시다. 이와 마찬가지로 500만 원이 주는 효용은 U(500만 원), 0원이 주는 효용은 U(0)으로 표현할 수 있습니다. 이때 U(0)=0으로 지정하고 이야기를 시작해 보겠습니다.

A보다 B를 선호한다는 것은 기대효용 이론에 따르면 B의 기대효용이 A의 기대효용보다 크다는 뜻입니다. 즉, $0.19 \times U(550만 원)+0.80 \times U(500만 원) < U(500만 원)$이라는 이야기입니다. 이를 정리하면 $0.19 \times U(550만 원) < 0.20 \times U(500만 원)$이 됩니다.

한편, D보다 C를 선호한다는 것은 C의 기대효용이 D의 기대효용보다 크다는 뜻입니다. 즉, $0.19 \times U(550만 원) > 0.20 \times U(500만 원)$이 됩니다.

두 경우의 결론이 완벽하게 반대입니다. 이는 같은 금액에 대해서도 사람들의 효용이 일정하지 않다는 점을 보여 줍니다. 우리의 선호는 항상 일관된 것이 아니라 상황에 따라 바뀌기도 합니다. 이는 기대효용 이론의 입장에서는 명확히 비합리적인 사고방식입니다.

이런 문제를 받아들이고 심도 있게 다룬 경제학자들은 합리성의 가정으로부터의 해방을 외친 행동경제학자들이었습니다.

비합리성을 포함하는 경제 모형의 도전: 전망 이론

행동경제학자 트버스키와 카너먼은 알레의 역설과 같은 상황이 일어나는 이유를 좀 더 명확하게 밝혀내고 불확실성하의 선택을 설명하기 위해 **전망 이론**prospect theory을 만들었습니다. 기대효용 이론은 사람들의 선택에 영향을 주는 것은 오직 선택지로부터 얻게 될 효용의 크기라고 여겼습니다. 그러나 트버스키와 카너먼은 단순히 효용 그 자체뿐만 아니라, 그 효용을 얻게 될 확률 또한 사람들의 선택에 강력한 영향을 미친다는 것을 알아냈습니다. 기대효용 이론에서 사람들은 위험 기피적이거나 위험 선호적입니다. 확률에 대해 일관성 있는 선호 체계를 지닌다고 본 것이지요. 그러나 전망 이론에서는 사람들이 확률에 대해서도 복잡한 선호 체계를 가진다는 것에 중점을 둡니다.

트버스키와 카너먼은 연구를 통해 사람들이 〈그림 18〉처럼 이익과 손해 그리고 확률의 높고 낮음에 따라 위험 기피적이 되기도 하

	이익	손해
낮은 확률	위험 선호적	위험 기피적
높은 확률	위험 기피적	위험 선호적

그림 18 ◆ 손익과 확률에 따른 사람들의 위험 선호 체계

고 위험 선호적이 되기도 한다는 것을 알아냈습니다. 그들에 따르면, 사람들은 낮은 확률의 이익과 높은 확률의 손해에 대해서는 위험에 관대해집니다. 상금을 탈 확률이 거의 없음을 알면서도 복권을 사는 행위는 이를 잘 보여 줍니다. 반면, 높은 확률의 이익과 낮은 확률의 손해에 대해서는 위험 기피적인 모습을 보입니다. 예를 들어 사고가 날 확률은 낮음에도 불구하고 사람들은 보험에 가입하여 만에 하나 일어날 수 있는 사고에 대비하고자 합니다.

이런 성향은 사람들이 어떤 일이 일어날 확률을 실제와는 약간 다르게 받아들이고 있음을 암시합니다. 사람들은 낮은 확률을 과대평가하는 경향이 있습니다. 예를 들어 복권에 당첨되어 엄청난 상금을 받을 확률이나, 교통사고를 당해 전신 마비가 올 확률은 실제로는 매우 낮습니다. 그럼에도 이를 더 크게 받아들여 '어쩌면' 당첨될지도 모른다는 생각에 복권을 사고, '혹시나' 큰 사고를 당할지도 모른다는 생각에 보험에 가입하는 것이지요.

이와 반대로 높은 확률을 과소평가하는 경향도 있습니다. 복권에

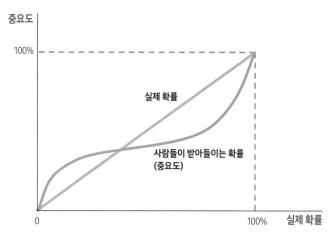

그림 19 ◆ 실제 확률과 사람들이 받아들이는 중요도의 관계

당첨되지 않아 돈을 날릴 확률이나 별다른 사고 없이 행복한 일상을 보내게 될 확률은 매우 높습니다. 그럼에도 사람들은 혹시나 횡재를 누리거나 불의의 사고가 일어날 가능성에 한눈을 팔며 높은 확률로 찾아올 미래에 대해서는 비교적 적은 관심을 가집니다.

트버스키와 카너먼은 사람들의 선택을 설명하기 위해 실제 확률과 사람들이 받아들이는 중요도의 관계를 〈그림 19〉와 같이 표현했습니다. 노란색 그래프는 실제 확률을 나타내고($y=x$), 초록색 그래프는 그 확률에 부여하는 가중치를 나타냅니다. 낮은 확률에서는 초록색 그래프가 노란색 그래프보다 위에 있지만, 높은 확률에서는 반대로 초록색 그래프가 아래로 내려갑니다.

전망 이론은 사람들의 선택은 기대되는 효용뿐만 아니라 확률에 부여하는 가중치에도 영향을 받는다는 것을 보여 줍니다. 그리고 이는 왜 놀이공원에서 각종 도박성 게임이 장사가 되는지를 알려 줍니다. 게임에서 손님이 이익을 얻을 확률은 매우 낮습니다. 하지만 사람들은 엄청난 상품을 타게 될 희박한 확률을 과대평가하기 때문에 게임에 참가합니다.

물론 풍선에 다트를 던지는 놀이 자체에서 느끼는 행복도 무시할 수 없고, 이 행복감을 사려는 사람도 많을 것입니다. 전망 이론은 놀이공원보다 어두운 도박장에서 도박에 빠져 헤어 나오지 못하는 사람들이 왜 존재하는지를 설명하는 데 더 적절할 것입니다. 그들은 잭팟이 터질 희박한 확률을 비합리적으로 부풀려서 바라보고 있는 것입니다.

돈을 내고 새치기할 수 있다면?:
시장 거래의 범위

　즐거움이 가득할 것만 같은 놀이공원에 대해 좋지 않은 기억을 남기는 것 중 하나가 바로 긴 대기 시간입니다. 재미있는 놀이기구를 단 몇 분간 타기 위해서 한 시간 이상 줄을 서는 일은 유쾌하지만은 않습니다. 이런 문제를 해결하기 위해 기다림 없이 놀이기구를 탈 수 있게 해 주는 특별한 패스권을 정해진 시간에 선착순으로 예약하는 시스템을 운영하는 놀이공원도 있습니다. 어떤 놀이공원에서는 일정 금액을 더 내고 프리미엄 패스권을 구매한 사람에게는 줄을 서지 않고 곧바로 놀이기구를 탈 수 있게 해 주기도 합니다.

　세계적인 베스트셀러《정의란 무엇인가》를 쓴 하버드대학의 마이클 샌델Michael Sandel 교수는 이처럼 '새치기를 돈으로 살 수 있는 상황'을 지적하며 시장에 대한 자신의 의견을 펼쳤습니다. 한 시간을 기다려서 이제 막 놀이기구를 타려고 하는데, 어떤 사람이 더 많은 돈을 냈다는 이유만으로 갑자기 새치기해서 먼저 놀이기구를 타려 한다고 상상해 봅시다. 원하는 것을 얻기 위해 오랜 시간 줄을 서 있던 사람들은 갑작스럽게 새치기한 사람에 대해 항의합니다. 하지만 놀이공원 직원은 돈을 내고 먼저 입장할 수 있는 패스권을 구매했기 때문에 '합법적인 새치기'라고 이야기합니다. 여러분은 이런 상황에 대해 어떻게 생각하시나요?

시장, 날개를 달다

우리가 지금까지 살펴본 대부분의 경제 개념은 모두 **시장 경제**market economy 체제를 중심으로 논의되었습니다. 시장 경제 체제는 자원 생산이나 분배 등의 문제를 경제 주체들이 자유롭게 이익을 추구하고 있는 시장에 맡기는 경제 시스템입니다. 시장 경제 체제는 **계획 경제**planned economy 체제와는 완전히 반대입니다. 계획 경제 체제에서는 자원 생산이나 분배를 정부와 같은 기관에서 일정한 계획에 따라 관리합니다. 사람들의 경제활동을 별다르게 통제하지 않으면, 사람들은 서로서로 더 많은 이익을 얻기 위해 자연스럽게 시장을 형성하고 운영합니다. 시장의 '보이지 않는 손'을 믿고, 있는 그대로 놓아두는 방식의 정부 제도를 **자유방임**Laissez-faire이라고 합니다.

미묘한 차이가 있기는 하지만, 일반적으로 시장 경제 체제는 **자본주의**capitalism와 비슷한 의미로 사용되고 계획 경제 체제는 **공산주의**communism와 비슷한 의미로 사용됩니다. 자본주의와 공산주의는 자원을 누가 소유하느냐에 주목해 생겨난 개념입니다. 자본주의 체제에서는 사적 재산권을 인정하지만, 공산주의 체제에서는 적어도 생산에 사용되는 자원에 대해서는 공공 소유를 주장합니다.

지난 몇백 년간 세계의 경제 체제는 점차 시장 경제 체제로 변해왔습니다. 우리나라의 삼국 시대에도 상인들이 있었던 것으로 보아 시장은 인류의 역사와 이미 오랜 시간을 함께해 왔다고 해도 과언이 아닙니다. 그런데 자본주의가 국가 체제의 핵심이 될 만큼 부상한 것은 그리 오래된 일이 아닙니다. 애덤 스미스가 '보이지 않는 손'을 주장한 이래로 많은 경제학자들이 시장을 통한 자원 분배가 자연스러울 뿐만 아니라 효율적이라는 것을 증명해 왔습니다. 극단적인 경우 정부의 시장 개입을 악(惡)으로 치부하며 비효율성을 초래할 뿐이라고 이야기하는 경제학자도 있었습니다.

물론 정부의 개입을 완전히 배제하는 극단적인 주장은 받아들이기 어렵습니다. 자원 분배를 극단적으로 시장에 맡겼을 때 나타나는 여러 문제와 이로 인해 생겨나는 정부의 의무에 대해서는 4장에서 더 자세히 살펴볼 것입니다.

시장이 자원을 가장 효율적으로 분배할 수 있다는 주장은 완벽하지는 않지만, 현재까지는 이론적으로도 경험적으로도 어느 정도 인정할 수 있는 사실입니다. 그런데 시장의 효율성이 주목을 받으면서 과거에는 시장에서 거래되지 않던 것들도 시장에서 거래되기 시작했습니다. 경우에 따라서 우리는 무언가를 돈을 주고 사고판다는 것에 대해 불쾌감을 느끼기도 합니다. 이 절에서는 간단하게나마 이런 문제에 대해 고민해 보려고 합니다.

✒ 돈을 주고 새치기할 권리를 사는 것은 정당할까요?

누구나 한 번쯤 재벌 2세들이 등장하는 드라마를 보다가 자신에게도 어마어마한 돈이 있었으면 어땠을지 상상해 본 적이 있을 것입니다. 돈이 많으면 못 하는 게 없을 것만 같습니다. 으리으리한 집에 살면서 원하는 것은 뭐든 살 수 있고, 해외여행도 마음껏 다닐 것 같습니다. 돈은 그야말로 엄청난 힘을 가지고 있습니다. 가끔 생각해 보면, 인간이 서로 약속해서 만든 종이 쪼가리가 인간의 삶을 이 정도로 지배할 수 있다는 것이 신기하기만 합니다.

시장이 효율적이라는 믿음은 시장에서 거래되지 않던 것들까지 거래되도록 만들었습니다. 놀이공원에서 돈을 주고 합법적으로 새치기하는 것도 이에 해당합니다. 마이클 샌델 교수는 시장의 범위가 점차 확대되는 현상이 상황에 따라서는 우리의 도덕적 감정을 해치기도 한다는 점을 지적했습니다. 우리는 어릴 때부터 차례를 잘 지켜야 하고 새치기하면 안 된다는 도덕적 관습을 익혀 왔습니다. 그런데 돈이 이런 도덕적 관습을 어기는 일을 가능하게 했다는 것입니다.

어떤 사람은 돈을 주고 새치기하는 것은 매우 합당하다고 주장합니다. 왜냐하면 새치기 패스권을 살지 말지 결정하는 것은 철저히 지불용의에 따른 선택이기 때문입니다. 만약, 새치기 패스권의 가격이 새치기를 통해 얻는 이득보다 너무 높다고 생각되면 사지 않으면 되는 것입니다. 돈을 주고 새치기 패스권을 사는 사람들은 새치기했을 때 얻는 행복을 더 크게 생각하는 사람들일 것입니다. 이런 사람들이 자기 돈을 주고, 즉 대가를 치르고 새치기하겠다는 것이 어째서 잘못되었느냐는 것이지요.

그러나 이런 주장에는 몇 가지 심각한 허점이 있습니다.

먼저, 지불용의는 어떤 것을 사고자 하는 의지와 능력을 모두 포함하는 개념입니다. 새치기 패스권 판매를 옹호하는 위의 주장은 수요-공급의 법칙에 따라 새치기를 가장 원하는 사람에게 새치기 패스권이 돌아갈 것이라고 묘사하고 있습니다. 하지만 현실은 이와 다릅니다. 돈이 없는 사람은 새치기 패스권을 사고 싶어도 살 수 없습니다. 원해도 사지 못하는 사람이 있다는 점은 시장 거래가 모두에게 최대의 행복을 준다는 주장에 대한 치명적인 반박이 됩니다.

둘째, 새치기를 거래한 행위가 줄을 서 있는 사람들에게 명백히 나쁜 영향을 끼침에도 줄을 서 있는 사람들은 아무런 보상을 받을 수 없습니다. 새치기 패스권을 판매하고 이익을 얻는 것은 놀이공원 측이고, 줄을 선 사람들은 패스권을 이용해 먼저 놀이기구를 탄 사람으로부터 아무런 이익을 얻을 수 없습니다. 따라서 이러한 주장은 거래 행위를 하지 않았다고 해서 더 오랜 시간을 대기해야 하는 상황이 왜 정당한지는 설명할 수 없습니다.

셋째, 새치기를 거래하는 것이 효율적이라고 해서 그것을 도덕적으로 만들어 주는 것은 아닙니다. 이는 시장에서 거래할 수 있는 것의 범위가 어디까지인가에 관한 논의에서 매우 중요한 부분입니다. 새치기하지 말아야 한다는 것은 누구나 동의하는 도덕적 관습입니다. 그런데 새치기 패스권을 판매하는 것은 이 관습을 깨고 해서는 안 되는 일을 할 수 있도록 면죄부를 판매하는 것이나 마찬가지입니다. 시장은 효율적이라고 주장하는 것만으로는 왜 돈을 내면 도덕적 기준에서 이탈하는 것이 가능한지는 설명해 주지 못합니다.

✏ 시장에서는 어디까지 거래될 수 있을까요?

새치기 정도는 부도덕한 행위라고 하는 것이 과장이라고 생각하는 사람도 있을 것입니다. 그러나 세상에는 새치기보다 더한 것을 사고파는 경우도 있습니다.

우리나라에서 불법이지만 암암리에 행해지기도 하는 장기 매매나 성매매는 새치기보다 훨씬 무거운 도덕적 주제를 건드리는 상거래 행위입니다. 사람의 장기나 성을 사고파는 것은 거부감을 일으킬 만큼 부도덕한 행위로 여겨집니다. 그런데 장기 매매와 성매매가 금지된 데에는 단순히 도덕적인 문제만 작용한 것은 아닙니다.

장기 매매나 성매매가 합법화되면 돈을 벌기 위해 자신의 장기나 성을 팔고자 하는 사람들이 생길 수 있습니다. 그들이 과연 자신의 자유로운 의지와 판단에 따라 그런 결정을 했을지 판단하는 것은 매우 어려운 문제입니다. 뭐든 돈이 있어야 할 수 있는 사회에서는 빈곤에 떠밀려 반강제적으로 장기나 성을 파는 상황도 쉽게 일어날 수 있습니다.

그런데 장기 매매나 성매매의 합법화를 주장하는 사람들은 역으로 현 제도가 자신이 가진 것을 판매하는 것에 대한 자유로운 의사를 무시하는 것이라고 말하기도 합니다. 자신은 콩팥 한쪽을 팔아도 일상생활에 지장이 없다는 사람에게 돈을 벌 수 있는 마지막 길마저 불법으로 만드는 것이 오히려 더 가혹하지 않느냐는 것입니다.

마약 매매는 또 다른 점에서 문제가 됩니다. 시장의 효율성에 대한 주장을 있는 그대로 받아들이면 마약을 거래했을 때 산 사람과 판 사람 모두 이득을 봅니다. 그러나 양쪽 주체 모두 이득을 볼 수 있다고 해서 마약 거래를 옹호할 수는 없습니다. 마약은 투약자뿐만 아니라 그 주변 사람들의 건강과 안전에도 심각한 악영향을 미치므로 거래로부터 초래되는 사회적 비용을 무시할 수 없습니다. 또한 마약의 중독성을 고려했을 때 마약에 대한 지불용의는 정상적인 사고와 판단을 통해 결정됐다고 볼 수 없습니다.

그런데 평소에 우리의 지불용의가 합리적인 사고와 판단에 의해서만 결정되는 것이냐고 하면, 또 그렇지는 않습니다. 우리의 욕구와 충동은 우리가 이성적으로 조절할 수 없는 경우도 많습니다. 중독성이 강한 마약과 같이 극단적인 경우에는 지불용의의 정당성에 대한 판단이 매우 쉽습니다. 그러나 대마초 같은 재화의 거래에 대해서는 여전히 세계적으로 논쟁이 뜨겁습니다.

◆ ◆ ◆

지금까지 시장 거래의 범위를 둘러싼 여러 가지 논점을 살펴보았습니다. 어떤 것이 시장에서 거래될 수 있는지 없는지를 판단하는 일은 대부분 명확합니다. 예를 들어 사과는 시장에서 거래되어도 되지만, 청부 살인은 거래되면 안 됩니다. 하지만 어떤 경우에는 판단하기가 애매하며, 시장 거래의 적절한 범위에 대한 인식은 시대에 따라 달라지기도 합니다.

경제학 이론은 시장 거래가 자원을 효율적으로 배분하는 효과적인 방법임을 알려 주지만, 그것이 옳은 일인지는 말해 주지 못합니다. 따라서 어떤 대상의 시장 거래를 허용할 때는 여러 가지 부분을 고려해야 합니다. 무언가를 거래하기에 앞서 사거나 파는 사람이 정말 자유로운 의지로 거래에 참여할 수 있는지, 빈부에 따른 심각한 격차를 만들지는 않을지, 거래되는 재화가 도덕이나 사회적 관습에 반하는 것은 아닌지 등에 대한 충분한 고민이 선행되어야 합니다.

우리는 4장에서 시장이 지닌 문제점과 이에 대해 정부가 취할 수 있는 해결책을 살펴볼 것입니다. 그에 앞서 아래의 몇 가지 고민거리를 살펴보며 어디까지가 시장이 될 수 있는지를 생각해 보면 어떨까요? 이때 효율성과 공평성, 도덕성 등 다양한 요소 간의 무게를 저울질하는 일은 결코 쉽지 않을 것입니다.

- 공연이나 스포츠 경기의 입장권을 산 후 더 비싼 값에 암표로 판매하는 것은 정당한가?
- 많은 돈을 주고 자녀를 대학교에 입학시키는 것은 정당한가?
- 돈을 주고 위험 가능성이 있는 신약을 몸에 실험해 볼 사람을 모집하는 것은 정당한가?
- 공장에서 정부에 돈을 주고 폐기물이나 오염 물질을 배출할 권리(배출권)를 사는 것은 정당한가?

◆ 탄력성 결정 변수의 변동에 따라 수요량이나 공급량이 얼마나 변하는지를 나타내는 지표

◆ 가격탄력성 재화의 가격이 변함에 따라 그 수요량이나 공급량이 얼마나 변하는지를 나타내는 지표

◆ 단위 탄력적 수요량이나 공급량의 변화율이 가격의 변화율과 같아서 탄력성이 정확히 1인 경우

◆ 독점 시장 어떤 재화의 공급자가 단 하나뿐인 시장

◆ 과점 시장 어떤 재화의 공급자가 소수인 시장

◆ 완전 경쟁 시장 비슷한 재화를 공급하는 기업이 매우 많으며 소비자와 생산자 모두 가격 수용자인 시장

◆ 독점적 경쟁 시장 완전 경쟁 시장과 독점 시장의 특징을 모두 가진 시장으로, 다수의 기업이 비슷하지만 차별화된 제품을 공급하는 시장

◆ 가격 결정자 시장 지배력을 통해 재화의 가격을 결정할 수 있는 개인이나 기업

◆ 자연 독점 규모의 경제로 인해 여러 생산자보다 한 생산자가 생산하는 것이 더 효율적이어서 자연스럽게 생겨난 독점 시장

◆ 산출효과 판매량 증가로 총수입이 증가하는 효과

◆ 가격효과 판매량을 늘리기 위해 가격을 내리면서 총수입이 감소하는 효과

◆ 가격차별 시장 지배력을 가진 판매자가 동일한 상품이나 서비스를 구매자에 따라 다른 가격으로 판매하는 것

◆ 차익거래 동일한 상품의 가격이 시장에 따라 다른 경우, 가격이 저렴한 시장에서 구매하여 비싼 시장에서 되팔아 이익을 얻고자 하는 거래

◆ 제1급 가격차별 모든 소비자의 지불용의를 파악하여 각 소비자에게 제각기 다른

가격으로 판매하는 형태

◆ 제2급 가격차별 소비자의 특성이 명확히 구분되지 않을 때 상품에 여러 버전을 만들어서 인위적으로 수요층을 나누어 각기 다른 가격으로 판매하는 형태

◆ 제3급 가격차별 소비자를 특징에 따라 몇 개의 그룹으로 나누어 같은 상품을 그룹마다 각기 다른 가격으로 판매하는 형태

◆ 기대효용 어떤 결과가 나타날지 불확실한 상황에서 평균적으로 얻을 것으로 예상되는 효용

◆ 알레의 역설 기대효용 이론에 대한 역설로, 경제 행위자들이 선호의 일관성이 없이 선택하며 합리성을 거스르는 것

◆ 시장 경제 체제 자원의 생산이나 소비, 분배 등의 경제 문제를 시장에 자유롭게 맡기는 경제 시스템

◆ 계획 경제 체제 자원의 생산이나 분배 등 모든 경제활동이 중앙 정부의 계획과 명령에 따라 이루어지는 경제 시스템

◆ 자유방임 국가 또는 정부가 시장의 보이지 않는 손을 믿고 간섭을 최소화하여 개개인의 경제활동의 자유를 보장하는 것

4장

동네에서 떠올린 경제학:
행복한 사회란?

지금까지 우리는 여러 가지 경제 현상의 원인과 결과에 대해 살펴보았습니다. 이제 경제학에서 조금 더 민감한 세계에 발을 들여 볼 것입니다. 경제학은 욕구가 무한한 사람들을 상대로 희소한 자원을 어떻게 나누어야 하는지를 연구하는 학문입니다. 결국 경제학의 궁극적인 목표는 자원을 '잘' 생산하고, 분배하고, 소비하는 방법을 찾는 것입니다. 그러나 당연하게도 이에 대한 명확한 답은 있을 수 없습니다. 같은 경제 문제에 대해 경제학자들 간에도 의견 차이를 보입니다. 경제학을 벗어나 사회의 다른 분야를 연구하는 사람들, 혹은 그 사회를 실제로 살아가고 있는 사람들까지 논의의 장에 초대하면 의견의 스펙트럼은 더욱 넓어집니다. 이처럼 경제 문제에 대해서는 합의에 이르기가 어렵다는 점은 뉴스에서 끊임없이 등장하는 여러 정치적 갈등 중 하나의 중요한 축을 담당하기도 합니다.

경제 문제에 관해 사람들의 의견을 하나로 모으기 어려운 이유는 여러 가지입니다. 그중 하나는 경제 현상의 원리나 결과를 명쾌하게 밝혀내기가 사실상 불가능하기 때문입니다. 우리는 앞선 장들에서 시장에서 일어나는 일들을 경제학적 개념과 방법론을 활용해 살펴보았습니다. 그러나 이런 지식들만으로는 우리 집 앞 마트에서 일어나는 일조차 완벽하게 설명할 수 없습니다. 물론 근접하게나마 설명하는 것은 가능합니다. 우리는 마트에 가는 소비자의 마음을 이해하기 위해 무차별곡선, 예산선과 씨름해 보았고, 마트 주인의 목적은 오로지 이윤 극대화라고 가정하며 생산자의 비용 문제에 대해서도 공부했습니다. 전국에는 수많은 마트가 있다는 점에서 경쟁 시장에 대해 살펴보기도 하고, 우리 집 근처에는 마트가 하나뿐이라는 점에서 독점 시장에 대해 살펴보기도 했습니다. 무엇보다도 '인간은 합리적'이라는 가정을 기반으로 사람들의 상호 작용을 수학적으로 분석해 보려고 했습니다.

이런 여러 가지 경제학적 수단은 우리 집 앞 마트에서 일어나는 일을 설명하는 데 도움은 되지만 100% 정확하게 설명하지는 못합니다. 마트는 완전한 경쟁 시장도, 독점 시장도 아니라는 문제가 있습니다. 마트에서 물건을 사고파는 소비자와 마트 주인도 완벽하게 합리적이지 않습니다. 이들은 충동적으로 선택하기도 하고, 비논리적으로 손해를 감수하기도 합니다.

경제학이 세상을 온전하게 설명할 수는 없음을 인정하는 것은 중요한 문제입니다. 바로 여기서 경제 문제를 둘러싼 일차적인 갈등이 시작되기 때문입니다. 과거에 과학자들은 지구가 태양의 주위를 돈다는 지동설과 태양이 지구 주위를 돈다는 천동설로 첨예하게 대립했습니다. 두 설 모두 몇 가지 자연 현상을 설명하는 데는 문제가 없었습니다. 예컨대 두 설 모두 낮과 밤이 생기는 이유를 설명할 수 있었지요. 그러나 당시의 과학 수준으로는 두 설 중 어느 것이 옳은지 따지기가 힘들었습니다. 오랜 시간이 흘러 과학이 더 발달하여 새로운 사실들이 발견되고 나서야 지동설이 맞는다고 인정받게 되었습니다. 이렇듯 경제학 분야에서도 경제 현상에 관해 완벽한 합의에 이르는 날이 오게 될지는 미지수입니다.

또 다른 이유는 경제 문제가 가치 판단과 관련된 문제이기 때문입니다. 희소한 자원을 사람들에게 공정하게 나누어야 한다는 점에는 거의 모든 사람이 동의합니다. 그러나 공정의 의미에 대해서는 사람들의 의견이 천차만별입니다. 누군가는 자유로운 시장이 매우 공정하게 자원을 분배해 준다고 주장합니다. 또 다른 사람은 많이 일한 사람 혹은 더 가치 있는 일을 한 사람이 더 많은 자원을 가져가는 것이 옳다고 주장합니다. 어떤 사람은 각자가 처한 환경이나 상황도 고려해 주어야 진정한 공정이라고 이야기합니다. 혹은 그 희소한 자원을 모두 함께 공유하고 나누어 쓰는 것이 좋다고 말하기도 합니다.

　이 중 어느 것이 더 좋은 답이라고 확정할 수는 없습니다. 어떤 방식을 택하더라도 찬성하는 사람과 반대하는 사람이 존재합니다. 지금까지 경제 정책은 수많은 사람들의 이익 줄다리기 속에서 펼쳐져 왔다고 해도 과언이 아닙니다.

　지금부터 미시경제학의 틀 안에서 다양한 경제학적 주장이 나오게 된 몇 가지 근거들을 살펴볼 것입니다. 경제 정책은 나와 나의 가정 그리고 내가 사는 동네와 나라에 큰 영향을 미칩니다. 경제학을 얕게 경험해 본 우리가 어떤 정책이 맞는지 완전하게 판단할 수는 없을 테지만, 어떻게 하면 우리 사회가 더 행복해질 수 있는지에 대해 생각해 볼 수 있을 것입니다.

넓이로 나타낸 행복:
경제적 잉여의 측정

흔히 좋은 경제를 만들기 위해서는 효율성과 형평성이라는 두 가지 측면을 따져 봐야 한다고 말합니다. **효율성**efficiency은 주어진 비용으로 최대의 효과를 얻는 것을 의미합니다. 예를 들어, 효율적으로 생산한다는 것은 최소의 비용을 들여서 더 질 좋은 것을 더 많이 생산해 낸다는 뜻입니다. 효율적으로 배분한다는 것은 배분 과정에 들어가는 비용이 적다는 의미일 수도 있고, 희소한 자원을 이용해 사회 전체의 행복이나 이득을 최대로 만든다는 의미일 수도 있습니다. 물론 둘 다를 의미할 수도 있고요.

한편 **형평성**equity은 사회 구성원에게 자원을 공평하게 혹은 균등하게 분배하는 것과 관련됩니다. 형평성의 의미는 효율성보다 더 혼란을 줍니다. 어떤 것이 공평한지를 따지는 일은 훨씬 어려운 문제이며, 이에 관해서는 개인의 가치 판단이 개입하기 때문입니다.

　중요한 것은 이 두 가지 특성이 적어도 경제 분야에서는 더 좋은 사회, 더 행복한 사회를 만들기 위한 기본적인 목표가 된다는 것입니다. 둘 중 먼저 효율성과 관련된 미시경제학 개념들을 살펴볼 것입니다. 이는 대부분 '어떻게 하면 희소한 자원으로 더 많은 사람에게 이득을 줄 수 있을까?'라는 문제로 이어집니다. 즉, 사회 전체의 행복을 극대화하는 일과 관련됩니다.

행복의 극대화

　　　　　　　효율성을 높이는 방향으로 자원을 배분하는 것은 매우 중요한 문제입니다. 이는 곧 어떻게 하면 희소한 자원을 사회 전체의 행복이 극대화되는 방향으로 나눌 수 있는지에 관한 문제입니다.

　영국의 철학자 <u>제러미 벤담</u>Jeremy Bentham은 개인의 이익이나 쾌락

제러미 벤담(1748~1832)은 영국의 보수적인 정치와 법률을 비판하면서 신분과 재력에 상관없이 최대한 많은 사람이 최대한 많은 행복을 누려야 한다고 생각했어요. 그 결과 옳고 그름의 기준을 사람들의 행복과 이익에 두는 공리주의가 탄생했지요. 이는 제자인 존 스튜어트 밀을 통해 더욱 폭넓게 발전하며 오늘날 민주주의의 기초가 되었어요.

의 증대를 중시하는 **공리주의**utilitarianism를 제창했습니다. 그가 표현한 '최대 다수의 최대 행복'이라는 슬로건에는 그의 주장이 함축되어 있습니다. 지금부터 우리가 살펴볼 경제 모형은 공리주의적 전통에서 크게 벗어나지 않습니다. 기본적으로 시장 주체들의 행복을 극대화하는 방법을 다루고 있기 때문입니다. 이 모형의 원리는 간단합니다. 행복을 극대화하려면 어떤 것을 가장 갖고 싶어 하는 사람이 그것을 갖고, 어떤 것을 가장 잘 만들 수 있는 사람이 그것을 만들어야 한다는 것입니다. 경제학자들은 이 단순한 논리를 수식과 그래프를 통해 더욱 명료하게 설명합니다.

재화를 소비하는 사람이 느끼는 행복이나 이득은 **소비자잉여**consumer surplus, 재화를 생산하는 사람이 느끼는 행복이나 이득은 **생산자잉여**producer surplus라고 합니다. 이 둘을 포함한 사회 전체의 행복이나 이득을 **총잉여**total surplus라고 부릅니다. 효율성이 총잉여를 극대화하는 문제와 관련이 있다면, 형평성은 총잉여를 사회 구성원 간에 균등하게 분배하는 문제와 관련 있습니다. 이 중 효율성의 편에 서서 사회 구성원의 행복을 최대치로 만드는 방법을 연구하는 경제학 분야를 **후생경제학**welfare economics이라고 합니다. '후생'은 사람들이 느끼는 행복, 이득, 잉여 등과 같은 의미로 사용되는 말입니다.

🖊 소비자가 누리는 행복: 소비자잉여

　　　　　　　　　먼저 소비자잉여를 계산하는 방법을 살펴볼게요. 소비자가 재화를 소비하면서 느끼는 행복의 기준이 되는 것이 바로 지불용의입니다. 지불용의는 소비자가 어떤 재화를 구매하기 위해 지불하고자 하는 최고 금액을 말합니다. 어떤 재화에 대한 지불용의가 높다는 것은 그 재화를 소비했을 때 느끼는 행복이 크다는 것입니다. 반대로 지불용의가 낮다는 것은 그 재화로부터 큰 이득을 얻지 못한다는 것을 의미하겠지요.

〈그림 1〉은 어떤 가수의 앨범에 대해 네 사람 A, B, C, D가 가진 지불용의를 보여 줍니다. 지불용의는 소비자가 재화에 대해 부여하는 가치이므로 어떤 재화를 살지 말지를 결정하는 기준이 됩니다. 예를 들어, 이 앨범의 가격이 9만 원일 경우에는 A만 앨범을 구매할 것입니다. A는 앨범에 대해서 9만 원이 넘는 가치(10만 원)를 부여하지만, 나머지 사람들은 앨범 가격이 비싸다고 느낄 것이기 때문입니다.

지불용의와 비슷한 개념으로 수용용의가 있습니다. 수용용의는 어떤 재화를 포기하거나 자신을 불행하게 하는 것

구매 희망자	지불용의
A	100,000원
B	80,000원
C	70,000원
D	50,000원

그림 1 ◆ 구매 희망자 네 사람의 지불용의

을 받아들이기 위해 필요한 최소한의 금액을 의미합니다. SNS를 보다 보면 간혹 '누군가가 1억 원을 준다면 광장에서 발가벗고 춤출 수 있다/없다'와 같은 게시물이 공유되어 퍼지는 것을 볼 수 있습니다. 이는 수치스러운 행동을 하는 것에 대한 수용용의를 묻는 것입니다. 광장에서 발가벗고 춤추는 행동에 대한 수용용의가 2억 원인 사람은 적어도 2억 원은 줘야 이 행동을 수용할 수 있습니다. 따라서 1억 원으로는 이 행동을 절대 하지 않을 것입니다. 그러나 수용용의가 8천만 원인 사람은 1억 원을 준다면 기꺼이 이 행동을 할 것입니다.

이론적으로 어떤 재화를 얻는 것에 대한 지불용의와 그 재화를 잃는 것에 대한 수용용의는 같아야 합니다. 예를 들어 어떤 옷을 사기 위해 최대로 낼 수 있는 금액은 그 옷을 얻은 후 다시 내놓기 위해서 받아야 하는 최소 금액과 같습니다.

다시 본론으로 돌아와서, 지불용의는 소비자가 어떤 재화를 사용할 때 순수하게 느끼는 행복을 의미합니다. 하지만 소비자가 그 재화를 사서 사용하려면 반드시 그에 따른 '가격'이라는 대가를 치러야 합니다. 즉, 소비자는 어떤 재화를 살 때 지불용의만큼의 행복을 누리지만 가격만큼의 비용을 지불해야 합니다. 이렇듯 지불용의에서 실제로 지불한 금액을 뺀 나머지가 소비자잉여입니다.

소비자잉여는 '어떤 상품에 대해 소비자가 부여하는 가치에서 실제 시장 가격을 뺀 차액'이라고 정의됩니다. 예를 들어 〈그림 1〉의 A

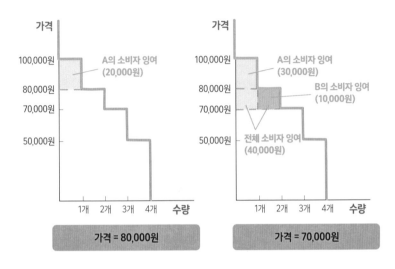

그림 2 ◆ 네 사람의 수요곡선과 그에 따른 소비자잉여

가 9만 원에 앨범을 구매했다면 그의 소비자잉여는 1만 원입니다. 앨범이 A에게 주는 행복의 크기, 즉 지불용의는 10만 원인데 9만 원을 지불했으므로 그에게 남은 이득은 1만 원이기 때문입니다.

〈그림 2〉는 〈그림 1〉의 상황을 가지고 그린 앨범에 대한 수요곡선입니다. 우리는 이 시장에 A, B, C, D 단 네 사람밖에 없다고 가정할 것입니다. 이 수요곡선은 우리가 흔히 알고 있는 직선의 수요곡선이 아니라 계단 모양인데, 그 이유는 무엇일까요?

우선 앨범 가격이 5만 원보다 낮을 때는 A, B, C, D 네 명의 지불용의가 모두 5만 원 이상이므로 네 사람 다 앨범을 사고자 할 것입니다. 따라서 가격이 5만 원보다 낮을 때 앨범에 대한 수요량은 4개가 됩니다. 하지만 앨범 가격이 D의 지불용의인 5만 원을 넘어서면 D는 더 이상 앨범을 사려고 하지 않을 것입니다. 따라서 가격이 5만 원을 넘어가면 수요량은 3개로 줄어듭니다. 또 가격이 7만 원을 넘어가면 C도 더 이상 앨범을 사려고 하지 않을 것이므로 수요량은 2개로 줄어듭니다. 이와 같이 가격이 올라갈 때마다 계속해서 수요량이 줄어듭니다.

이를 세로축은 가격, 가로축은 수량(수요량)인 그래프로 나타내면 〈그림 2〉처럼 계단 모양이 됩니다. 지금 우리가 가정한 시장에는 소비자가 네 명뿐이기 때문에 익숙하지 않은 계단 모양의 그래프가 된 것입니다. 하지만 소비자가 많아질수록 계단 사이의 폭이 점점 촘촘해질 것이고, 이에 따라 우리가 흔히 아는 매끄러운 수요곡선 형태가 되는 것이지요. 우리는 2장에서 소비자 선택 이론을 이용해 어렵게 수요의 법칙을 증명했습니다. 그러나 지불용의 측면에서 접근하면 이를 훨씬 쉽게 증명할 수 있습니다. 사람들의 재화에 대한 지불용의가 다양하다고 가정하기만 하면 되기 때문입니다. 물론 이는 소비자 선택 이론처럼 사람들의 구매 의사가 생긴 원인이나 과정을 설명해 주지는 못합니다.

여기서 주목해야 할 점은 수요곡선이 가격에 따른 수요량을 나타낼 뿐만 아니라 시장에 존재하는 수많은 소비자들의 지불용의를 나타내기도 한다는 점입니다.

이런 수요곡선의 특징을 이용해 소비자잉여를 시각적으로 나타낼 수 있습니다. 앞의 예시에서 앨범 가격이 8만 원이라고 가정해 봅시다. 이때 앨범을 사는 것은 A뿐이므로 소비자잉여를 가질 수 있는 것은 A뿐이며, 소비자잉여는 10만 원−8만 원=2만 원이 됩니다. 이는 〈그림 2〉의 왼쪽 그래프에서와 같이 8만 원의 가격선(가로선)과 수요곡선으로 둘러싸인 도형의 넓이와 같습니다. 소비자잉여는 지불용의에서 실제 가격을 뺀 것이므로 지불용의를 의미하는 수요곡선에서 실제 가격인 가격선을 뺀 부분의 넓이가 되는 것이지요.

앨범 가격이 7만 원이라면 A와 B만 앨범을 구매할 것이고, 이때 A의 소비자잉여는 3만 원, B의 소비자잉여는 1만 원입니다. 이 둘을 더한 값은 〈그림 2〉의 오른쪽 그래프에 나타난 것처럼 실제 가격인 7만 원에서의 가격선과 수요곡선으로 둘러싸인 도형의 넓이와 같습니다. 이를 통해 수요곡선상 어떤 가격에서의 소비자잉여는 그 가격선과 수요곡선으로 둘러싸인 도형의 넓이와 같다는 것을 알 수 있어요.

이번에는 소비자가 매우 많은 일반적인 시장의 수요곡선을 살펴보겠습니다. 같은 원리를 일반적인 수요곡선에 적용해 보면 소비자잉여는 〈그림 3〉과 같이 가격선과 수요곡선으로 둘러싸인 삼각형의 넓이가 됩니다.

가격이 하락하면 이 삼각형의 크기가 점점 커지므로 소비자잉여

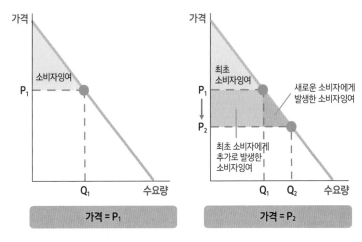

그림 3 ◆ 실제 수요곡선에서의 소비자잉여

가 커진다는 것을 알 수 있습니다. 애초에 상품을 사고 있던 소비자들이 내린 가격만큼 더 큰 행복을 느낄 뿐만 아니라, 가격이 하락하면서 지불용의가 낮았던 소비자들도 추가로 상품을 사고 행복을 느낄 수 있게 되기 때문이죠. 정리하면, 재화의 가격이 하락할수록 소비자들이 느끼는 이득 또는 행복은 증가합니다.

생산자가 누리는 행복: 생산자잉여

생산자 입장에서도 소비자와 비슷한 방식으로 생산자잉여를 계산할 수 있습니다. 소비자잉여의 기준이 지불용의라면, 생산자잉여의 기준은 비용입니다.

비용이란 생산자가 재화를 생산하기 위해 포기해야 하는 모든 것의 가치를 의미합니다. 중요한 것은 여기에는 단순히 재화를 생산하는 데 들어간 현금뿐만 아니라 재화를 생산하기 위해 투자한 시간과 노력에 대해 생산자가 부여하는 가치도 포함된다는 사실입니다. 경제학에서 말하는 비용이란 명시적 비용과 암묵적 비용의 합인 '기회비용'을 의미한다는 걸 잊으면 안 돼요.

생산자는 항상 비용보다 높은 가격으로만 재화를 판매하려 합니다. 비용보다 낮은 가격에 팔면 손해를 보기 때문이죠. 이는 곧 비용이 생산자가 재화를 만들기 위해 희생해야 하는 가치이기 때문입니다. 따라서 생산자는 반드시 비용 이상의 가격을 받아야만 이득을 누릴 수 있습니다.

이런 맥락에서 소비자잉여를 '지불용의 – 실제 가격'으로 계산한 것처럼 생산자잉여는 '실제 가격 – 비용'으로 계산합니다. 한편 소비자잉여가 실제 가격선과 수요곡선으로 둘러싸인 면적이었다면, 생산자잉여는 가격선과 공급곡선으로 둘러싸인 면적입니다. 예시를 통해서 조금 더 자세히 살펴보아요.

이번 이야기에도 A, B, C, D 네 사람이 등장합니다. 이들은 아르바이트로 페인트칠을 하려고 합니다. 페인트칠이라는 서비스를 제공하는 데 있어 그들이 최소한으로 받아야 한다고 생각하는 금액, 즉 비용은 〈그림 4〉와 같이 각기 다릅니다. D는 5만 원만 받으면 페인트

공급자	비용
A	90,000원
B	80,000원
C	60,000원
D	50,000원

그림 4 ◆ 공급자 네 사람의 비용

칠을 하지만, C는 6만 원, B는 8만 원, A는 9만 원은 받아야 페인트칠을 할 수 있습니다.

네 사람 중 B는 페인트칠을 해 주는 일당으로 8만 원은 받아야 한다고 생각합니다. 그런데 B에게 페인트칠을 부탁한 사람이 일당으로 10만 원을 지급했다고 합시다. 이때 B가 느끼는 이득, 즉 생산자잉여는 10만 원(실제 받은 금액)-8만 원(비용)=2만 원이 됩니다. 8만 원을 받으면 본전인데 2만 원을 더 받았으니 2만 원의 행복을 느낀다고 보는 것입니다. 이처럼 생산을 통해 번 돈, 즉 실제 가격에서 비용을 뺀 것이 생산자잉여가 됩니다.

이번에는 공급곡선상에 생산자잉여를 어떻게 나타낼 수 있는지 살펴보겠습니다. 시장에는 〈그림 4〉의 공급자 네 명만이 존재한다고 가정하고 페인트칠에 대한 공급곡선을 그려 보면 〈그림 5〉와 같습니다. 페인트칠해 주고 받는 일당, 즉 가격이 5만 원 이하일 때는 아무도 페인트칠을 하려고 하지 않습니다. 따라서 5만 원 이하에서는 공급량이 0입니다. 만약 가격이 5만 원을 넘어가면 페인트칠에 대한 비용이 5만 원인 D는 페인트칠을 하고자 할 것입니다. 즉, 이때는 공급량이 1이 됩니다. 6만 원이 넘으면 C도, 8만 원이 넘으면 B도, 9만 원

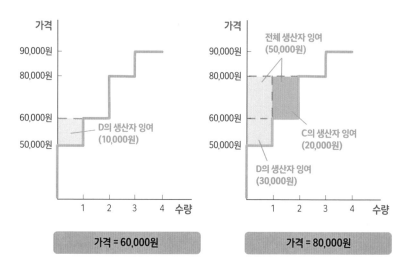

그림 5 ◆ 네 사람의 공급곡선과 그에 따른 생산자잉여

이 넘으면 A까지도 페인트칠을 하려고 합니다. 이와 같이 가격이 올라갈수록 한 명씩 더 페인트칠을 하려고 하며, 이에 따라 〈그림 5〉처럼 계단형 그래프가 그려집니다.

공급곡선이 이상한 계단 모양이 된 것은 시장에 생산자가 4명밖에 없기 때문입니다. 시장에 생산자가 많으면 많아질수록 계단의 폭이 점점 촘촘해지면서 매끄러운 형태를 이루게 됩니다. 수요곡선이 소비자들의 지불용의를 나타내는 것처럼 공급곡선은 생산자들의 비용을 나타낸다고 생각할 수 있습니다.

〈그림 5〉에서처럼 공급곡선 위에 생산자잉여를 나타낼 수 있습니

다. 생산자잉여는 실제 가격에서 비용을 뺀 것이므로 일당이 6만 원일 때 비용이 5만 원인 D의 생산자잉여는 1만 원이 됩니다. 이는 일당(실제 가격)인 6만 원의 가격선과 공급곡선으로 둘러싸인 직사각형의 넓이와 같습니다. 일당이 8만 원으로 올라가면 D뿐만 아니라 C도 페인트칠을 하게 되고, D의 생산자잉여는 3만 원, C의 생산자잉여는 2만 원이 됩니다. 그러나 B는 비용이 정확히 8만 원이므로 페인트칠을 할 수도 있고 안 할 수도 있어요. 어떻게 하든 똑같이 아무런 이득도 없기 때문입니다. 이때 전체 생산자잉여는 8만 원의 가격선과 공급곡선으로 둘러싸인 도형의 넓이와 같습니다.

이제는 위의 결론을 일반적인 공급곡선에 적용해 봅시다. 어떤 가

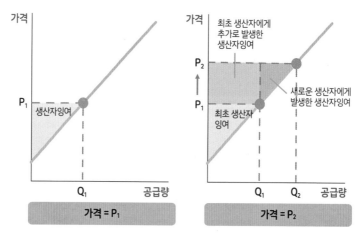

그림 6 ◆ 실제 공급곡선에서의 생산자잉여

격에서의 생산자잉여는 〈그림 6〉과 같이 실제 거래 금액을 나타내는 가격선과 공급곡선으로 둘러싸인 삼각형의 넓이가 됩니다.

가격이 올라갈수록 삼각형의 크기가 커지는데 이는 곧 생산자잉여가 증가함을 의미합니다. 상품 가격이 오르면 기존 생산자들이 더 큰 이득을 볼 뿐만 아니라 원래 생산하지 않았던 사람들까지 새롭게 생산하기 때문입니다. 결국 생산자들은 소비자와는 반대로 재화의 가격이 상승할수록 더 큰 이득을 남기게 됩니다.

총잉여 계산하기

후생경제학에서 시장을 평가하는 데 가장 기본이 되는 개념은 바로 '총잉여'입니다. 총잉여는 소비자잉여와 생산자잉여를 더한 것입니다. 즉, 시장에 존재하는 모든 사람(소비자와 생산자)의 행복을 더한 셈이지요.

소비자잉여는 '소비자의 지불용의-가격', 생산자잉여는 '가격-생산자가 치르는 비용'이므로 이 둘을 더한 총잉여는 '가격'이 서로 상쇄되기 때문에 '소비자의 지불용의-생산자가 치르는 비용'이 됩니다.

어떤 시장의 총잉여가 클수록 시장 구성원들이 느끼는 행복의 총량이 더 크다고 판단할 수 있습니다. 따라서 다른 모든 조건이 같다면, 총잉여가 커지는 방향으로 정책을 펼치는 것이 바람직합니다. 이는 총잉여가 클수록 더욱 효율적이라는 뜻이기 때문입니다.

총잉여가 최대가 되는 상황은 생각보다 매우 간단합니다. 경제학자들에 따르면, 총잉여는 시장 균형에서 극대화됩니다. 2장에서 살펴보았듯이 별다른 개입 없이 자연스럽게 수요와 공급이 일치하게 되는 상태를 시장 균형이라고 합니다. 곰곰이 생각해 보면 시장 균형에서 경제적 후생도 최대가 된다는 이유를 알 수 있습니다.

먼저, 자유로운 시장은 공급된 재화를 지불용의가 가장 높은 수요자부터 차례대로 배분되도록 합니다. 지불용의가 높다는 것은 어떤 재화를 더 많이 갖고 싶어 해서 더 많은 돈을 지불할 의사가 있다는 의미입니다. 자유로운 시장에서 균형에 도달하면, 균형 가격 이상의 지불용의를 가진 사람만 재화를 구매할 것입니다. 따라서 이때 지불용의가 높은 편에 속하는 소비자들만 재화를 사게 됩니다.

마찬가지의 논리로 자유로운 시장은 생산 비용이 가장 저렴한 생산자에게 수요가 배분되도록 합니다. 자유로운 시장에서 균형에 도달하면, 균형 가격보다 비용이 낮은 생산자만 재화를 팔 수 있으므로 자연스럽게 비용이 가장 저렴한 생산자부터 재화를 팔 수 있습니다.

이런 상황은 〈그림 7〉에 잘 나타나 있습니다. 균형 가격에서 수요량과 공급량은 정확히 일치하는데, 이 때문에 소비자잉여(노란색)와 생산자잉여(초록색)는 한 변이 완전히 맞닿게 됩니다. 총잉여는 두 삼각형의 합이므로 커다란 삼각형 전체의 넓이에 해당합니다.

만일 시장 가격이 균형 가격이 아니라면 어떤 일이 일어날까요?

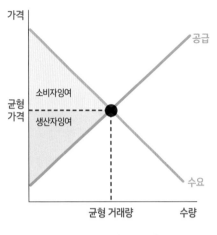

그림 7 ◆ 시장 균형에서의 총잉여

〈그림 8〉은 시장 가격이 균형 가격보다 높거나 낮을 때 일어나는 일을 보여 줍니다.

먼저 시장 가격이 균형 가격보다 높으면 공급이 수요보다 많아집니다(초과 공급). 공급이 많아도 수요가 부족하므로 시장에서는 수요량이 있는 만큼만 거래가 이루어지게 됩니다. 따라서 완전한 삼각형을 이루던 총잉여는 아무리 크게 잡아도 〈그림 8〉의 왼쪽 그래프처럼 옆으로 찌그러진 형태가 되고 맙니다.

더 정확히 말하면 실제로는 총잉여가 이보다 더 작을 가능성도 존재합니다. 초과 공급의 상황에서는 〈그림 8〉과 같이 비용이 낮은 생산자부터 순차적으로 재화를 생산하리라는 보장이 없기 때문입니다.

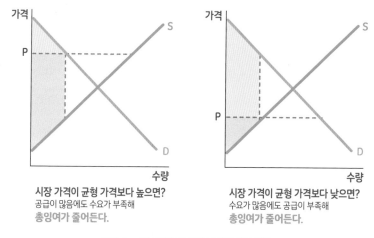

시장 가격이 균형 가격보다 높으면?
공급이 많음에도 수요가 부족해
총잉여가 줄어든다.

시장 가격이 균형 가격보다 낮으면?
수요가 많음에도 공급이 부족해
총잉여가 줄어든다.

그림 8 ◆ 시장 가격이 균형 가격이 아닌 경우

또한 비용을 들여 재화를 생산하고도 팔지 못한 공급자들은 아무런 이득을 얻지 못하므로 총잉여를 깎아 먹게 될 것입니다.

반대로 시장 가격이 균형 가격보다 낮으면 수요가 공급보다 많아집니다(초과 수요). 수요가 많음에도 공급이 부족해서 소비자들이 소비자잉여를 얻지 못하게 됩니다. 이 경우에도 시장에서 공급이 있는 만큼만 거래가 이루어질 수 있으므로 총잉여는 〈그림 8〉의 오른쪽 그래프와 같이 왼쪽으로 눌려 작아집니다. 그리고 사실은 이것도 최선의 상황을 가정한 것일 뿐, 실제로는 총잉여가 이보다 더 작을 수도 있음을 기억해야 합니다.

/ 그렇다면 자유방임이 최고의 정책일까요?

시장을 자연스럽게 놓아두었을 때 도달하는 시장 균형에서 총잉여가 극대화된다는 사실은 자유방임 정책에 큰 힘을 실어 주었습니다. 애덤 스미스가 주장한 보이지 않는 손이 자원을 남김없이 분배할 수 있을 뿐만 아니라 사회 전체의 행복까지도 극대화할 수 있다는 주장은 상당히 매력적으로 보였기 때문입니다. 경제 분야에서는 정부가 완전히 손을 떼는 것이 맞지 않느냐는 극단적인 주장까지 나오게 되었습니다.

그러나 전 세계 모든 나라를 둘러보아도 경제 문제에 일절 개입하지 않는 정부는 찾을 수가 없습니다. 자유방임을 하면 분명 사회적 후생이 최대가 된다고 배웠는데 정부가 개입하는 이유는 무엇일까요? 이는 자유방임이 현실적으로는 심각한 부작용을 일으킬 수 있기 때문입니다.

자유방임을 옹호하는 사람들마저도 재산권 보장 문제에 대해서만큼은 정부가 개입해야 한다고 생각합니다. 국가의 치안이 좋지 않아서 각자가 소유한 자원이나 재산을 도둑맞거나 빼앗기는 일이 빈번하다면 시장이 정상적으로 작동할 수 없습니다. 따라서 정부는 대외적으로 평화를 유지하고 사회의 치안도 관리해서 사람들이 안심하고 거래 행위를 할 수 있도록 보장해야 합니다. 극단적으로 자유방임을 옹호하는 이들은 정부의 역할은 딱 여기까지에 머물러야 한다고 이야기합니다. 치안만을 관리하고 그 외에 경제에 관해서는 아무런 정책을 펴지 않는(혹은 못하는) 정부를 **야경국가**night-watchman state라고 합니다.

현대 경제학자들은 자유방임이 가진 몇 가지 치명적인 문제점 때문에 정부가 야경국가 이상의 역할을 해야 한다고 생각합니다.

우선, 자유방임은 형평성 문제를 일으킬 수 있습니다. 자유방임을 하면 총잉여를 최대화할 수 있을지는 몰라도 그 잉여의 균등한 분배는 보장할 수 없기 때문입니다. 형평성에 관한 문제는 뒤에서 더 자세히 살펴볼게요.

둘째, 자유방임을 통해 총잉여가 극대화된다는 주장은 수요곡선과 공급곡선을 기반으로 합니다. 수요곡선과 공급곡선은 시장이 완전 경쟁적이라는 전제하에 그려진 것임을 고려하면 현실의 시장에서는 이론과 괴리가 발생합니다. 현실에서는 진정한 의미의 완전 경쟁 시장을 거의 찾아볼 수 없고, 독점이나 과점 시장의 성격을 일부 지니고 있는 경우가 대부분이에요. 따라서 자유방임은 현실의 시장에서 최선의 정책이 되기에는 부족합니다.

셋째, 자유방임은 시장 성과가 소비자와 생산자에게 미치는 영향만을 고려한 정책입니다. 우리는 총잉여를 단순히 소비자잉여와 생산자잉여의 합으로 보았습니다. 그러나 총잉여는 소비자와 생산자뿐만 아니라 시장에서 나타나는 거래 행위에 영향을 받는 모든 사람의 행복을 포함해야 제대로 된 의미를 가집니다.

예를 들어 시장에서 휴대폰이 거래될 때, 앞서 우리가 한 것과 같은 총잉여에 대한 분석은 휴대폰의 거래가 소비자와 생산자에게만 영향을 미친다고 전제합니다. 하지만 실제로는 휴대폰 생산 과정에서 노동력 착취나 환경 파괴 등의 문제가 발생할 수 있고, 이는 직접적인 소비자와 생산자뿐만 아니라 제3자에게 악영향을 끼칠 수도 있습니다. 이와 반대로 휴대폰을 통해 다양한 사람과 소통하면서 의도치 않게 제3자에게 행복을 줄 수도 있어요. 이처럼 소비자잉여와 생산자잉여의 합만으로는 다른 사회 구성원들의 손해나 이득을 전혀 고려할 수 없습니다. 이런 측면에서 자유방임은 거래 행위에 직접 참여하는 사람들의 행복만 고려하는 오류를 범하게 됩니다.

이처럼 어떤 경제 주체들의 거래가 시장에 전혀 참여하지 않은 사람에게까지 영향을 끼치는 것을 **외부 효과**externality라고 합니다. 더 엄밀히 정의하면, 외부 효과는 어떤 경제 주체의 행위가 다른 경제 주체들에게 기대되지 않은 혜택이나 손해를 발생시키는 효과를 의미합니다. 외부 효과는 좋을 수도 있고 나쁠 수도 있어요. 중요한 것은 자유방임 정책은 외부 효과를 고려하지 못하기 때문에 부작용을 일으킬 수 있다는 점입니다.

정부는 왜 필요할까요?:
시장 실패

시장은 완벽하지 않습니다. 우선 자유방임한 시장에서는 형평성의 실현을 기대할 수 없습니다. 그렇다고 자유 시장이 효율성은 완벽하게 보장할 수 있느냐고 하면, 그건 또 아닙니다. 재화의 거래 행위가 거래와 상관없는 제3자에게 아무런 영향을 미치지 못하고, 시장 또한 완전 경쟁 시장이라고 가정하면 그 재화와 관련된 총잉여는 시장이 자연스럽게 도달한 균형 상태에서 극대화된다는 점을 앞서 확인해 보았습니다. 그러나 현실에서 이런 가정에 부합하는 시장은 극히 드물어요.

시장이 효율적인 자원 배분을 하지 못하는 상황을 **시장 실패**market failure라고 합니다. 정부는 시장 실패로 발생하는 시장의 비효율성을 해결하기 위해 시장에 개입합니다. 이 밖에도 정부가 경제 분야에서 수행해야 할 역할에 관해 연구하는 경제학 분야를 **공공경제학**public economics이라고 합니다. 지금부터 시장 실패 사례들을 몇 가지 살펴보고, 가능하다면 그에 대해 정부가 취할 수 있는 정책까지 알아보아요.

✏ 외부 효과가 발생할 때

자유로운 시장에서 나타나는 부작용 중 가장 대표적인 것이 바로 '외부 효과'입니다. 외부 효과란 어떤 경제 주체들의 거래 행위가 그와는 전혀 상관없는 다른 경제 주체에게 영향을 미치는 일을 말합니다. 그 영향은 나쁜 것일 수도 있고, 좋은 것일 수도 있습니다. 예를 들어 자동차의 거래 행위가 이루어지면 그만큼 배기가스가 더 배출되므로 자동차를 사지도 팔지도 않은 사람에게까지 악영향을 미칩니다. 이렇게 제3자가 피해를 보는 경우를 **부정적 외부 효과**라고 합니다. 반면, 교육의 거래 행위는 사회에 긍정적인 영향을 줄 수 있는 사람들을 육성하는 것이므로 교육을 하지도 받지도 않은 사람에게까지 좋은 영향을 미칩니다. 이렇게 제3자가 이득을 보는 경우를 **긍정적 외부 효과**라고 합니다.

'부정적', '긍정적'이라는 말 때문에 혼동의 여지가 있지만, 정부 입장에서는 부정적 외부 효과와 긍정적 외부 효과 모두 시장 실패의 원인이 됩니다. 부정적 외부 효과를 일으키는 거래 행위는 줄여야 합니다. 제3자에게 피해를 줌에도 불구하고 정부의 개입이 없으면 사람들은 자신의 이득만을 생각해 계속해서 거래하기 때문입니다. 그러나 긍정적 외부 효과를 일으키는 거래 행위는 늘려야 합니다. 이 경우에는 사람들이 제3자에게 주는 이득을 고려하지 않은 채 자신에게 올 이득만 생각해서 거래하기 때문입니다.

앞 절에서 공급곡선은 생산자의 재화 생산에 대한 비용을 나타내고, 수요곡선은 소비자가 재화 소비에 대해 느끼는 편익 혹은 가치를 나타내기도 한다는 것을 살펴보았습니다. 총잉여를 극대화하려면 시장이 균형에 이르도록 놓아두어야 했지요? 시장이 균형일 때 소비자가 느끼는 가치에서 생산자가 치르는 비용을 뺀 값, 즉 총잉여가 가장 커지기 때문입니다.

수요곡선과 공급곡선은 재화의 거래에 직접적으로 참여하는 사람들의 가치나 비용만을 반영할 수 있습니다. 그런데 외부 효과가 발생하면 소비자와 생산자 외에 재화의 거래를 통해 가치를 누리거나 비용을 지불해야 하는 제3자가 생깁니다. 이 경우 더 이상 수요곡선과 공급곡선을 재화의 거래를 둘러싼 사회적 가치나 비용을 대표하는 것으로 받아들일 수 없게 됩니다. 그래프를 통해 살펴보면 좀 더 이해하기 쉬울 거예요.

〈그림 9〉는 부정적 외부 효과를 보여 줍니다. 초록색의 수요곡선과 공급곡선은 각각 거래에 참여하는 소비자의 편익과 생산자의 비용

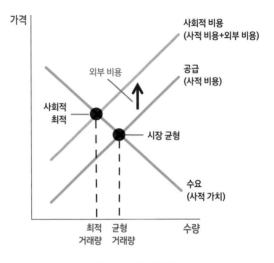

그림 9 ◆ 부정적 외부 효과

을 의미합니다. 이는 단지 거래 행위에 참여하는 경제 주체들의 사적인 편익이나 비용이라는 점에서 각각 **사적 가치**private benefit, **사적 비용**private cost이라고 부르기도 합니다.

그런데 정부는 사회 전체의 총잉여를 극대화해야 하는 입장입니다. 시장을 자유방임하면 시장 균형은 거래에 참여한 소비자와 생산자만의 총잉여를 극대화하는 결과를 낳을 것입니다. 따라서 정부는 제3자의 피해까지 고려해 사회 전체의 총잉여를 극대화하는 방안을 마련해야 합니다.

노란색 그래프는 제3자의 피해까지 고려해서 거래 행위에 대해 사회가 감당해야 할 비용, 즉 **사회적 비용**social cost을 나타냅니다. 이때 사회적 비용은 사적 비용뿐만 아니라 제3자가 감당해야 하는 **외부 비용**external cost까지 포함합니다. 따라서 사회적 비용 곡선은 기존의 사적 비용을 나타내던 공급곡선보다 위에 있을 수밖에 없습니다. 같은 생산량에 대해 더 많은 비용을 포함하고 있기 때문입니다. 정부가 사회적 후생을 극대화하기 위해 해야 할 일은 사회 전체의 가치와 비용이 일치하는 지점을 찾는 것입니다. 즉, 정부는 원래의 시장 균형을 사회적 비용과 사적 가치가 만나는 최적점으로 옮겨야 합니다. 〈그림 9〉에서 확인할 수 있듯이 최적 거래량은 균형 거래량보다 적습니다. 따라서 부정적 외부 효과가 발생하는 경우 정부는 거래량을 줄여야 합니다.

이를 위해 할 수 있는 대표적인 일은 생산자에게 재화의 판매 행위에 대한 세금을 부과하는 것입니다. 가능하다면 부정적 외부 효과로 인해 발생하는 비용과 정확히 동일한 만큼의 세금을 매기는 것이 좋습니다. 그렇게 되면 생산자 입장에서는 재화를 생산하는 데 더 많은 비용이 들어 사적 비용이 사회적 비용과 일치하게 될 것입니다. 즉, 공급곡선이 세금만큼 위로 이동해 원래의 초록색 그래프에서 노란색 그래프로 옮겨지는 것입니다. 이렇게 되면 제3자에게 가던 피해를 거래 행위에 직접 참여하는 경제 주체들에게 돌려 외부 효과가 깎아 먹던 총잉여를 다시 극대화할 수 있습니다. 외부 효과를 사적인 의사 결정 과정에 포함시킨다는 의미에서 이러한 해결책을 **외부 효과의 내부화**internalization of externalities라고 합니다.

　세금은 외부 효과를 내부화하기 위한 아주 효과적인 해결책인데, 경제 주체들의 행동을 교정할 수 있다는 의미에서 **교정적 조세**corrective tax라고 부르기도 합니다. 또 이 개념을 제안한 영국의 경제학자 아서 피구Arthur C. Pigou의 이름을 따서 **피구세**Pigouvian tax라고 부르기도 합니다.

　〈그림 10〉은 긍정적 외부 효과를 나타냅니다. 긍정적 외부 효과가 발생하는 경우에도 정부가 개입하지 않은 시장에서는 초록색으로 나타낸 사적 가치(수요곡선)와 사적 비용(공급곡선)이 만나는 지점이 균형이 됩니다. 그러나 긍정적 외부 효과가 발생하면 사적 가치에 더해 제3자의 편익이 추가로 발생합니다. 이렇게 제3자가 얻게 되는 편익을 **외부 편익**external benefit이라고 합니다. 즉, 사회 전체로 따지면 **사회적 가치**social value는 사적 가치에 외부 편익을 더한 만큼이 됩니다.

　정부는 거래에 참여하는 사람들만이 아니라 사회 전체의 후생에

아서 피구(1877~1959)는 세계적인 학자 앨프리드 마셜이 자신의 교수직 후계자로 지명할 정도로 경제학적 재능을 인정받았어요. 피구는 경제 이론의 목표가 사회적 약자의 복지를 개선하는 데 있다고 여겨 평생 어떻게 하면 사회적 후생을 증진할 수 있을지 연구했답니다.

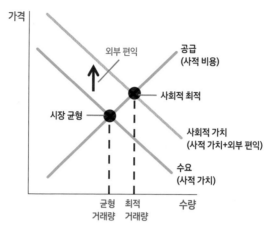

그림 10 ◆ 긍정적 외부 효과

관심을 두어야 합니다. 따라서 외부 편익을 포함한 사회적 가치 전체를 나타내는 노란색 그래프를 기준으로 최적점을 결정해야 합니다. 이렇게 최적점을 구해 보면, 최적 거래량이 균형 거래량보다 크다는 것을 알 수 있습니다. 따라서 정부는 긍정적 외부 효과에 대응해 거래량을 늘려야 합니다.

이런 경우 정부는 세금과는 정반대의 정책으로 재화를 구매하는 사람에게 보조금을 지급해 줄 수 있습니다. 정부가 교육을 장려하고자 장학금을 지원해 주는 것이 이에 해당합니다. 보조금을 지원하면 같은 가격이라도 소비자가 받아들이는 실질적인 가격이 낮아지는 셈이므로 수요량이 늘어납니다. 즉, 수요곡선이 위로 이동하게 되는 데, 특별히 보조금을 정확히 외부 편익만큼 부여하게 되면 수요곡선이 정확히 사회적 가치와 일치하도록 위로 움직입니다.

이렇게 하면 소비자가 제3자의 편익까지도 고려해서 의사 결정을 할 수 있게 됩니다. 즉, 보조금을 지원해 긍정적 외부 효과를 해소하는 것도 외부 효과의 내부화에 해당하는 정책입니다.

그런데 여기서 관점을 약간 달리할 수도 있습니다. 앞선 분석 방식에서는 부정적 외부 효과는 사적 비용에 비해 사회적 비용을 증가시키는 결과를 낳고, 긍정적 외부 효과는 사적 가치에 비해 사회적 가치를 증가시키는 결과를 낳는 것처럼 묘사하였습니다. 그러나 이는 어찌 보면 매우 임의적입니다. 부정적 외부 효과가 비용을 증가시키는 것이 아니라 가치를 깎아 먹는 것으로 볼 수도 있기 때문입니다. 물론 긍정적 외부 효과도 가치를 증가시키는 것이 아니라 비용을 줄이는 것이라고 해석할 수 있습니다.

그러나 어떻게 분석하더라도 결론에는 큰 차이가 없습니다. 단지 가치를 나타내는 수요곡선과 비용을 나타내는 공급곡선 중 어떤 것에 집중하느냐의 차이입니다. 예를 들어 부정적 외부 효과가 사회적 가치를 사적 가치에 비해 떨어뜨린다고 해석하더라도 사회적 가치를 나타내는 그래프가 수요곡선보다 아래에 있다는 것이므로 여전히 최적 생산량을 균형 거래량보다 줄여야 한다는 결론으로 이어집니다.

그런데 여기서 세금이나 보조금의 대상이 바뀌는 문제를 짚고 넘어가야 합니다. 부정적 외부 효과를 비용에 관한 문제로 해석하면 생산자에게 세금을 부과해야 하지만, 가치에 관한 문제로 해석하면 소비자에게 세금을 부과해야 하기 때문입니다. 이 둘은 명백히 다른 정책이 아닐까요?

놀랍게도 경제학자들은 적어도 이론적으로는 완전 경쟁 시장에서 이 둘 사이에는 차이가 없다는 것을 증명했습니다. 이에 관해서는 뒤에서 정부의 조세 정책에 대해 다룰 때 더 자세히 살펴보겠습니다.

✏ 완전 경쟁 시장이 아닐 때

외부 효과와 같은 별다른 문제가 없을 경우, 총잉여는 시장 균형에서 극대화됩니다. 그러나 현실에서 경제학 교과서에 나오는 시장 균형을 기대하기는 어렵습니다. 여러 가지 요소가 복합적으로 작용하겠지만 가장 큰 이유는 역시나 현실의 시장이 완전 경쟁 시장이 아니기 때문입니다.

사실상 우리 주변의 시장은 대부분 완벽한 경쟁 시장이라기보다는 독과점 시장과 경쟁 시장 사이 어디쯤에서 애매한 위치를 차지하고 있습니다. 그리고 이런 시장에서는 완전 경쟁 시장에서와 같은 의미의 시장 균형에 도달하는 것이 불가능하므로 총잉여의 극대화 또한 기대할 수 없습니다.

극단적인 경우부터 살펴볼게요. 독점 시장에서 경제적 후생은 어떻게 될까요? 〈그림 11〉은 독점 시장에서의 총잉여를 보여 줍니다. 독점 시장에서는 완전 경쟁 시장에서보다 가격이 높게 형성되고, 생산량 또한 줄어듭니다. 완전 경쟁 시장에서는 기업의 MC곡선이 곧 공급곡선이므로 수요곡선과 MC곡선이 만나는 점에서 시장 균형이 형성됩니다. 그러나 독점 시장에서는 MC곡선과 MR곡선이 교차하는 점에서 생산량을 결정하므로 생산량이 줄어들게 됩니다.

〈그림 11〉에서 MC곡선과 MR곡선이 만나는 지점이 바로 독점 시장의 균형인데, 여기서 소비자잉여와 생산자잉여를 표시해 보면 각각 노란색 삼각형과 초록색 사다리꼴 넓이만큼이 되는 것을 알 수 있습니다.

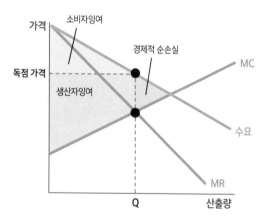

그림 11 ◆ 독점 시장에서의 경제적 후생

만약 이 시장이 완전 경쟁 시장이었다면 수요곡선과 MC곡선(즉, 공급곡선)으로 둘러싸인 삼각형 전체가 총잉여가 되었을 것입니다. 그러나 독점 시장에서는 여기서 파란색 삼각형만큼이 빠진 사다리꼴의 넓이(노란색+초록색)만큼만 총잉여가 됩니다. 즉, 독점 시장에서는 완전 경쟁 시장에 비해 파란색 삼각형만큼의 잉여를 손해 보는 셈인데, 이를 **경제적 순손실** 혹은 **자중손실**deadweight loss이라고 합니다.

독점 시장에서는 예상치 못한 곳에서 추가적인 경제적 순손실이 발생해요. 독점 기업은 시장에서 하나뿐인 지위를 유지하기 위해 별도의 비용을 지출하는 경우가 많습니다. 예를 들어 정부에 로비하여 독점적 지위를 보장받거나, 생산 재료나 기술을 유출하지 않고 혼자 소유하기 위해 추가 비용이 필요한 것이죠. 이처럼 독점 시장에서는 경쟁 시장이었다면 발생하지 않았을 독점 유지비가 듭니다.

시장에 소수의 기업이 있는 과점 시장의 경우를 논하는 것은 훨씬 복잡합니다. 과점 시장에서는 몇 개의 기업이 서로 눈치 싸움을 해야 하기에 전체적인 그림을 그리기가 어려워집니다. 그러나 매우 단순화해 보면 과점 시장에서도 완전 경쟁 시장에서보다 적게 생산하고, 가격은 높게 형성됩니다. 이 경우에도 당연히 시장의 균형이 최적이 아니므로 경제적 순손실이 발생합니다.

이에 대해 우리나라 정부에서는 **공정거래법**을 제정하여 독점 기업의 출현을 막고 자유로운 경쟁을 촉진해 시장의 효율성을 증진하고 있습니다. 특히 기업의 수가 많지 않은 과점 시장에서는 독점 기업이 나타나기 쉽기 때문에 더욱 주의를 기울이고 있습니다.

공정거래법(정식 명칭은 '독점 규제 및 공정 거래에 관한 법률') 제3조 1항에는 "공정거래위원회는 독과점적 시장 구조가 장기간 유지되고 있는 상품이나 용역의 공급 또는 수요 시장에 대하여 경쟁을 촉진하기 위한 시책을 수립, 시행하여야 한다."라고 되어 있어요. 이는 대놓고 경쟁 시장을 지향하고 있음을 보여 줍니다. 또 공정거래법 제7조 1항에는 기업들이 합병, 주식 취득, 임원직 겸임 등을 통해 실질적으로 경쟁을 제한하는 행위를 해서는 안 된다고 되어 있어요. 즉, 여러 기업이 서로 합쳐서 하나의 기업을 이루는 합병을 법으로 제한하고 있는 것입니다.

한편 독과점 기업이 자신의 이윤을 증대하려는 노력이 오히려 독과점으로 인해 사라진 잉여를 회복하는 의외의 결과를 낳기도 합니다. 이윤을 향한 노력을 너무 많이 하다 보니 소비자잉여는 물론이고 경제적 순손실마저도 모두 이윤으로 먹어 버리는 것이지요. 이런 경우 소비자와 생산자 간에 후생이 불균형하게 분배되어 형평성을 훼손하기는 하겠지만, 독과점 기업이 직접 경제적 순손실을 생산자잉여로 바꾸어 효율성을 증대시킬 수도 있습니다.

예를 들어 〈그림 12〉는 MC곡선이 수평이라는 가정하에 독점 시장에서의 총잉여를 표현한 것입니다. MC곡선이 수평이라는 것은

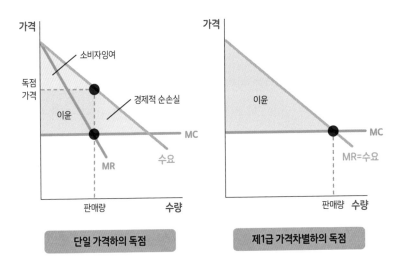

그림 12 ◆ 제1급 가격차별을 통한 경제적 순손실의 회복

한계비용이 일정하다는 이야기이고, 이때 별도의 고정비용이 없다고
가정하면 한계비용을 평균총비용(ATC)과 동일시할 수 있습니다. 독
점 기업의 이윤은 독점 가격과 평균총비용 그래프 사이의 직사각형
넓이로 나타낼 수 있는데, 평균총비용과 한계비용이 같으니 이윤을
〈그림 12〉의 왼쪽 그래프에서 초록색 직사각형의 넓이로 나타낼 수
있습니다. 그리고 여기서 MC곡선, 즉 생산에 따른 비용을 나타내는
곡선이 수평이므로 초록색 직사각형의 넓이를 생산자잉여로 볼 수
도 있습니다.

소비자잉여는 독점 가격을 기준으로 정해지므로 노란색 삼각형의

넓이입니다. 완전 경쟁 시장에서는 MC곡선이 곧 공급곡선이므로 MC곡선과 수요곡선이 만나는 지점에서 시장 균형이 형성됩니다. 그런데 독점 시장에서는 이와 달리 더 높은 가격과 적은 판매량에서 균형이 형성되는데, 이 때문에 파란색 삼각형의 넓이만큼 경제적 순손실이 발생합니다. 경제적 순손실의 존재는 자원 배분이 비효율적으로 이루어지고 있다는 증거입니다.

이때 정부가 나서서 독점 시장을 경쟁 시장으로 바꿀 수 있다면 순손실을 줄일 수 있겠지만, 〈그림 12〉의 오른쪽 그래프와 같이 독점 기업이 제1급 가격차별을 실시해서 효율성을 극대화할 수도 있습니다. 제1급 가격차별, 그러니까 모든 수요자에 대해 맞춤형 가격을 제시할 수 있는 이상적인 상황에서 기업은 수요곡선 밑의 초록색 삼각형 전체를 이윤으로 가져갈 수 있습니다. 이는 곧 독점 기업이 생산을 통해 얻는 생산자잉여이기도 합니다.

중요한 것은 이때 초록색 삼각형이 가장 효율적인 최적점까지의 공간을 모두 잠식해서 경제적 순손실을 없앤다는 것입니다. 즉, 독점 기업의 이윤 극대화를 향한 전략이 효율성을 제고하는 결과를 낳은 것이지요.

그러나 이것이 사회 전체의 차원에서 바람직한 일이라고 하기에는 논쟁의 여지가 있습니다. 〈그림 12〉의 두 그래프를 비교하면 오른쪽 그래프의 초록색 이윤(생산자잉여)이 파란색의 경제적 순손실뿐만 아니라 노란색의 소비자잉여까지 모두 차지한 것을 확인할 수 있습니다. 즉, 잉여를 최대치로 끌어올릴 수 있을지는 모르나 잉여가 극도로 불균형하게 분배된 상태인 것입니다.

✎ 공공재를 생산해야 할 때

정부가 나서야 하는 중요한 상황이 또 있는데, 바로 공공재를 생산해야 할 때입니다. 공공재는 배제성이 없으므로 반드시 무임승차 문제를 수반합니다. 이 때문에 공공재는 판매가 불가능하며, 그것을 생산하는 생산자가 나타나는 것도 불가능합니다. (물론 인심 좋은 사람이 생산해서 뿌릴 가능성을 무시할 수는 없지만, 경제학의 기본 가정은 합리적인 인간임을 기억합시다.)

따라서 대부분의 경우 공공재를 생산하는 주체는 정부입니다. 예를 들어 가로등, 도로, 국방과 같은 재화는 정부가 생산합니다.

재화의 네 유형(사적 재화, 클럽재, 공유자원, 공공재) 중 자연스럽게 사적 재화는 경쟁 시장에서, 클럽재는 독점 시장에서 생산되며 대개 이렇게 하는 것이 가장 효율적인 결과를 낳습니다. 그러나 공공재와 공유자원의 경우 각각 무임승차와 공유지의 비극이라는 문제를 낳습니다. 정부는 이런 문제를 해결하기 위해 생산할 사람이 없는 공공재를 생산하고, 고갈될 위험에 처한 공유자원을 보호하는 역할을 맡아야 합니다.

고무줄 같은 행복

    소비자잉여와 생산자잉여를 이용해 사회 전체의 행복이나 효율성을 설명하고자 하는 시도는 분명히 명쾌한 부분이 있습니다. 또한 시장 참여자들의 행복을 증진하기 위해 정부가 어떤 방향성의 정책을 펼쳐야 하는지 대략적인 그림을 그려 줍니다.

    행복을 정량화하려는 시도는 이상적인 경제 모형으로서는 군더더기 없어 보이지만 몇 가지 부분에서 현실에 대한 설명력이 크게 떨어집니다. 총잉여로 시장 참여자들의 행복이나 자원 배분의 효율성을 설명하는 방법론은 자유 시장을 옹호하거나 시장 실패를 개선하기 위한 경제 정책을 펼치는 데 참고가 될 수는 있어도 그에 대한 근거가 되기에는 부족한 것이지요. 총잉여에 관한 경제 모형은 어떤 점에서 현실을 설명하기에 충분하지 못한 걸까요?

✏ 때에 따라 바뀌는 지불용의와 비용

한 가지 문제점은 행복의 기준을 지불용의나 비용과 같은 수치로 바꿀 때 발생하는 문제입니다. 행복은 매우 주관적이고 개인적인 경험입니다. 저마다 행복의 근원과 양상이 다를 수밖에 없고, 한 사람의 삶 속에서도 행복의 개념은 계속해서 변합니다. 이를 일률적으로 돈으로 환산할 수 있다는 이야기는 심각한 논리적 오류에 빠지기 쉽습니다.

일례로, 1966년 심리학자 프리드만Freedman과 프레이저Fraser는 사람들의 수용용의가 당시의 분위기나 마음 상태에 따라 고무줄처럼 변하는 현상을 발견했습니다. 그들은 한 실험에서 어떤 마을의 주부들에게 안전 운전과 관련된 진정서에 서명해 달라고 부탁했습니다. 부담이 적고 사회적으로도 바람직한 일이기에 대부분 흔쾌히 서명해 주었지요. 그 후 서명한 주부들을 다시 찾아가 그들의 집 앞마당에 크고 보기 흉한 교통안전 표지판을 설치하는 것에 대한 동의를 구했습니다. 그 결과, 안전 운전에 관한 서명을 부탁받은 적이 없는 주부들에 비해 이전에 서명해 준 경험이 있는 주부들이 표지판 설치에 동의한 비율은 3배 이상이었습니다. 이전에 작은 부탁을 들어줬던 경험이 더 큰 부탁에 대한 수용용의를 변화시킨 것이지요. 이러한 현상을 일단 문간에 발을 들여놓으면 들어가기가 훨씬 쉬운 것에 비유해 **문간에 발 들여놓기 기법**foot-in-the-door technique이라고 일컫습니다.

한편 심리학자 치알디니^{Cialdini} 등은 상대가 들어줄 수 없는 무리한 부탁을 해서 거절하는 부담감을 갖게 한 후에 그보다 부담이 덜한 작은 부탁을 하면 들어줄 확률이 높아진다는 것을 발견했습니다. 이는 사람들의 수용용의를 높일 수 있는 방법으로, **문전 박대 기법** 또는 **머리부터 들여놓기 기법**door-in-the-face technique이라고 합니다. 예를 들어 당신이 어머니께 핸드폰을 사 달라고 조른다고 해 봅시다. 이때 그냥 바로 핸드폰을 사 달라고 했을 때보다 먼저 자동차를 사 달라고 얼토당토않은 요구를 한 후에 "그럼 자동차는 포기할 테니 핸드폰이라도 사 주세요."라고 비교적 작은 부탁을 했을 때 어머니가 핸드폰을 사 줄 확률이 더 높아집니다. 합리적인 어머니라면 두 경우 모두 실질적인 차이는 전혀 없기 때문에 어떤 방식으로 부탁하더라도 같은 반응을 보여야 하지만, 현실의 연구 결과는 그렇지 않습니다.

그뿐만 아니라 소비자잉여를 계산하기 위해 사용하는 지불용의 개념은 재화를 사용함으로써 얻는 행복과 동치일 수 없습니다. 지불용의는 어떤 재화를 사려는 의지뿐만 아니라 살 수 있는 능력까지 포함하는 개념입니다. 어떤 재화가 그 재화를 살 만큼의 돈이 있는 사람에게 갔다고 해서 사회의 행복이 극대화된다거나 효율적이라는 설명은 근거가 부족합니다.

또한 지불용의는 어디까지나 어떤 상품을 사기 전에 그 상품을 위해 지불할 의사가 있는 금액입니다. 따라서 그 상품을 산 후에 느끼게 될 행복은 대변해 주지 못합니다. 누구나 충동적으로 물건을 구매하고 후회한 적이 있을 것입니다. 또한 별로 기대하지 않았던 식당에서 큰 만족감을 느끼고 나만의 맛집을 찾았다고 생각한 적도 있을 거예요. 이처럼 직접 소비하기 전까지는 재화로부터 얻게 될 행복을 완벽하게 예측할 수 없습니다. 지불용의가 아무리 높은 사람이었더라도 재화를 산 후에 만족하지 못한다면 과거에 가졌던 지불용의로 그 사람의 행복을 따지는 것은 어불성설일 것입니다.

이는 생산자 입장에서 행복이나 이득의 기준이 되는 비용 측면에서도 마찬가지입니다. 비용을 금액과 관련된 개념으로 쓰는 것이 익숙한 사람들에게는 이러한 반박이 의아하게 여겨질 수도 있습니다. 하지만 경제학에서 말하는 비용이란 '기회비용'임을 기억해야 해요. 기회비용은 회계 장부상에 나타나는 명시적 비용뿐만 아니라 다른 선택을 했을 때 얻을 수 있는 이득이나 만족감을 나타내는 암묵적 비용까지 포함하는 개념입니다.

예를 들어 어떤 직업을 선택하면서 그 일을 하는 것의 암묵적 비용까지 정확히 계산하는 것은 불가능에 가깝습니다. 엄밀하게 증명할 수 있는 사실은 아니지만, 이 세상에는 자신의 숨겨진 재능을 끝내 발견하지 못하는 사람도 많습니다. 그렇다면 이들은 자신의 인생에 더 큰 행복과 이득을 가져다줄 수 있는 대안이 있었음에도 이를 모르고 다른 일을 하며 인생을 보낸 것입니다. 자기 자신에 대해서도 온전히 알지 못하는데, 사람들이 모든 경우를 따져 비용이 가장 적게 드는 일을 하게 된다는 설명은 현실과 큰 괴리가 있습니다.

또한 비용을 정확히 예측할 수 있다고 하더라도 그것이 일정하게 고정되어 있으리라고 기대하기는 어렵습니다. 생산자가 감당할 수 있다고 믿는 비용에 대해서도 '문간에 발 들여놓기 기법'이나 '문전 박대 기법'이 통할 가능성이 다분합니다. 결국 생산자도 주변 환경이나 당시의 상황에 따라 충동적인 선택을 할 수 있는 것입니다.

지불용의와 비용이 일정하게 수치화될 수 없다는 문제점은 총잉여로 시장의 효율성을 설명하려는 방법론에 매우 치명적입니다. 인간의 지불용의나 비용이 일정하지 않다면 애초에 수요곡선과 공급곡선 자체가 성립할 수 없기 때문입니다. 심리학자들의 연구는 매우 미세한 환경의 조작에 의해서도 일정 가격에서 그 상품을 살 의향이 있는 사람의 숫자가 변할 수 있음을 보여 줍니다. 이에 대해 결국 그 순간의 지불용의나 비용이 중요한 것이 아니냐고 반박할 수도 있어요. 심리적 작용에 의해 지불용의나 비용이 시시각각 변한다고 해도, 그 상품을 거래하는 순간에 그 상품을 사거나 팔 용의가 있는지가 결국 각 시장 참여자의 행복과 직결된 문제가 아니냐고 말이죠. 그러나 이는 문제의 핵심을 크게 해결하지 못합니다. 사고 난 후, 팔고 난 후에도 거래 행위로부터 얻었다고 생각되는 행복은 충분히 변할 수 있습니다. 그렇다면 거래 행위로부터 얻을 수 있는 행복의 양을 측정한다는 시도 자체가 적절하지 못할 수 있습니다.

코스의 정리와 그 한계

이제 잠시 외부 효과 이야기를 다시 해 보려고 합니다. 영국의 경제학자 **로널드 코스**는 정부뿐만 아니라 민간 차원에서도 외부 효과를 해결할 수 있다고 주장했습니다. 1937년 그는 **코스의 정리**를 발표하여 정부의 역할에 관한 논의에 새로운 바람을 불러일으켰습니다.

코스의 정리란, 경제 주체들이 자원 배분 과정에서 아무런 비용을 치르지 않고 협상할 수 있다면 외부 효과로 초래되는 비효율성을 스스로 해결할 수 있다는 것입니다. 민간 경제 주체들을 가만히 놔두면 시장 기능에 의해 외부 효과를 해결하여 자원을 효율적으로 배분할 수 있다는 것이지요.

예를 들어 당신이 아파트에 산다고 가정해 볼게요. 평화롭고 행복하게 살고 있던 당신의 옆집에 새 이웃이 이사를 왔습니다. 새 이웃

로널드 코스(1910-2013)는 '거래비용', '코스의 정리' 등의 개념을 창안한 것으로도 유명하지만 기업의 본질에 대한 새로운 관점을 제시해 경제학계에 큰 파장을 일으켰어요. 기업의 존재로 인해 재화의 생산 및 유통 과정에서 발생하는 비용을 절감할 수 있다고 주장했지요.

은 록 음악을 사랑하는 사람입니다. 그는 매일 밤 시끄러운 음악을 크게 틀어서 당신에게 괴로움을 줍니다. 당신은 음악의 생산자도 소비자도 아닌 제3자이지만 피해를 보고 있습니다. 이는 분명히 음악 시장에서 발생한 외부 효과입니다.

이에 대한 해결책으로 가장 먼저 떠오르는 것은 정부와 같은 제3의 공공 기관이 개입하는 것입니다. 예를 들어, 정부가 법으로 소음 공해와 관련된 규칙을 만들 수도 있고, 아파트 관리 사무소에서 몇 시 이후로는 시끄러운 음악을 트는 것을 금지할 수도 있습니다. 그러나 코스는 이런 방식이 유일한 해결책도 아닐뿐더러 최선의 해결책이 아닐 수 있음을 보였습니다. 단적으로 이 같은 해결 방식은 음악을 듣고자 하는 이웃의 행복을 완전히 무시하고 있기 때문입니다.

코스는 당신과 당신의 이웃이 만나서 이 문제를 사적으로 해결할 수 있다고 말합니다. 예를 들어, 당신이 음악 소리를 들으면서 한 달 동안 50만 원 정도의 피해를 본다고 느낀다고 합시다. 따라서 당신의 시끄러운 음악 소리에 대한 수용용의는 50만 원입니다. 50만 원의 피해를 입고 있으니 최소 50만 원은 받아야 시끄러운 음악 소리를 눈감아 줄 수 있는 것이죠. 반면, 당신의 이웃은 음악을 들으며 한 달 동안 30만 원 정도의 행복을 느낀다고 해 봅시다. 이는 이웃의 음악을 듣는 것에 대한 지불용의가 30만 원이라는 이야기입니다. 당신의 이웃은 그 음악을 들을 권리를 얻기 위해 30만 원까지 지불할 생각이 있는 것입니다.

당신과 당신의 이웃이 모두 합리적이라면 음악 소리에 대한 지불용의와 수용용의에는 차이가 없을 것입니다. 당신이 최소 50만 원은 받아야 음악 소리를 수용할 수 있다는 것은 음악 소리를 듣지 않기 위해 최대 50만 원까지 지불할 의향이 있다는 것이기도 합니다. 당신의 이웃 또한 음악을 듣기 위해 30만 원까지 지불할 수 있으므로 반대로 음악을 포기하려면 최소 30만 원은 받아야 할 것입니다.

이런 논리에 따르면, 당신과 당신의 이웃은 함께 만나 거래할 수 있습니다. 당신은 50만 원 이하의 돈을 지불하고 조용한 밤을 보낼 의향이 있습니다. 당신의 이웃은 30만 원 이상의 돈을 받는다면 음악을 포기할 의향이 있습니다. 결국 당신은 이웃에게 30만 원 이상이면서 50만 원 이하인 금액, 예를 들면 40만 원을 주고 음악을 틀지 못하게 요구할 수 있습니다. 당신의 이웃은 40만 원이면 음악이 주는 행복, 즉 30만 원보다 큰 돈이므로 기꺼이 그 요구를 수용할 것입니다. 이렇게 거래가 성립되고, 당신과 당신의 이웃 모두 이전보다 행복해집니다.

코스의 정리는 외부 효과에 대한 참신한 해결책임은 분명하지만, 몇 가지 부분에서 현실성이 떨어집니다. 먼저, 코스의 정리는 거래 비용이 없는 상황을 전제해야만 합니다. **거래 비용**transaction cost은 거래 과정에 수반되는 비용입니다. 위의 사례에서는 당신과 당신의 이웃이 만나 거래하는 데 들어갈 수 있는 모든 비용을 무시하고 있습니다. 어색함과 불편함을 무릅쓰고 이야기를 나누어야 하는 상황, 협상에 들여야 하는 시간, 합의 내용을 지키기 위해 들여야 하는 노력 등은 모두 둘의 거래를 위해 필요한 비용입니다. 우리는 일상적으로도 이웃 간에 발생하는 작은 불편함은 그냥 감수하고 넘어가는 경우가 많습니다. 이웃과 협상하기에는 너무 귀찮기 때문입니다.

또 다른 문제는 코스의 정리가 사회 전체가 맺은 약속이나 도덕을 경시하게 할 가능성이 있다는 것입니다. 늦은 밤에 음악을 트는 것은 거래할 문제가 아니라 애초에 교양과 예의가 있는 사람이라면 하지 말아야 할 일이라고 생각하는 사람이 많을 것입니다. 코스의 정리는 무례한 행동도 돈만 있으면 정당화할 수 있다는 문제를 지닙니다.

사실 더 중요한 문제점은 코스의 정리 자체를 송두리째 무너뜨릴 수 있는 것인데, 이는 행복을 정량화하는 문제와도 밀접한 관련이 있습니다. 바로 같은 상황에 대해서 사람들이 생각하는 지불용의와 수용용의가 다르다는 것입니다. 예를 들어, 당신의 이웃이 음악을 들으면서 30만 원의 행복을 느낀다고 생각할지라도 음악을 포기하기 위해서는 30만 원보다 더 높은 금액을 받아야 한다고 생각할 가능성이 높다는 것입니다. 지불용의와 수용용의 사이에 일관성이 없다면 코스의 정리를 현실에 적용하기는 어렵습니다.

지불용의와 수용용의가 무시할 수 없을 정도의 차이를 가진다는 근거는 여러 사례에서 발견되었습니다. 사람들은 자신이 어떤 재화를 살 때보다 이미 산 재화를 팔 때 더 큰 가치를 부여하는 일이 많습니다. 즉, 재화에 대한 지불용의보다 포기하는 수용용의가 더 큰 것이지요. 심리학자들은 **소유 효과**endowment effect 때문에 이런 현상이 일어난다고 이야기합니다. 실질적으로 재화가 주는 이득에는 차이가 없는데도, 어떤 재화가 자신의 것이 되면 더 큰 가치를 부여하게 된다는 것입니다.

이런 측면에서 재화가 주는 행복이나 그것을 팔 때 포기해야 하는 가치를 소비자잉여나 생산자잉여의 형태로 정량화하는 것은 한계가 있음을 알 수 있습니다. 사람들의 행복은 양으로 측정할 수 있는 게 아니라는 것입니다.

◆ ◆ ◆

애초에 총잉여를 그래프상의 도형의 넓이로 나타내려는 시도 자체가 행복을 측정하는 정확한 도구가 되리라고 기대하는 것이 무리일 수도 있습니다. 이는 시장 주체들의 행복을 나타내는 하나의 비유일 뿐이지요. 그렇다면 여기서 주목할 점은 이 경제 모형이 하나의 비유로서 얼마나 유용하냐는 것입니다. 행복의 양을 완벽히 측정할 수는 없더라도 그래프상에 나타난 총잉여의 넓이와 사람들이 느끼는 행복 간에 어느 정도의 경향성은 찾을 수 있을까요? 그렇다면 총 잉여 극대화 논리를 가지고 경제 정책을 뒷받침하는 것은 어느 정도 타당성이 있을까요? 행복을 둘러싼 여러 가지 경제 모형을 현실의 정책에 적용하기 위해서는 이러한 고민들이 선행되어야 합니다.

공평한 사회란 무엇일까요?

　지금까지 한 사회의 행복의 총합을 극대화하는 것과 관련된 이론과 그 한계점을 살펴보았습니다. 이 모든 이야기에서 기본이 되는 가치는 바로 '효율성'이었습니다.

　그러나 한 사회의 총잉여가 아무리 크다고 해도 그것이 일부에게만 치우쳐 있다면 좋은 사회라고 할 수 없습니다. 이 때문에 경제 정책을 펼 때는 '형평성' 또한 고려해야 합니다.

　효율성을 다루는 것도 쉽지 않지만, 형평성을 다루는 일은 그보다 더 어렵습니다. 가장 효율적인 사회를 만드는 문제에 대해서는 적어도 이론적으로는 총잉여가 최대인 상태가 가장 효율적이라는 것에 대부분의 사람이 동의할 수 있습니다. 그러나 가장 공평한 사회를 만드는 문제에 대해서는 너무도 다양한 의견이 존재합니다.

이런 이유에서인지 형평성은 효율성에 비해 경제학에서 크게 주목받지 못한 주제였습니다. 형평성에 관한 문제에 더 많은 주의를 기울인 것은 철학자들, 그중에서도 국가와 정부에 관한 문제를 다루는 정치철학자들이었습니다. 물론 어떤 사회가 가장 공평한지에 대해 완전한 합의가 이루어지진 않았지만, 그들은 형평성을 실현하는 데 필요한 요소들을 논리적으로 제시했습니다.

형평성에 관한 여러 가지 주장을 살펴보기 전에 한 가지 짚고 넘어갈 것은 효율성과 형평성은 상충 관계일 때가 많다는 점입니다. 예를 들어, 효율성을 극대화하기 위해 시장이 균형에 이르도록 놓아두면 재화를 구매할 돈이 없는 저소득층을 외면하는 결과를 낳을 수 있습니다. 반면, 형평성을 위해 저소득층을 지원해 주면 이들에게 재화의 실질적인 가격을 낮춰 주는 효과가 있으므로 시장에서 자연스럽게 형성되는 균형에서 벗어나게 되어 효율성의 극대화는 포기해야 합니다. 이처럼 효율성과 형평성이라는 두 마리 토끼를 모두 잡는 것은 사실상 불가능합니다. 따라서 둘 사이의 적절한 균형을 이루는 것이 중요합니다.

최대 다수의 최대 행복: 공리주의

제러미 벤담과 존 스튜어트 밀은 효용의 총합이 가장 큰 사회가 좋은 사회라는 공리주의를 주장했습니다. 그들의 주장을 함축한 핵심 문구가 바로 '최대 다수의 최대 행복'입니다. 가장 많은 사람에게 가장 많은 행복을 주는 것이 제일 중요하다는 의미입니다. 이 주장은 언뜻 보면 형평성과는 관련이 없어 보입니다. 효용의 총합을 극대화하자는 것은 결국 효율성을 극대화하자는 의미로 보이기 때문입니다. 그러나 공리주의자들은 공리주의의 핵심 개념을 이용해 형평성을 강조하는 주장을 펼치기도 합니다.

그토록 효용을 중시하는 공리주의자들의 핵심 논리는 한계효용체감의 법칙과 밀접한 관련이 있습니다. 이 법칙에 따르면, 똑같이 1만 원을 벌어도 이미 돈이 많은 부자보다는 가난한 사람이 느끼는 효용이 더 클 것입니다. 이미 돈이 많은 부자에게는 1만 원이 큰돈으로 느껴지지 않지만 가난한 사람에게는 1만 원이 큰 행복이기 때문입니다. 공리주의자들은 가진 것이 많아질수록 같은 재화에 대한 효용이 체감한다는 것을 근거로 하여 정부가 가난한 사람들을 지원하는 것이 한 사회의 행복을 극대화하는 방법이라고 말합니다. 이처럼 소득의 불평등을 줄이기 위해 정부가 사람들이 벌어들인 소득을 경제 주체들 사이에 옮겨 나누는 과정을 **소득 재분배**라고 합니다.

이런 논리를 계속 적용하다 보면 혼란스러운 상황이 생깁니다. 예를 들어 A는 연봉이 2천만 원이고, B는 연봉이 1억 원이라고 해 봅시다. 이때 정부가 공리주의적 입장을 취하면 B에게서 소득의 일정 부분을 세금으로 거두어 A에게 지원해 주는 것이 합당하다고 볼 것입니다. 왜냐하면 소득이 더 적은 A가 B에 비해 같은 돈에 대해서 더 큰 행복을 느낄 것이기 때문입니다. 이렇게 징세와 지원을 반복하여 언젠가 A와 B의 소득이 정확히 6천만 원으로 같아질 때까지 재분배해야 할 것입니다. 그런데 이처럼 서로 다른 정도로 일한 사람들이 똑같은 소득을 누리는 것은 도무지 공평해 보이지가 않습니다.

공리주의자들도 소득을 모든 사람에게 똑같이 재분배해야 한다고 생각하지는 않습니다. 이와 관련된 유명한 비유가 있습니다. 사막 한 가운데서 갈증을 느끼던 A와 B는 마침내 오아시스를 발견하고는 각자 양동이에 물을 퍼 담았습니다. 그런데 A보다 B가 더 많은 물을 담았습니다. 공리주의의 기본 원리에 따르면 두 사람의 물이 똑같아질 때까지 B의 양동이에서 A의 양동이로 물을 옮겨야 합니다.

그런데 문제는 이 과정에서 물이 새는 바가지를 이용해야 한다는 점입니다. 물을 흘리지 않고 옮길 수 있다면 좋겠지만, 지금 사용할 수 있는 수단은 물이 줄줄 새는 바가지뿐입니다. 이렇게 되면 최대 행복을 만들기 위해 고려해야 할 점이 더 많아집니다. A와 B가 현재 가진 물의 상태에서 느낄 효용도 고려해야 하지만, 물을 옮기다가 잃을 수 있는 물까지 고려해야 하는 것입니다.

현실도 이와 마찬가지입니다. 소득을 재분배할 때 사회 전체의 효용이 증가하는 효과만을 기대할 수는 없습니다. 세금을 거두고 나누는 데는 어마어마한 행정 비용이 들어갑니다. 또한 소득을 재분배하면 더 많은 가치를 창출하여 더 많은 돈을 번 사람의 소득을 빼앗을 수밖에 없습니다. 이는 일한 만큼 벌 수 있기에 열심히 일한 사람들의 근로 의욕을 떨어뜨리므로 경제적 순손실이 발생하게 됩니다. 따라서 소득 재분배를 통해 증가할 효용과 재분배 과정에서 발생할 수 있는 손실을 잘 저울질해야 합니다.

점진적 자유주의

정의justice는 어떤 사회를 공정하고 올바르게 만드는 가치이기 때문에 평등의 실현과 떼놓을 수 없는 개념입니다. 따라서 정의에 관한 논의를 남긴 철학자들은 기본적으로 사회의 형평성에 대해 이야기했다고 볼 수 있습니다.

정의에 관한 주장을 펼친 정치철학자 중에서도 현대적 정의의 개념에 큰 영향을 미친 사람은 1971년 《정의론A Theory of Justice》을 발표한 존 롤스John Rawls입니다. 롤스는 정의에 대한 사람들의 논의가 결코 객관적일 수 없다는 점을 지적했습니다. 우리는 자신이 처한 상황, 가정 형편, 배경지식, 경험, 문화 등에 따라서 의식적으로든 무의식적으로든 편파적인 판단을 내리기 때문입니다. 따라서 롤스는 모두가 동등한 위치에서 정의로운 사회에 대해 논의하는 경우를 가정해야만 진정한 정의에 대한 해답을 찾을 수 있다고 주장했습니다.

그는 우리가 태어나기 전에 태어나서 함께 살아가게 될 사회의 공공 정책에 관해 회의하는 상황을 가정해 보았습니다. 이런 상황이라면 자신이 어떤 지위와 형편에서, 어떤 모습으로 태어날지 알 수 없으므로 모두가 공평하게 정의에 관해 이야기할 수 있다고 본 것입니다. 그는 이런 상황을 베일에 가려져 조건을 알 수 없다는 의미에서 **무지의 베일**veil of ignorance이라는 비유적 표현을 들어 설명했습니다.

롤스는 무지의 베일 뒤에서 회의하는 사람들은 위험 회피적인 성향을 보인다고 했습니다. 자신이 태어났을 때 소득 수준이 어느 정도일지 모르는 사람들이 가장 걱정하는 것은 자신이 소득 최하위 계층에 속하게 되는 일이라고 본 것입니다. '제대로 된 생활을 영위할 수 없을 정도로 가난하면 어쩌지?' 하는 걱정이 선택에 가장 큰 영향을 미친다는 것이지요. 롤스는 무지의 베일 뒤에서 사람들은 소득 최하위 계층을 위한 복지를 강화하는 방향으로 정책을 결정하게 된다고 했습니다. 모든 사람의 효용의 합이 극대화되지 않는다고 해도, 가장 가난한 사람들의 '최저 효용'이 극대화되는 선택을 한다는 것입니다. 이런 원칙을 **최소극대화**minimax 원칙이라고 합니다.

롤스는 모두가 동등한 입장에서 회의했을 때 최소극대화 원칙이 성립되는 방향으로 회의가 결론지어진다고 보았습니다. 따라서 한쪽으로 치우치지 않은 공정한 사회가 되려면 가장 열악한 사람들에 대한 지원이 필요하다고 본 것이지요. 이처럼 소득의 불균등을 인정하되, 최소극대화 원칙에 따라 최하위 계층에 대한 지원이 필요하다는 입장을 **점진적 자유주의**liberalism라고 합니다.

롤스의 논리에 약간의 허점이 있다면, 모든 사람이 무지의 베일 뒤에서 최소극대화 기준에 합의할 것이라는 가정을 증명할 수 없다는 점입니다. 무지의 베일 뒤에 놓인 사람들이 생각보다 최악의 상황을 중요하게 고려하지 않을 가능성도 있기 때문입니다. 실제로 사람들을 무지의 베일 뒤에 놓고 관찰할 수 있는 방법은 없기 때문에 그때 진정으로 어떤 일이 일어날지는 아무도 알 수 없습니다. 그러나 대부분의 사람들이 어느 정도는 위험 회피적인 경향을 보인다는 점을 감안하면, 롤스의 견해는 꽤 타당해 보입니다.

╱ 급진적 자유주의

공리주의 그리고 점진적 자유주의와 달리 **급진적 자유주의**libertarianism는 정부가 사회 구성원의 소득을 재분배하려고 해서는 안 된다고 주장합니다. 급진적 자유주의를 하나의 사상으로 정립한 사람은 1974년 《무정부, 국가 그리고 유토피아Anarchy, State, and Utopia》를 발표한 로버트 노직Robert Nozick입니다.

노직은 '사회 전체의 소득'이라는 것은 없다고 말합니다. 소득은 개개의 구성원들이 자신의 노력에 따라 벌어들인 것이므로 이를 재분배하는 일은 옳지 않다고 본 것이지요. 급진적 자유주의에서 평등의 기준이 되는 것은 결과가 아닌 과정입니다. 소득 자체의 균등함보다 소득 분배 과정에서의 공정함을 더 중요시합니다. 따라서 정부는 모든 사람이 동등한 기회를 가지고 소득을 얻는 행위를 할 수 있도록 보장해야 한다고 주장합니다.

노직은 소득 재분배를 시험 성적에 빗대어 강하게 비판했습니다. 시험이 공평하다고 말할 때 중요한 것은 무엇인가요? 누구는 100점, 누구는 50점이라고 해서 그 시험이 불공평하다고 말할 수 있을까요? 공평한 시험의 기준이 되는 것은 모든 학생이 같은 성적을 얻는 것이 아니라 모든 학생이 같은 과정을 거쳤는지를 확인하는 것입니다. 즉, 시험이 공평하다고 말하려면 모두가 같은 시간에 부정행위 없이 같은 시험지를 풀었는지를 확인해야 합니다.

급진적 자유주의는 두 가지 측면에서 비판받았습니다. 한 가지는 현실적으로 기회의 균등을 완벽하게 보장할 수 있느냐는 문제입니다. 급진적 자유주의는 소득의 불균등은 아무런 문제가 없지만 기회의 불균등은 해결해야 할 문제라고 이야기합니다. 그러나 현실적으로는 소득이 불균등할 경우, 그에 따라 기회 또한 불균등해집니다. 부유한 환경에서 어릴 때부터 해외여행을 다니며 자란 아이와 하루 세끼를 챙겨 먹는 일마저 걱정하며 자란 아이는 출발선부터 다릅니다. 이 둘이 직업을 얻고 돈을 버는 데 있어 동등한 기회를 가졌다고 말할 수 있는 사람은 없을 것입니다. 소득은 기회에 직접적인 영향을 미칩니다. 따라서 소득의 재분배 없이 기회의 균등을 기대하는 것은 비현실적이라는 지적이 나올 수밖에 없습니다.

다른 한 가지는 소득의 재분배를 배제한 채 기회의 균등을 보장하기가 어렵다는 점입니다. 소득을 이전하는 데도 많은 행정 비용이 들지만, 기회의 균등을 보장하는 일은 더 어렵습니다. 우선 어떻게 해야 모든 사람의 기회가 동등하다고 말할 수 있는지부터가 미지수이며, 우리가 떠올리는 기회의 불균등과 관련된 대부분의 문제가 소득과도 관련이 있기 때문에 기회와 결과를 명확하게 구분하기란 매우 어려운 일입니다.

◆ ◆ ◆

공리주의, 점진적 자유주의 그리고 급진적 자유주의 모두 어느 정도 일리가 있는 주장입니다. 사회 전체의 행복을 고려했을 때 저소득층을 고려해야 한다는 입장, 최하위 계층을 지원하는 것이 가장 공정하다는 입장, 기회의 균등이 무엇보다도 중요하다는 입장 모두 형평성에 관한 문제에 대해 저마다 논리적인 답변을 내놓고 있습니다. 이중 어느 것이 정답이라고 딱 잘라 말할 수는 없습니다. 따라서 정책 입안자는 다양한 주장에 대한 이해를 바탕으로 상황에 따라 무엇이 더 중요한지를 판단해 균형 있는 정책을 펼쳐야 합니다.

정부도 돈이 필요해요!:
조세

자유로운 시장에서 '보이지 않는 손'은 자원의 효율적인 배분을 촉진하지만, 현실적으로는 시장을 자유방임하면 많은 문제가 발생합니다. 외부 효과, 독과점, 공공재 등의 문제 때문에 효율성이 저하되기 때문입니다. 그뿐만 아니라 자유 시장에서는 형평성의 실현을 기대할 수 없습니다. 결국 이런 문제를 해결해 줄 누군가가 필요하고, 이런 이유로 정부가 경제에 개입해야 합니다.

문제는 정부가 어떤 일을 하려면 돈이 필요하다는 것입니다. 긍정적 외부 효과 문제를 해결하기 위해 보조금을 줄 때, 공공재를 생산할 때, 독과점 시장을 관리할 때, 소득을 재분배할 때 모두 정부는 사람들에게서 **세금** 혹은 **조세**tax를 거두어 사용합니다.

조세는 크게 **국세**national tax와 **지방세**local tax로 나눕니다. 중앙 정부의 재정에 포함되는 것은 국세이고, 지방 정부의 재정에 포함되는 것은 지방세입니다. 따라서 국민들은 나라에는 국세를, 지방자치단체에는 지방세를 내야 합니다.

또 세금은 **직접세**direct tax와 **간접세**indirect tax로도 나눌 수 있습니다. 직접세는 세금을 실제로 부담하는 사람과 납부하는 사람이 일치하는 조세입니다. 대표적으로 소득세가 직접세에 속합니다. 소득세는 자신이 벌어들인 소득에 대해 납부해야 하는 세금입니다. 부담해야 하는 세금을 자신이 나라에 직접 낸다는 점에서 소득세는 직접세입니다. 반면, 간접세는 대부분 소비 행위에 부과하는 조세로서 세금을 납부하는 사람과 실제로 부담하는 사람이 일치하지 않습니다. 예를 들어, 상품 거래 시 상품에 부과하는 세금인 부가가치세가 대표적인 간접세입니다. 우리는 물건을 살 때 일정 비율의 세금이 포함된 가격을 지불하게 됩니다. 즉, 세금을 부담하는 것은 물건을 사는 소비자입니다. 그러나 정부는 물건을 팔고 번 돈 중 세금에 해당하는 부분을 떼서 납부하는 판매자들로부터 세금을 받게 됩니다. 즉 부담하는 사람(소비자)과 납부하는 사람(판매자)이 일치하지 않는 것입니다.

세금은 경제 주체들의 선택에 영향을 미칩니다. 세금에 의해 소비자와 판매자의 선택은 어떻게 바뀔까요? 또한 이는 시장에 어떤 결과를 가져오게 될까요?

/ 세금을 내는 것은 누구일까요?: 조세의 귀착

세금을 정하여 그것을 내도록 의무를 지우는 것을 과세taxation라고 합니다. 우리나라에서는 부가가치세의 경우 소비자가 부담하지만 판매자에게 과세하고 있습니다. 이는 세금을 내는 주체가 판매자라는 이야기입니다.

〈그림 13〉과 같이 시장 균형이 3,000원의 가격과 100개의 거래량으로 결정되어 있던 시장을 예시로 들어 볼게요. 이때 판매자에게 개당 500원의 세금을 부과한다면 소비자와 판매자에게 '가격'의 의미가 달라집니다. 소비자는 원래와 같이 표시된 가격 자체를 시장 가격으로 받아들입니다. 그러나 판매자는 표시된 가격에서 500원을 뺀 것을 의사 결정 과정에서 고려해야 할 가격으로 생각합니다.

판매자 입장에서는 표시된 시장 가격이 이전과 같더라도, 실제로는 이 중 500원을 포기해야 하는 상황이므로 공급곡선의 변동이 나타납니다. 같은 공급량을 유지하려면 기존 가격보다 500원이 높아야만 정부에 세금 500원을 낸 후에도 수입이 같기 때문이지요. 이런 이유로 공급곡선은 정확히 500원만큼 위로 움직입니다. 공급곡선이 위로 움직인 것은 곧 공급이 감소함을 의미해요.

공급곡선의 이동으로 시장 균형 또한 왼쪽 위로 이동합니다. 세금을 부과하기 전의 균형점은 (가격 3000원, 수량 100개)였는데, 세금을 부과한 후에는 예컨대 (가격 3300원, 수량 90개)로 움직여 균형

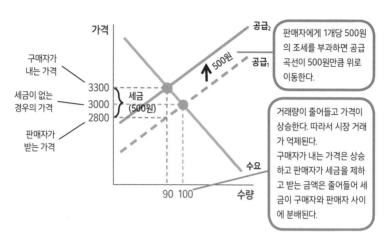

그림 13 ◆ 판매자에 대한 과세의 결과

가격은 상승하고 균형 거래량은 감소합니다. 이처럼 조세를 부과하면 시장 거래를 억제하게 됩니다.

원래 균형 가격이 3,000원이었는데 과세로 인해 균형이 이동한 후에 상품 가격이 3,300원으로 올랐으므로 판매자는 소비자로부터 300원을 더 받을 수 있게 되었습니다. 이 중 500원을 정부에 내는 것이므로 최종적으로는 200원을 손해 보게 된 것입니다. 판매자가 받는 가격은 사실상 2,800원이 된 것이지요.

세금 500원 중 판매자가 200원만 냈다면 나머지 300원은 누가 낸 것일까요? 상품 가격이 3,000원에서 3,300원으로 올랐으므로 300원은 소비자가 부담하게 된 것입니다. 과세 대상은 판매자였음에도 과세한 500원의 금액을 판매자와 소비자가 나누어 부담하게 된 셈입니다.

이처럼 간접세를 부과했을 때 그와 관련된 경제 주체들 사이에서 조세의 부담이 나누어지는 현상을 **조세의 귀착**tax incidence이라고 합니다. 조세의 귀착이 일어나기 때문에 정부가 판매자에게 과세해도 판매자뿐만 아니라 소비자에게까지 그 부담이 가게 됩니다.

그렇다면 소비자에게 세금을 부과하는 경우에는 어떨까요? 예를 들어 소비자가 어떤 물건을 살 때마다 500원의 금액을 정부에 내야 한다고 생각해 봅시다. 이럴 때 조세의 귀착은 어떻게 일어날까요?

〈그림 14〉는 〈그림 13〉과 같은 상황에서 소비자에게 500원을 과세한 경우를 보여 줍니다. 이때 소비자는 의사 결정 과정에서 균형 가격보다 500원 더 높은 가격을 고려하게 됩니다. 왜냐하면 표시된 가격이 3,000원이라고 해도 세금으로 500원을 더 내야 하기 때문입니다. 이처럼 소비자에게 과세하면 소비자는 판매자가 매긴 가격보다 실질적인 가격이 더 높다고 받아들이게 됩니다. 따라서 수요곡선이 정확히 500원만큼 아래로 이동합니다. 수요량을 유지하기 위해서는 상품 가격이 500원 하락해서 세금 500원을 내더라도 실질적인 가격이 같아야 하기 때문이지요. 수요곡선이 아래로 이동한 것은 수요가 줄어든 것이라고 볼 수 있습니다.

수요곡선이 이동한 결과, 시장 균형 또한 왼쪽 아래로 이동합니다.

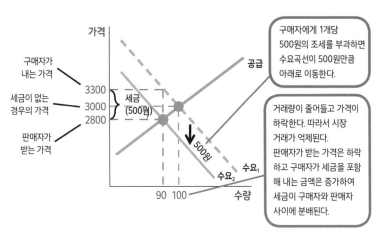

그림 14 ◆ 소비자에 대한 과세의 결과

세금을 부과하기 전의 균형점 (가격 3000원, 수량 100개)에서 예컨대 (가격 2800원, 수량 90개)로 균형이 움직여 균형 가격과 균형 거래량이 모두 감소합니다.

시장 가격이 2,800원으로 하락하면서 판매자들은 기존에 3,000원을 받던 때보다 200원을 손해 보게 되었습니다. 즉, 소비자에게 과세했음에도 판매자도 손해를 보게 된 것입니다. 소비자는 상품 가격이 2,800원으로 하락하긴 했지만 500원을 정부에 내야 하므로 최종적으로 300원을 손해 보게 되었습니다. 즉, 소비자가 남은 300원의 세금을 부담하는 셈입니다.

500원의 세금을 소비자에게 과세해도 조세의 귀착에 의해 판매자에게 세금을 매긴 경우와 같은 결과가 나타납니다. 단지 시장에서 표시되는 상품 가격이 달라질 뿐 소비자와 판매자에게 미치는 영향은 동일합니다. 이처럼 세금을 소비자에게 매기든 판매자에게 매기든 결국에는 수요-공급의 법칙에 의해 그 세금을 소비자와 판매자가 나누어 부담하게 됩니다.

물론 단기적으로는 세금을 부과했을 때 바로 가격 변동을 기대할 수는 없으므로 주로 과세 대상으로부터 세금을 받게 됩니다. 하지만 시간이 어느 정도 흐르면 시장 균형이 변동하면서 소비자와 판매자가 세금을 나누어 부담하게 됩니다.

거래 행위에 대해 세금을 부과했을 때의 결과는 〈그림 15〉에 나타나 있습니다. 조세를 소비자에게 부과하든 판매자에게 부과하든 시장 거래를 억제하는 효과가 있습니다. 조세를 매긴 후에 소비자와 판매자가 느끼는 가격은 서로 다르지만 소비자가 사는 재화의 개수와 판매자가 파는 재화의 개수는 같아야 합니다.

조세를 부과하면 거래량이 줄어들기 때문에 수량은 기존의 균형 거래량으로부터 왼쪽으로 이동하게 됩니다. 이 지점에서 그은 세로선을 수량선으로 지정할 수 있습니다. 이 수량선이 공급곡선과 만나는 지점에서 판매자가 받는 가격이 설정되고, 수요곡선과 만나는 지점에서 구매자가 내는 가격이 설정됩니다. 이때 이 두 가격의 차이가 조세와 정확히 일치해야 합니다. 즉, 조세를 부과한 후의 균형은 수

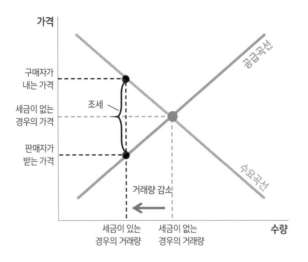

그림 15 ◆ 조세가 시장에 미치는 영향

량선이 수요곡선, 공급곡선과 만나는 점 사이의 거리가 조세와 정확히 같아지는 곳에서 결정됩니다.

✎ 보이지 않는 손을 묶어 버리는 세금: 조세의 효율성

정부는 조세를 부과할 때도 효율성과 형평성을 고려해야 합니다.

조세 부과는 자유로운 시장에서 일어나는 거래를 억제하는 효과가 있습니다. 이것만 보더라도 조세를 매기는 것이 시장의 효율성을 저하하는 원인이 될 수 있음을 추론할 수 있습니다. 이를 조금 더 논리적으로 살펴보기 위해 후생경제학의 틀을 이용하여 조세를 매겼을 때 총잉여가 어떻게 변동되는지 알아보아요.

정부가 자유 시장에 개입해 조세를 부과하면, 시장에는 소비자와 생산자 외에 제3의 경제 주체인 정부가 들어오게 됩니다. 따라서 총잉여를 측정할 때 소비자와 생산자의 이득뿐만 아니라 정부가 본 이득까지 고려해야 합니다. 정부가 그 이득을 사회를 위해 사용하면 사회의 총잉여가 증가할 것이기 때문입니다.

정부가 조세 부과를 통해 얻는 이득을 **조세 수입**이라고 하는데, 이는 정부가 징수한 세금의 총합입니다. 예를 들어 정부에서 볼펜 1개당 100원의 세금을 부과한다고 해 볼게요. 이 볼펜이 300개 팔렸다면 조세 수입은 100원×300개=30,000원이 됩니다. 이와 같이 매긴 세금을 T, 거래량을 Q라고 하면 정부의 조세 수입은 T×Q가 됩니다.

이를 〈그림 16〉처럼 수요와 공급곡선상에 나타낼 수 있습니다. 세금이 부과되면 거래량이 감소하므로 수량선이 균형보다 왼쪽에서 그어지게 되고, 이 수량선이 수요곡선 및 공급곡선과 만나는 지점이 각각 구매자와 판매자가 느끼는 가격이 됩니다. 이때 이 가격의 차이는 정확히 세금과 일치해야 합니다. 따라서 조세 수입은 수요곡선과 공급곡선 사이를 세로로 하고, 수량선까지를 가로로 하는 직사각형의 넓이와 같습니다. 즉, 세로는 세금, 가로는 판매량이 됩니다.

조세를 부과하면 시장에서의 자유로운 거래 행위를 방해하게 되

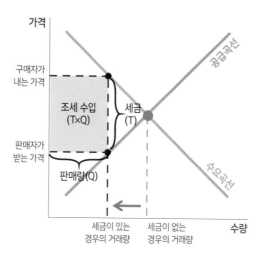

그림 16 ◆ 조세 수입

므로 어쩔 수 없이 비효율성을 초래하게 됩니다.

한 가지 문제는 조세를 부과하면 경제적 순손실이 발생한다는 것입니다. 〈그림 17〉과 같은 예시를 생각해 봅시다. 하나에 5,000원인 아이스크림이 있습니다. 그리고 아이스크림 한 개에 대한 편익, 즉 지불용의가 A는 9,000원, B는 6,000원이라고 해 볼게요. 소비자인 A와 B의 입장에서 보면, 아이스크림이 주는 편익이 아이스크림을 사는 데 드는 비용인 5,000원보다 크므로 둘 다 아이스크림을 사 먹을 것입니다. 이때 A와 B는 각각 9,000원−5,000원=4,000원과 6,000원−5,000원=1,000원의 소비자잉여를 얻게 됩니다. 시장에

두 사람밖에 없다면 총잉여는 A와 B의 소비자잉여를 더한 5,000원이 됩니다.

그런데 여기에 세금 2,000원을 부과해 아이스크림 가격이 7,000원이 됐다고 해 봅시다. 물론 실제로는 조세를 소비자와 생산자가 분담하게 되므로 가격이 7,000원까지 오르지는 않을 거예요. 하지만 논의의 편의를 위해 공급이 완전 탄력적이라고 가정하고 가격이 정확히 세금만큼 상승한다고 해 봅시다. (공급이 완전 탄력적이어서 공급곡선이 수평 형태이면, 세금은 온전히 소비자가 부담해야 합니다.) 이렇게 되면 A

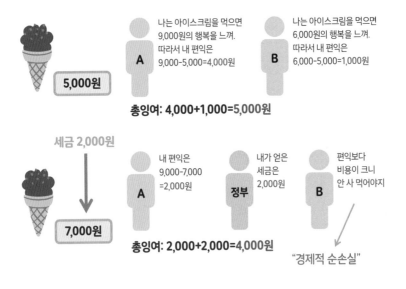

그림 17 ◆ 경제적 순손실이 발생하는 원리

와 B 중 아이스크림에 대한 편익이 7,000원보다 큰 A만 아이스크림을 사 먹게 됩니다. B는 아이스크림에 대한 편익이 6,000원으로 아이스크림 가격보다 작기 때문에 아이스크림을 살 이유가 없습니다.

가격이 2,000원 올랐기 때문에 A의 소비자잉여는 4,000원에서 2,000원으로 줄었습니다. 하지만 A의 소비자잉여가 감소한 만큼 A가 낸 세금 2,000원이 정부 재정으로 들어갔기 때문에 경제적 순손실은 발생하지 않았습니다. A가 2,000원만큼의 잉여를 잃었지만 정부가 2,000원만큼의 잉여를 얻음으로써 상쇄된 것입니다.

문제는 더 이상 아이스크림을 사 먹지 않게 된 B입니다. 기존에 B는 1,000원의 소비자잉여를 얻었지만 더 이상 아이스크림을 사지 않게 되면서 이 소비자잉여가 사라져 버린 것입니다. B는 아이스크림을 사지 않으니까 세금도 안 내기 때문에 정부 재정으로 상쇄시킬 수도 없지요. 이렇듯 조세는 소비자가 사려던 것을 사지 않게 하고, 생산자가 팔려던 것을 팔지 않게 하는 등 사람들의 의사 결정을 왜곡하여 경제적 순손실을 발생시킵니다.

조세로 인해 발생하는 경제적 순손실은 수요와 공급곡선상에서도 확인할 수 있습니다. 조세를 부과하기 전에는 시장의 효율성이 가장 잘 보장되므로 〈그림 18〉의 왼쪽 그래프와 같이 소비자잉여와 생산자잉여로 꽉 찬 총잉여가 나타납니다. 그런데 여기에 세금을 부과하면 〈그림 18〉의 오른쪽 그래프와 같이 총잉여가 달라집니다. 조세를 부과하면 구매자가 받아들이는 가격은 상승하고, 판매자가 받아들이는 가격은 하락합니다. 소비자잉여는 지불용의에서 가격을 뺀 것이고, 생산자잉여는 가격에서 비용을 뺀 것입니다. 따라서 이때 소비자잉여와 생산자잉여는 소비자와 생산자가 각각 느끼는 가격을 기준으로 줄어들게 됩니다.

하지만 조세를 부과한 경우, 소비자잉여와 생산자잉여에 더해 조세 수입도 정부가 얻는 이득이므로 총잉여에 포함시켜야 합니다. 〈그림 18〉의 오른쪽 그래프에서 조세 수입에 해당하는 직사각형을 그려 보면, 소비자잉여와 생산자잉여 사이에 딱 끼어 들어가는 것을 알 수 있습니다. 결국 조세를 부과했을 때의 총잉여는 소비자잉여(노

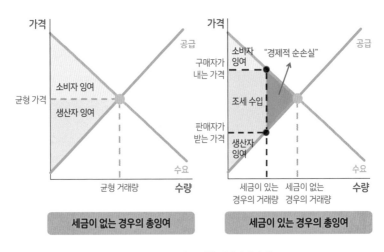

그림 18 ◆ 조세 부과로 인한 경제적 순손실

란색), 생산자잉여(초록색), 조세 수입(파란색)을 모두 합친 것이 됩니다.

하지만 조세 수입까지 포함하더라도 총잉여는 조세를 부과하기 전의 꽉 찬 삼각형을 따라갈 수 없습니다. 독점 시장에서 발생하는 경제적 순손실과 비슷하게, 조세를 부과할 때도 조세 수입 옆으로 빈 공간(빨간색)이 발생합니다. 즉, 조세를 부과하면 이 삼각형만큼의 경제적 순손실이 발생하는 것입니다. 다시 말해 조세를 부과하지 않았을 때보다 사회 전체의 행복이나 이득이 줄어듭니다.

독과점 시장, 외부 효과, 정부의 개입 등 여러 가지 이유로 시장 균형이 최적이 아닐 때 발생하는 경제적 순손실을 **하버거 삼각형** Harberger's triangle이라고 합니다. 이 개념을 처음 제시한 미국의 경제학자 아놀드 하버거Arnold Harberger의 이름을 딴 것이지요.

하버거 삼각형의 크기는 수요곡선과 공급곡선의 형태와 밀접한 관련이 있습니다. 수요나 공급이 비탄력적인 경우에는 형태상 그래프가 세로로 긴 경우가 많으므로 수량을 조금만 줄여도 수요곡선과 공급곡선의 사이를 크게 벌릴 수 있습니다. 즉, 조세를 부과해도 거래량이 크게 줄지 않고 시장을 교란하는 정도가 작습니다.

그러나 수요나 공급이 탄력적인 경우에는 형태상 그래프가 가로로 길기 때문에 수요곡선과 공급곡선의 사이를 부과된 세금만큼 벌리기 위해서는 수량이 크게 줄어야 합니다. 즉, 조세 부과의 결과로 거래량이 크게 줄어 시장이 심하게 교란됩니다. 따라서 일반적으로 수요나 공급의 가격탄력성이 크면 하버거 삼각형의 크기도 커집니다. 이는 〈그림 19〉에 잘 나타나 있습니다.

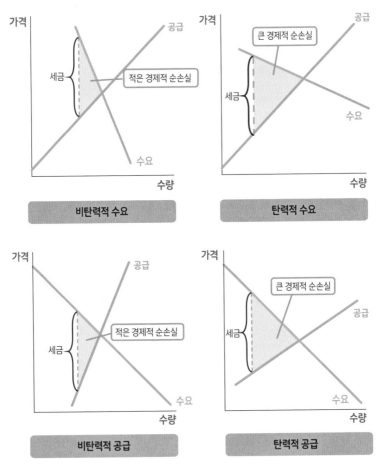

그림 19 ◆ 수요와 공급의 탄력성과 하버거 삼각형의 크기

✏ 끈끈이 이론에서 벗어나기

간접세에 관해 살펴보면서 세금 부과의 결과가 정부의 의도와는 다르게 흘러갈 가능성이 있음을 알게 되었습니다. 조세를 특정 주체에게 부과한다고 하더라도 시장 질서에 의해 의도치 않은 피해자가 세금을 감당하는 상황이 생길 수도 있는 것이지요.

경제학자들은 조세의 직접적인 부과 대상에게 실제로도 조세 부담이 귀착되리라고 생각하는 착각을 비꼬는 의미에서 **끈끈이 이론** Flypaper theory이라고 합니다. 파리가 끈끈이에 달라붙듯이 조세의 부담이 처음 의도했던 곳에 가서 달라붙는다고 믿는 것을 이렇게 부르는 것이지요. 당연히 경제학을 조금이라도 공부한 사람이라면 끈끈이 이론을 믿지 않습니다. 실제로는 조세를 특정 주체에게 부과해도 다른 사람에게 영향을 미치게 됩니다. 그리고 매우 중요한 사실은 그 피해를 보는 것이 대부분 시장에서의 협상 능력 혹은 힘이 약한 사람들이라는 것입니다.

〈그림 20〉의 왼쪽 그래프는 수요가 비탄력적이고 공급이 탄력적인 어떤 시장에서 조세를 부과했을 때의 결과를 보여 줍니다. 비탄력적인 수요곡선이 비교적 세로로 더 길기 때문에 새로운 균형에서 구매자가 부담하는 세금(빨간색)이 판매자가 부담하는 세금(파란색)보다 더 큰 것을 알 수 있습니다. 상대적으로 거래 행위에 대한 힘, 즉 탄

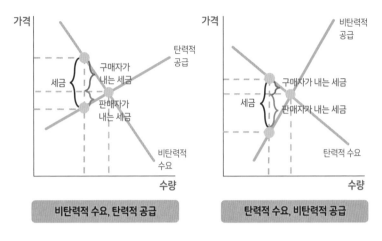

비탄력적 수요, 탄력적 공급

탄력적 수요, 비탄력적 공급

그림 20 ◆ 수요와 공급의 탄력성에 따른 조세의 귀착

력성이 작은 소비자들이 더 많은 세금을 부담할 수밖에 없는 것이지요. 거래에 있어 비교적 여유로운 생산자들 중 일부가 세금 부과로 인해 시장을 이탈하거나 생산량을 줄이기 때문입니다.

오른쪽 그래프는 이와 반대의 상황을 보여 줍니다. 수요가 탄력적이고 공급이 비탄력적인 경우에는 상대적으로 작은 힘을 가진 생산자들이 더 많은 세금을 부담해야 합니다. 이때도 비교적 여유로운 소비자들은 세금 부과로 인해 불리해진 상황을 쉽게 이탈할 수 있습니다. 그러나 생산자들은 울며 겨자 먹기로 계속해서 물건을 팔며 세금을 부담해야 하는 것입니다.

이렇게 보니 좋은 일을 하려고 매기는 세금이 오히려 시장에 존재하는 힘의 논리를 강화하는 결과를 낳을 수도 있을 것 같습니다. 그렇기 때문에 조세 정책으로 인한 부담을 누가 떠안게 되는지 파악하는 것은 정부가 풀어야 할 매우 중요한 숙제입니다.

경제 주체들의 선택과 상호 작용을 모형으로 만드는 것보다 이를 실제 정책에 적용하는 것이 훨씬 복잡하고 머리 아픈 일이에요. 조별 과제나 놀이공원에서 일어나는 사소한 일들에 비해 정부가 고민하는 우리나라 전체의 경제 문제는 훨씬 무겁고 어려울 수밖에 없어요. 이 책에는 담지 못했지만, 이를 위해 미시경제학 이외의 다양한 경제학 분과 학문들과 사회과학 분야에서 많은 이들이 분투하고 있답니다.

◆ 효율성 주어진 비용으로 최대의 효과를 얻는 것

◆ 형평성 사회 구성원에게 자원을 공평하게 분배하는 것

◆ 공리주의 가치 판단의 기준을 개인의 이익이나 쾌락의 증진에 두는 사상으로, 정부는 사회 구성원 전체의 총효용을 극대화하는 정책을 펴야 한다는 주의

◆ 후생경제학 사회 구성원의 행복을 최대치로 만드는 방법을 연구하는 경제학 분야

◆ 소비자잉여 재화의 소비자가 느끼는 행복이나 이득으로, 어떤 재화에 대한 소비자의 지불용의에서 실제 시장 가격을 뺀 나머지

◆ 생산자잉여 재화의 생산자가 느끼는 행복이나 이득으로, 생산자가 받은 실제 시장 가격에서 그 재화를 제공하는 데 든 비용을 뺀 나머지

◆ 총잉여 소비자잉여와 생산자잉여의 합으로, 소비자의 지불용의에서 생산자가 치르는 비용을 뺀 나머지

◆ 야경국가 국방과 치안 유지 등 최소한의 임무만 수행하며 경제에 관해서는 개입하지 않고 자유에 맡기는 국가

◆ 외부 효과 어떤 경제 주체들의 거래 행위가 시장에 참여하지 않은 제3자에게까지 영향을 끼치는 현상

◆ 시장 실패 시장에서 효율적인 자원 배분이 이루어지지 못하는 상황

◆ 외부 효과의 내부화 경제 주체들이 의사 결정을 할 때 자신들의 행위가 초래하는 외부 효과를 고려하게 하는 것

◆ 교정적 조세(피구세) 경제 주체들이 의사 결정 과정에서 부정적 외부 효과로 비롯되는 외부 비용을 감안하도록 부과하는 세금

◆ 경제적 순손실(자중손실) 시장의 균형이 최적이 아닐 때 발생하는 경제적 효용의 순손실

◆ 코스의 정리 민간 경제 주체들이 자원 배분 과정에서 아무런 비용을 치르지 않고 협상할 수 있다면 외부 효과로 초래되는 비효율성을 스스로 해결할 수 있다는 것

◆ 소득 재분배 소득의 불평등과 그로 인한 생활 격차를 줄이기 위해 소득 분배의 형평성을 추구하는 경제 정책

◆ 무지의 베일 이해 당사자들이 자신의 사정을 알 수 없어 특정 대안의 선택이 자신에게 유리할지 불리할지 모르는 상태

◆ 최소극대화 원칙 모든 사람의 효용을 극대화하는 것이 아니라 최저 계층의 효용을 극대화하는 선택을 하는 것

◆ 점진적 자유주의 사회 최빈층의 복지 향상을 강조하여 소득 분배의 균등을 추구하는 주의

◆ 급진적 자유주의 사회 구성원들의 소득을 재분배해서는 안 되며 기회의 균등과 분배 과정의 공정함을 더 중요시하는 주의

◆ 국세 중앙 정부의 재정을 위해 국가가 국민으로부터 징수하는 세금

◆ 지방세 지방 정부의 재정을 위해 지방자치단체가 주민으로부터 징수하는 세금

◆ 직접세 세금을 내야 하는 사람(납세 의무자)과 실제로 세금을 부담하는 사람(조세 부담자)이 일치하는 조세

◆ 간접세 세금을 납부하는 사람과 실제로 세금을 부담하는 사람이 일치하지 않는 조세

◆ 과세 세금을 정하여 그것을 내도록 의무를 지우는 것

◆ 조세의 귀착 관련 경제 주체들 사이에 조세의 부담이 나누어지는 현상

◆ 하버거 삼각형 독점 시장, 외부 효과, 정부의 개입 등의 이유로 재화나 서비스의 균형이 최적이 아닐 때 발생하는 경제적 효용의 순손실

일상에 스며든 경제

　조별 과제라는 가벼운 이야기에서 출발해 한 동네, 한 나라를 행복하고 공정한 곳으로 만드는 것과 관련된 무거운 주제에 이르기까지 여러 가지 미시경제학 개념을 만나 보았습니다. 그중 어떤 것은 쉽게 공감되었을 것이고, 어떤 것은 신기하게 느껴지기도 하고, 또 어떤 것은 논리적 비약으로 느껴졌을 수도 있을 거예요.

　경제학이 방법론 측면에서 과학의 한 분야로 편입될 수 있다고 해도, 물리학이나 생물학과 같은 전통적인 자연과학과는 근본적인 차이가 있을 수밖에 없습니다.

　우선 인간은 너무나도 변덕스러운 존재입니다. 열 길 물속은 알아도 한 길 사람 속은 모른다는 말이 있습니다. 우리는 사과가 왜 나무에서 떨어지는지에 대해서는 관련 내용을 공부해서 아는 척해 볼 수 있지만, 내 앞에 앉은 친구가 무슨 생각을 하는지, 왜 어떤 행동을 하는지를 설명하는 것에는 어려움을 느낍니다. 심지어는 나조차도 무슨 생각을 하고 있는지 모를 때가 있습니다. 그리고 사람을 분석적으로 따지는 일은 나무에서 떨어지는 사과를 분석하는 것에 비해 훨씬 감정적인 활동입니다. 사람에 대한 이론을 펼치면 화가 나거나 상처받는 사람이 생깁니다.

또 다른 문제는 경제학에서 인간의 선택이나 상호 작용에 관한 새로운 이론이 발표되면, 그로 인해 이득을 보는 사람과 손해를 보는 사람이 존재한다는 것입니다. 물론 자연과학의 발전도 마찬가지로 과학 기술의 혜택으로 죽어 가는 사람을 살리는가 하면, 지구에 끔찍한 재앙의 징조를 불러오기도 했다고 보는 이들도 있습니다. 그러나 적어도 순수한 자연과학의 이론 그 자체는 중립적인 경우가 많으며, 그것을 이용한 공학이나 기술이 우리 인생을 실제적으로 바꾸어 놓게 됩니다.

경제학계에서도 중립적인 입장을 유지하려는 노력이 이어져 왔습니다. 그러나 현실적으로 중립적인 경제학 이론을 기대하기란 매우 어렵습니다. 경제학은 돈과 직결된 학문이기 때문이에요. 어떤 이론이 정설로 채택되느냐의 문제는 우리의 사활과 직결된 문제입니다. 결국 의도했든 의도하지 않았든 많은 경제학 이론들이 특정 집단의 목소리를 대변하는 역할을 수행하게 되지요.

모든 학문이 그렇듯 경제학도 더 깊이, 더 많이 공부할수록 현실을 더욱 잘 설명해 줄 것입니다. 경제학이 물리학이나 생물학만큼 즉각적인 현실 적용이 어려움에도 사랑받는 학문이 된 것은 일상을 설명하는 데 적용할 수 있는 재미있고 유용한 틀이 되기 때문이라고 생각합니다. 평소에는 별생각 없이 지나쳤던 우리의 행동 양상에 대해 경제학은 나름의 체계적인 과정을 통해 설명하려고 합니다. 물론 모든 경제 모형이 완벽한 것은 아닙니다. 하지만 그렇기에 일상에 대한 토론의 장을 열어 주기도 합니다.

경제학자처럼 생각해 보고, 합리적인 선택을 추구하는 사람인 호모에코노미쿠스처럼 선택해 볼 때 우리는 나름대로 자신이 한 행동의 동기를 논리적으로 설명할 수 있을지도 모릅니다. 비록 우리는 경제학 전문가는 아니지만, 그런 눈으로 세상을 바라볼 때 우리가 조각조각 쌓은 지식이 일상에 스며듭니다. 경제학을 공부함으로써 대단한 깨달음을 얻은 것은 아닐지라도 새롭게 얻은 돋보기 하나로 우리의 삶을 조금 더 자세히 들여다볼 수 있게 되는 것입니다. 세밀한 용어나 수식을 기억하는 것보다 각각의 경제 모형이 가지는 함의를 기억하는 게 중요하다고 생각해요. 그것이 더 좋은 사회를 만들기 위해 나의 의견을 논리적으로 설명하고 타인의 의견에 귀 기울일 수 있는 첫걸음이기 때문입니다.

참고자료

1. 《금과 화폐의 역사: 1450-1920》, 피에르 빌라르, 까치, 2000, 25쪽.

2. 《맨큐의 경제학》, 그레고리 맨큐, 한티미디어, 2018, 4쪽.

3. 《경제학 콘서트 2》, 팀 하포드, 웅진지식하우스, 2008, 13~18쪽.

4. 《장하준의 경제학 강의》, 장하준, 부키, 2014, 25쪽.

5. 〈2019학년도 수능 '불수능'으로 확인… 평가원 "난도 조절 실패 송구" 사과〉, 양선아, 《한겨레》, 2018년 12월 4일 자.
   http://www.hani.co.kr/arti/society/schooling/873011.html

6. BBC Timewatch-Concorde(2003)
   https://www.youtube.com/watch?v=J5XFYO-AOfQ

7. 《호모 데우스》, 유발 하라리, 김영사, 2017, 418~425쪽.

8. 《불확실한 상황에서의 판단: 추단과 편향》, 다니엘 카네만, 폴 슬로빅, 아모스 트발스키, 아카넷, 2010.

9. 〈How Evolutionary Biology Challenges the Classical Theory of Rational Choice〉, 《Biology and Philosophy》, W. S. Cooper, 1989.

10. 《서양철학사》, 군나르 시르베크, 닐스 길리에, 이학사, 2016.

11. 〈An experimental analysis of ultimatum bargaining〉, 《Journal of Economic Behavior and Organization》, Werner Güth, Rolf Schmittberger, Bernd Schwarzem, 1982.

12. 《거시경제학》, 그레고리 맨큐, 시그마프레스, 2014, 51쪽.

13. 〈대학생 10명 중 9명 "팀플하면서 무임승차자 경험했다"〉, 배민욱, 《중앙일보》2012년 8월 10일 자.
    https://news.joins.com/article/9015354

청소년을 위한 처음 경제학

초판 1쇄 발행 · 2020. 8. 20.
초판 7쇄 발행 · 2023. 10. 10.

—

지은이   권윤재
발행인   이상용
발행처   청아출판사
출판등록 1979. 11. 13. 제9-84호
주소   경기도 파주시 회동길 363-15
대표전화 031-955-6031 팩스 031-955-6036
전자우편 chungabook@naver.com

—

ISBN 978-89-368-1156-3   03320

—